中國詩學

劉若愚 著
李章佑 譯

明文堂

改譯版 序

　1976년에 범학도서에서, 1984년에는 동화출판공사에서 내었던 미국 스탠포드 대학 유약우(劉若愚 : James J. Y. Liu) 교수의 『중국시학(中國詩學)』 번역본을 이번에 다소 개혁하고 체제도 좀 바꾸어서 다시 낸다.

　용어를 더러 고친 것, 오역(誤譯)과 오자(誤字)를 바로잡은 것 이외에, 한자를 전체적으로 괄호 안에 넣은 것, 원서에 있는 한시(漢詩) 영역문을 각주로 돌린 것 등이 체제상 좀 달라진 것이다. 이 밖에 색인도 많이 고쳤다.

　개역(改譯)을 하는 데는 1977년 대만의 유사문화공사(幼獅文化公司)에서 나온 이 책의 중국어 번역본——저자의 제자로 스탠포드 대학에서 중국 문학 박사 학위를 받고 지금 캘리포니아 대학 산타 바바라 분교에서 교수로 있는 두국청(杜國淸) 교수가 번역하고 저자 자신이 직접 역문(譯文)을 검토 수정하였음——과 단국대학교 중국문학과 지영재(池榮在) 교수가 영문 원본과 졸역(拙譯)을 상세히 대조 검토하여 준 교정에 큰 힘을 입었다.

　심지어는 영문 원서의 부분적인 오기(誤記)까지도 상세히 지적하여 주신 지영재 교수님께 충심으로 감사를 드린다.

　역자는 이 책을 인연으로 하여 1982년 8월부터 1983년 7월까지 만 1년 동안 저자가 있는 대학에 가서 유학할 수 있는 기회를 얻게 되었다. 이 책이 세상에 나온 지 벌써 30년이 넘었지만, 아직도 이 책은 미국에서도 몇 차례 판을 거듭하였고, 한·중·일 역(譯)을 통하여 지금도 생명이 왕성하게 존속되고 있다는 것을 다시 확인할 수 있었다. 저자와 학연(學緣)을 맺게 된 것을 즐겁게 생각하였다. 그러나 1986년에 저자는 60세로 작고하고 말았다.

이 개역에서도 앞서와 마찬가지로 역판보주(譯版補註)는 그대로 뒤에 붙이고, 번역 원문 가운데 그 보주(補註) 번호는 〔 〕속에 표시하였다.

영어를 아는 분은 이 책의 원서를, 일어를 아는 분은 이 책의 일역판을, 중국어를 아는 분은 이 책의 중역판을 보는 것도 좋겠지만, 이 한국어판은 한국어판 나름대로의 이용 가치가 있을 것이라고 기대하면서 이 책을 다시 낸다. 실제로 이 개역에서는 일역이나 중역의 모든 장점을 두루 참고하려고 힘썼다. 그러나 이것은 역자의 욕심에 지나지 않는 것이고 그 결과는 독자 여러분들의 무서운 질책을 기다릴 뿐이다.

이번에 다시 이 책을 내게 하여 주신 한국중국학회(韓國中國學會)의 임원 여러분과 명문당(明文堂)의 직원 여러분들에게 감사를 드린다.

1993년 7월 1일

譯 者

初譯版 序

여기에 번역하는 이 책의 원명은 *The Art of Chinese Poetry*이
다. 저자인 James J. Y. Liu는 중국인으로, 본명은 유약우(劉若愚)
이다. 그는 하와이 대학 조교수와 시카고 대학 부교수를 거쳐 현
재 스탠포드 대학 중문학과 교수이다. 본서는 서양인을 위해서
쓴 중국시(中國詩) 개설서로 1962년 시카고 대학 출판부에서 초
판이 나왔는데, 근래 대만과 한국에서도 영인본(影印本)이 나왔
다. 이 책 원서 표제지 이면에 적힌 본서 안내문을 여기 옮겨 본
다.

옥스포드 대학에서 C. M. Bowra 문하에서 수업한 유 교수는
중국시의 모든 구조에 관하여 개관하고 있다. 본서는 시(詩)의
본질에 관하여 중국인들이 갖는 견해를 해설한 책일 뿐만 아니
라, 중국시에 대한 비평적 개설서이기도 하다. 그는 시의 도구
로서의 중국어를 시각적·의미론적·청각적·문법적·개념적 여러
측면에서 논의하고 있다. 이와 동시에 그는 또한 중국어의 작
시법의 기초와 주요 시형(詩形)에 관하여 서술하기도 하고, 중
국의 전통적 시 비평 제가(諸家)들의 설에 해석을 가하기도 한
다. 그는 상반된 여러 설로부터 종합을 시도하고, 중국시로부터
추출해 낼 수 있는 비평의 표준으로부터 시에 관한 견해를 포
괄하기도 한다. 이러한 기준들을 적용시키는 데 있어서 그는

하나의 고차적 종합──시에 있어서 중국의 전통적 견해와 근대 서구의 언어 분석 방법의 종합──을 시도하고 있다. 중국시에 있어서 심상(心象)·상징(象徵)·비유(比喩)와 다른 요소들이 비평적으로 분석되고 있다.

이 책의 내용은 크게 세 부분으로 나누어지는데, 제1편은 '시적 표현의 도구로서의 중국어', 제2편은 '시에 관한 중국인들의 전통적 견해', 제3편은 '종합적 논의'로 되어 있다.

역자는 수년 전 대만 유학 때에 거기서 나온 이 책 영인본 한 권을 구하게 되었는데, 오직 역자 자신의 시학(詩學) 공부를 위해서 1971년 5월부터 『한학연구(漢學硏究)』(프린트판 동인지)에 이 책의 번역을 시도해 보았다가 1974년부터는 『중국문학보(中國文學報)』(단국대 중문과 간행 연간) 1·2호에, 1975년에는 다시 『현대시학(現代詩學)』(월간)에 1년간 전재(轉載)할 기회를 가졌었다.

이렇게 같은 책을 여러 번 전재하게 된 이유는 첫째 역자 자신이 미흡한 번역을 몇 번 수정해 보고 싶은 마음이 있었고, 둘째는 본서 내용에 대한 여러 독자의 의견을 들어 보고 싶어서였다. 졸역에 대한 수정은 그 사이 저자인 유약우 교수에게도 두 번이나 문의 서신을 교환한 바 있고, 더구나 본서의 일역판(佐藤保譯, 『新しい漢詩鑑賞法』, 大修館書店, 1972)을 얻게 되어 많은 도움을 받게 되었으며, 독자들로부터도 중국시에 관한 현대적인 해설서로는 참고할 만한 가치가 있다는 말을 가끔 들었다. 혹 이러한 작업이 사계(斯界)의 중국시 고구(考究)에도 도움이 되지 않을까 한다.

독자들의 편의를 위하여 원서에는 없는 한문 원문을 모두 찾아 인용하였고, 시는 졸역 앞에 원저자의 영역 시를 그대로 다 실어 대조해 볼 수 있게 하였다. 역주도 가능한 한 상세히 붙였는데, 간단한 것, 예를 들면 서양 인명에 대한 생몰(生沒) 연대와 짧은 설명 같은 것은 역주 표시를 생략하였다. 상기 일역판의 보주(補註)와 역자 후기·해설도 부록에 실어 보았다. 원서에는 간단한 중국인명·서명 색인이 붙어 있다. 본 역서에는 원서의 중국인명·서명 색인은 물론 역주와 부재(附載)한 일역판 보주·역자 후기·해설을 망라하여 상세한 인명·서명·사항 색인을 작성하여 붙였다. 중국명에 로마자가 표기된 것은 원서 색인에 그대로 따른 것이다.

본서에 나오는 허다한 문학 용어는 중국이나 한국에서 관용되는 말을 찾아보았고, 적당한 역어가 생각나지 않는 것은 중국의 원로 작가이며 저명한 영문학자인 양실추(梁實秋) 교수 주편(主編)『최신영한사전(最新英漢辭典)』(臺北, 遠東圖書公司, 1964)을 많이 참조하였다. 상기 일역판을 얻은 뒤에 용어를 다소 대조 수정하기도 했으나, 그대로 둔 것이 훨씬 더 많다. 그렇기 때문에 여기 부재(附載)한 일역판 보주와 후기에 나오는 용어와 본 한역(韓譯) 원문의 용어는 더러 다른 것이 있다. 이 점 독자의 양해를 바란다.

역자의 시역(試譯) 첫 부분 몇 장(章)을 바로잡아 준 성신여대 영어과 조승국(趙承國) 교수, 졸역의 일부분을 읽어 준 단국대 국문과 윤홍로(尹弘老) 교수, 시종여일 졸역이 나오도록 격려해 준 공재석(孔在錫) 학형에게 사의(謝意)를 드리고, 그 외 여러 가지로 조언해 주신 분들에게 감사를 표한다.

1976년 2월

譯 者 識

原著 序文

　근년래 상당한 분량의 중국시(中國詩)가 영문으로 번역되고 있고, 영문으로 된 중국 시인들 개인의 전기까지도 몇 가지 나오고 있다〔1〕.

　그러나 그런 것들을 비평적인 방법으로 쓴 것은 거의 없다. 이것은 원래 그런 것들을 적은 언어와 너무나 거리가 먼 다른 언어로 시를 비평한다는 일이 너무나 어렵다는 사실을 인정하려 든다면 놀랄 것은 없다. 그럼에도 불구하고 번역을 통해서 중국시에 약간의 지식과 취미를 갖고 있는 영어 사용 독자들은 때때로 다음과 같은 점에 의문을 품게 될 것이다.

　즉, 우리들은 어떻게 한시(漢詩)에 비판적으로 접근할 수 있을까? 우리들은 지금 영·미 문학 비평에서 유행되고 있는 표현 분석(verbal analysis)의 방법을 한시에도 적용할 수 있을까? 과거에 중국 비평에는 어떤 비평 기준이 적용되었던가? 한시는 귀에 어떻게 들리는가? 그 작시법(作詩法)의 원칙은 무엇이며, 중요한 시형(詩形)은 어떠하며, 시상(詩想)은 어떠한가?

　이러한 어려운 문제들이 개입되면 될수록 소수의 전문적인 중국학자들을 제외하고는 한시에 홍미를 가지는 대부분의 영어 사용 독자들이 한문 연구에 수년을 할애할 수 없다는 것을 생각할 때에, 부분적이고 시험적인 데에 불과하더라도 그들에게 대답을 주기 위해서는 비록 돈키호테식일망정 하나의 시도가 필요하다는 것이 정당화될 듯하다.

색과 선과 형을 논의하지 않고서는 그림을 심도 있게 비평할 수 없는 것과 마찬가지로 언어의 여러 면을 논의하지 않고서는 도저히 엄격하게 시를 비평할 수는 없다. 따라서 우리들의 의문은 시적 표현의 도구로서의 중국어를 영어와 비교하여 고려하는 데서 시작되어야 할 것이다. 우리들은 이 두 언어의 유사점도 알아야겠지만, 그 차이점을 더욱 잘 알아야 될 것이며, 그 차이점으로부터 제기될 오해의 위험에 관해서도 알아야 할 것이다. 중국어와 영어 사이의 차이는 몇 가지 점에서 찾아볼 수 있다.

첫째 차이점은 이 양국어 자체의 성질 속에, 즉 음성과 문법적 특성 가운데 있다. 다음에는 독특한 개념이나 다양한 사고 방식과 감각 양식에서 오는 차이점도 있다. 예를 들면 'humour(유머)'와 'snobbery(속물 근성)'에 해당할 만한 정확한 중국어는 없다. 왜냐하면 이러한 단어로 표현될 만한 개념들이 중국인의 마음 속에는 존재하지 않기 때문이다. 이것은 중국인들이 유머 감각을 갖지 않았거나, 속물 근성에서 완전히 벗어나 있다는 말이 아니라, 다만 이런 것에 해당하는 그들의 개념들은 영어의 그런 말들과는 일치될 수 없다는 것이다.

또 한편 '효(孝)'와 같은 중국의 개념은 보통 'filial piety(자식으로서의 경애심)' 따위로 부적합하게 영역(英譯)되고 있기는 하지만, 영국인들의 생각 속에서 정확히 이것과 짝을 이룰 만한 것은 없으므로, 여기 해당하는 영어 어휘는 없다. 차이점은 사회적·문화적 배경이 다른 데서, 심지어는 물체가 서로 다른 데서도 연유한다. 영어의 gentleman은 한문의 군자(君子)와 꼭 같지는 않으며, house란 말은 보통 그것의 동의어로 쓰이는 중국어의 방(房·房子)이란 말이 불러일으키는 것과는 매우 다른 구도(構圖)를 상기시킨다. 무엇보다 언어라는 것은 어떤 종족의 정신과 문화의 반사이며, 바꾸어 말해서 그것은 그것을 자기 모어(母語)로 취하는 사람들의 사고방식과 문화적 특성에 영향을 주기 때문에 이러한 차이점은 불가피한 것이다. 본서 제1편 '시적 표현의 도구로서의 중국어'에 관한 논의에서 필자는 중국어와 영어의 차이점을 항상 염두에 둘 것이다.

한편 필자는 솔직히 영어 사용 독자들에게 한 중국시 해설자로서의 자신의 위치를 명백히 아니할 수가 없다(왜냐하면 해설이란 곧 비평 작업의 제일보이기 때문이다). 내가 비전문적 독자들을 위하여 영어로 글을 쓰고 있다는 사실 때문에 많은 번역이 필요하게 될 것이지만 번역상의 여러 문제는 내가 앞으로 논의하게 될 양 언어의 차이점 자체에서 생긴다. 그래서 필자는 그러한 문제들을 논의해 가는 과정에 있어서 혹은 그러한 논의를 미처 시작할 수 있기도 전에 어떤 문제들에 대한 특별한 해결책을 찾아야 한다는 자신의 역설적인 위치를 발견하게 될 것이다.

그러나 이것은 그 나름대로 보람이 있는 일이다. 왜냐하면 우리들은 1차적으로 시적 목적과 시적 효과에 영향을 미치는 한도 안에서만 차이점을 논할 것이지만, 우리의 논고(論考)가 동시에 어느 정도까지는 번역의 문제를 다룬 논고가 되지 않을 수가 없으며, 따라서 이론상 이익뿐만 아니라 그 위에 다소 실제적인 가치도 가진 것이기 때문이다.

물론 비평이란 언어의 시험 단계를 넘어서야만 한다. 시란 무엇인가, 시는 어떠해야 하는가, 시를 어떻게 써야 하는가 하는 따위의 기본적인 문제들이 조만간 제기될 것이다. 제2편에 있어서 나는 과거의 중국시 비평가들이 이러한 의문에 어떠한 대답을 주었을까 하는 점을 우리들의 의문에 대한 전통적인 배경을 제시해 가면서 설명하려고 하였다.

제3편에서 나는 중국시 비평의 잡다한 제 파(派)로부터 하나

의 종합된 것을 이끌어 내고 필자 자신의 견해를 전개하여 이로
부터 중국시의 비평적 기준을 얻을 수 있도록 진력해 볼 것이다.
이러한 기준을 적용함에 있어, 나는 진일보한 종합──시에 대한
중국인들의 중요한 전통적인 견해와 현대 서구 언어 분석 방법의
종합──을 시도할 것이다. 물론 중국시 비평가들도 어떤 유의
분석을 시도해 보았으나, 그들은 특수한 어구의 적부(適否)에 주
의를 기울이는 것으로 평상 만족하였지, 무의식적 연상(聯想)의
탐구나, 심상(心象 : imagery)〔2〕과 상징(象徵 : symbolism)의
사용을 체계적으로 분석하려는 노력은 적었다. 다양한 시적 고안
(考案)들에 대한 우리들의 분석도 우리들이 언어의 분석이 무엇
보다 하나의 수단이지 목적은 아니라는 것과, 아무리 적절하고
독창적인 분석일지라도 우리의 시에 대한 이해력을 짙게 하지 않
거나 혹은 시에 대한 우리의 반응의 본질을 잘 파악케 하지 않는
다면 정당화되지 않는다는 것을 간과할 수는 없다. 이 때문에 비
평적 평가에도 하나의 주견을 가지고 착수해야 할 것이다.
　앞서 제시한 의견들로부터 이 책의 제 1 편에선 주로 참고 지식
을, 제 2 편에선 해설을, 제 3 편에선 비평을 다룬다는 것을 알 것
이다. 앞서 제시한 바와 같이 제 1 편에서는 일반 독자들에게 중
국어에 관해, 그리고 다음 편의 비평적 토의(討議)로 넘어가는
데 필요한 중국 시형에 관해 많은 지식을 전해 주려 했는데, 아마
독자들은 읽기에 지루함을 느낄지도 모른다.
　따라서 독자는 제 1 편을 읽는 동안 인내를 강요받을 것이다.
만약에 독자가 언어학적 토의에 취미를 못 느낀다면, 제 2 편부터
시작하여 읽되 특정한 점에 대해 지식이 필요할 때만 1 편을 들
추어 보는 것이 좋을 것이다. 전후 참조와 함께 이 책의 분석적
목록은 독자들로 하여금 그렇게 하는 것을 가능하게 할 것이다.
　이 책 전체에 걸쳐서, 나는 BC 600년경부터 AD 1350년경까

지의 평판이 높은 작품들을 택해 중국시의 실례로 들었다. 1350
년 이래〔원나라 말엽〕로 씌어진 중국시들은 거의가 모방적이고
중요하지 않다〔3〕. 현대 백화시(白話詩)는 주로 전통으로부터 이
탈하려는 의식적 시도임과 동시에 서구시(西歐詩)의 영향을 받은
경우가 허다하기 때문에, 서구의 독자들에게는 특별한 해석이 필
요치 않으므로 이 책에서는 논의하지 않고 있다.

한자의 본체를 보여 주기 위해서, 혹은 원본 그대로의 한시가
어떤지를 보여 주기 위해서 이 책에 한자를 약간 넣었다. 한걸음
더 나아가 이 책은 주로 일반 독자들을 위해 저술한 것이지만, 중
국 문학도들에게도 역시 유용할 것인데, 한자를 적어 넣은 것도
그들을 위해서이다. 나는 그들에게 더한층 편의를 제공하기 위해
참고문헌 목록〔본 역서에는 각 인용문 밑에 나누어 달았음〕, 한
자 인명과 서명의 색인을 붙였다.

끝으로 이 책에 실린 나의 시 번역에 관하여 몇 마디 해야겠다.
나는 독자들이 재미있게 읽을 수 있도록 힘썼지만, 근본적으로
시적 언어의 다양한 측면을 설명하려고 의도한 이상, 가능한 한
원시(原詩)에 가까워지도록 노력하였다. 가능한 한도 내에서는
본래의 시형(詩形)과 압운(押韻)을 따랐는데, 그 이유는 45페이
지에서 밝혀질 것이다.

나는 나의 번역이 고르지 못함을 잘 알고 있으나, 그 가운데 더
러 졸렬한 것은 고유한 언어나 시작의 어떤 특별한 형태를 보여
주기 위해서 축어역(逐語譯)을 했다든가, 혹은 딱딱한 표현을 사
용하지 않으면 안 될 이유에 기인하고 있다.

이 책의 중국시 번역 몇 수는 *Oriental Art* (Oxford, 1951)와
The Adelphi (London, 1953)에 수록된 일이 있고, 제 2 편과 제 3
편의 제 1 장에 포함된 자료의 약간은 앞서 *Journal of Oriental
Studies*(Hong Kong University, 1956)와 제24차 국제동양학자회

의기요(國際東洋學者會議紀要 : Munich, 1957)에 논문으로 발표되었다. 저자는 관계 편자와 발행자가 이러한 것을 재인용하는 것을 승낙한 데 감사한다.

 저자는 이 책 안에 한자를 인쇄하는 비용을 지원해 준 미국 코네티컷 주 뉴헤이븐에 있는 예일 중국협회(Yale-in-China Association)에 사의(謝意)를 표한다.

劉 若 愚

차　례

제1편　시적 표현의 도구로서의 중국어

16

제2편   시에 관한 중국인들의 전통적 견해

제3편 종합적 논의

附 錄

제 1 편
시적 표현의 도구로서의 중국어

제 1 장 한자의 구조

일반적으로 한문은 자모(字母 : alphabet) 대신 자체(字體 : character)──한시(漢詩)의 여러 가지 특징의 궁극적 근원인 ──가 쓰인다는 것은 널리 알려진 바이다. 그런데 중국학 전문가 이외의 서구 독자들 간에는 모든 한자가 상형문자(pictogram)이거나 표의문자(ideogram)라고 믿는 공통적인 오류가 존재한다. 이러한 서구 한시 애호가들의 오류는 의외의 결과를 초래하기도 했다.

어네스트 페놀로사[Ernest Fenollosa : 1853~1903, 미국의 하버드 대학 출신, 東京帝大 교수로 동양미술 연구]는 그의 에세이 『시적 표현의 도구로서의 중국어(The Chinese Character as a Medium for Poetry)』에서 이 오류를 되풀이하고, 잘 모르는 한자의 회화성(繪畵性)에 관해서 경탄하기도 했다. 그가 생각했듯이, 하나의 언어란 현대 영어에 있어서와 같이 무미건조한 논리로 흐르려는 경향으로부터 벗어나야 된다는 그의 갈망을 필자는 이해할 수도 있고, 필자의 모국어에 우수한 시적 특성을 돌리려는 그의 기여를 용납할 수도 있다. 하지만 그의 결론은 미상불 틀렸는데, 이는 주로 한자의 음성학적 요소를 묵살한 데 기인한다는 것을 필자는 지적하지 않을 수 없다. 그러나 에즈라 파운드〔Ezra Pound : 1885~1972, 미국의 시인〕를 통해서 이 에세이는 한 무리의 영미 시인들이나 비평가들에게 주목할 만한 영향을 불러일으켰다. 이것은 학문에서 이른바 촉매 효과의 다행한 보기가 될지는 모르지만, 중국시(中國詩)에 대한 입문으로서 페놀로사의 연구 방법은 완곡하게 말하더라도 중요한 오해를 범하기 쉬운 것이다.

이 기본적 오해를 제거하기 위해 우리는 한자의 구조에 깔려 있는 원리를 조사해야만 한다. 전통적인 중국의 어원학(語源學)은 육서(六書)로 알려진 여섯 가지의 원리를 기본 조건으로 한다. 육서란 단어는 여섯 가지 문자(Six Scripts)로 번역되어 왔는데, 이것은 한자의 여섯 종류를 일컬음이 아니라 한자 형성에 관한 여섯 가지 원리를 일컬음이다. 그러므로 '여섯 가지의 도해(圖解) 원리(Six Graphic Principles)'로 번역하는 것이 좋겠다.

이러한 여섯 가지 원리의 정의와 정확한 순서들은 수세기 동안 중국 학자들 사이에 논쟁의 주제가 되어 왔지만〔4〕, 우리가 여기서 그것들에 관하여 복잡한 논쟁을 벌일 수는 없다. 나는 나의 해석을 입증할 만한 근거와 출전을 인용하지 않고, 다만 각 원리를 간단하고도 합리적으로 설명해 나갈 것이다. 만약 어떤 중국 학자가 이를 반박한다면, 나는 비전문적인 일반 독자들을 위해서 중국시를 기술하고 있는 것이지, 결코 전문가들을 위해서 중국 성운학(聲韻學)을 기술하고 있지 않다는 것을 들어 그 반박에 미리 답변하여 둘 따름이다.

첫번째 도해 원리는 상형(象形), 즉 형태를 모방한 것이다. 예를 들면 해에 해당하는 글자는 日(고대형 : ⊙), 달은 月(고

대형 : ☽), 사람은 人(고대형 : ㇏), 나무는 木(고대형 : ☀), 양
은 羊(고대형 : ☀)이다. 이 원리에 근거한 글자들은 단순 상형
문자(Simple Pictogram)라고 불러도 될 것이며 'P'로 나타낼
수 있겠다.

두번째 도해 원리는 지사(指事), 즉 사물을 지시하는 것이다.
이 원리에 근거한 글자들은 구체적 대상의 그림이 아니라 추상적
개념들의 상징이다. 예를 들면 숫자 하나, 둘, 셋은 一, 二, 三과
같이 해당 숫자를 한 획씩 그음으로써 나타낼 수 있다. 이런 글자
는 단순 표의문자(Simple Ideogram)라고 부를 수 있는데, 이는
'I'자로 나타낸다. 때로는 단순 표의문자는 이미 기존하고 있는
단순 상형문자에 지시부(指示符 : indicator)가 덧붙여 구성되기
도 한다. 예를 들면 나무라는 木자에 그 꼭대기를 가로질러 한 획
을 그으면 '나무 끝'이라는 末(고대형 : ☀)자가 되고 그 밑 부분
에 한 획을 더 그으면 '나무 뿌리'라는 本(고대형 : ☀)이라는 글
자가 된다. 이러한 글자들을 법식(法式)으로 나타내면 $I=P+i(i$
는 지시부를 의미함)로 나타낼 수 있겠다.

세번째 도해 원리는 회의(會意), 즉 '의미의 이해'[1]이다. 이는
새로운 하나의 의미를 탄생시키는 것으로 새로운 글자를 형성하
는 둘, 혹은 그 이상의 간단한 글자들의 조합과 관계가 있다. 예
를 들면 '밝음'을 의미하는 글자는 明(◑Ɗ)인데, 이는 (해와 달이
아닌) 窓과 月 두 글자로 구성되어 있다. '남자'를 의미하는 글자
는 男(고대형 : ☀)인데, 이는 田(밭)과 力(힘)의 두 글자로 구
성되어 있다. 이런 글자들을 복합 표의문자(Composite Ideo-

---

1) 이것은 회의의 보통 설명이다. 그러나 나는 여기의 회(會)자는 '모은다'는
   뜻으로 보아 '의미의 결합'으로 풀이해야 되지 않을까 하는 강한 의심을
   품고 있다[5].

gram)라 부를 수 있으며, 'C'자로 표시할 수 있다. 복합 표의문자의 각 성분은 단순 상형문자, 혹은 단순 표의문자, 혹은 다른 복합 표의문자가 될 것이다($C=P+P'$; $C=P+I$; $C=I+I'$; $C=C'+P$; $C=C'+C''$).

네번째 도해 원리는 해성(諧聲)[6], 즉 소리를 조화시키는 것이다. 이것은 한 글자가 다른 글자의 구성 분자로 되어서 그 글자의 음(音)을 나타내는 경우를 말하는데, 이렇게 쓰이는 경우에 그것이 영어로는 'phonetic(音標)'이란 말로 알려져 있다. 또한 이와 같은 합성 문자에 있어서 음을 나타내지 않는 부분은 의미를 나타내는데, 이것은 '부수(部首)', 혹은 '의부(意符)'로 불린다. 그래서 이런 복합 표음문자(Composite Phonogram)를 나타내기 위해 'N'자를 사용한다면, 그것은 주로 음부(音符 : phonetic)와 의부(意符 : significant)로 구성되겠는데, 그 음부와 의부는 그 자체가 단순 상형문자, 단순 표의문자, 복합 표의문자, 혹은 다른 복합 표음문자가 될 수도 있다($N=p+s$; $p=P, I, C, N'$; $s=P', I', C', N''$).

이리하여 '성실(誠實)'이란 뜻의 복합 표음문자는 '충(忠)'인데 이는 음부의 中과 의부의 心으로 구성되어 있다. 中은 음부이지만 그것 자체가 '가운데'라는 뜻을 가졌으며 사각형의 가운데를 뚫고 잘려진 선으로 나타낸 단순 표의문자이다($p=I$). 한편 의부인 心(♥)은 심장의 단순 상형문자로 여기서 성실(loyalty)은 마음(heart)과 연관되어 있다는 것을 의미한다($s=P$). 때때로 우리는 음부 하나와 두 개 이상의 음부로 되어 있는 복합 표음문자를 발견한다. 예를 들면 보물을 의미하는 '寶(음 pao, 고대음[2]

2) 고대 중국음(Archaic Chinese)이란 용어는 스웨덴의 중국어 학자 Bernhard Karlgren이 초주(初周 : 약 BC 1100~BC 600) 시기의 말을 지칭한 용어이다.

pog)'라는 글자는 음부인 缶(fo, 고대음 piog)와 세 개의 의부
──'지붕 宀', '구슬 玉', 그리고 '조개 貝'──로 구성되어 있
다($N=p+s+s'+s''$).

다섯번째 도해 원리는 전주(轉注), 즉 뜻의 상호 한정인데, 이
는 동의자(同義字)의 사용과 관계가 되는 것이다.

여섯번째 원리는 가차(假借), 즉 빌리는 것인데, 이는 동음어
(同音語)를 빌리는 것이다.

마지막 두 도해 원리는 이미 존재하고 있는 글자들의 확장된
사용(使用)과 관계가 있으며, 새로운 글자의 형성(形成)과는 무
관하다는 점을 알 것이다. 이처럼 글자의 구성에 기초가 되어 있
는 기본적 원리는 넷뿐이고 이에 따른 네 가지 주요한 범주가 있
는데, 그것은 단순 상형문자, 단순 표의문자, 복합 표의문자, 복
합 표음문자이다. 처음의 둘은 극소수에 불과하지만 가장 공통된
사물들(해·달·나무 등) 혹은 가장 기본적 개념들(즉, 숫자·위·
아래·중간 등)에 해당하는 글자들이기 때문에 유일한 소수(少數)
라는 것을 간과하기가 쉽다. 한자의 대다수는 그 마지막 범주에
속하며 음표적(音標的) 요소를 내포하고 있다. 더구나 원래 상형
문자의 원리에 의거하여 형성된 글자들조차도 회화적 요소를 많
이 상실하고 있고, 현대의 자형(字型)은 그것이 나타내고자 하는
사물의 유사점을 거의 상실하고 있다(앞에서 예로 든 단순 상형
문자의 현대형과 고대형과의 비교가 이를 증명할 것이다). 이제
페놀로사와 그의 추종자들의 오류가 분명해졌을 것이다.

문어체(文語體) 중국어에 범하기 쉬운 또 하나의 오류는 단어
(word)와 글자(character) 사이에 일어나는 개념상의 혼란인데,
이는 또한 중국어가 단음절어(單音節語)라고 하는 오류를 동반한
다. 중국어에서 단어는 다른 언어에서와 마찬가지로 말(speech)
이 한 단위이고, 말은 하나의 혹은 그 이상의 음절들로 구성되어

있기 때문에 결국 하나, 혹은 그 이상의 글자들로 쓰여진다.

따라서 한 자(字)는 한 음절에 해당하는 기호(記號)이며 한 단어 또는 단어의 한 부분을 형성한다. 이론상으로 각 글자는 각각의 의미를 가진다고 할 수 있으나, 실제의 어법(語法)에 있어서는 어떤 글자는 독립적으로 의미를 나타내지 못하고, 다른 글자와 합성되었을 때만 의미를 나타내는데, 예를 들면 즉 앵무(鸚鵡), 실솔〔蟋蟀 : cricket, 귀뚜라미——물론 운동 경기가 아니라 벌레임. cricket에는 영국의 국기(國技)의 뜻도 있음〕, 요조(窈窕[3] : 우아한), 그리고 포도(葡萄) 등이다.

이런 글자들은 사실상 각각 두 글자로 씌어지는 이음절 단어들이다. 두 음절 이상을 가진 단어들은 외국어의 음역, 예를 들면 아미타불(阿彌陀佛 : Amitabha Buddha)[8] 같은 경우를 제외하고는 아주 드물다. 때로는 한 글자는 독립적으로 의미를 갖거나, 다른 글자와 어울려 복합어(複合語)를 형성한다. 先(먼저)이라는 글자와 生(태어남)이라는 글자가 각각 제 홀로도 의미를 나타낼 수 있지만 두 글자가 한데 어울려 先生(선생님·신사·교사)이라는 한 개의 복합어를 형성한다. 반드시 복합어에서와 똑같은 의미는 아니지만 각 복합어의 구성 성분이 분리되어 의미를 가질 수 있다는 점에서, 이음절 복합어는 이음절 단어와는 다르다.

대개 복합어의 의미는 명백하지 않더라도 그 구성 성분을 보고 짐작할 수 있다. 선생이 가지는 선생님(sir)·신사(gentleman)·교사(teacher)의 의미는 先과 生의 문자 그대로의 관념으로부터 추출된다. 먼저 태어났으므로 연장자이고 존경받을 수 있다는 등등이다.

---

3) 이 말의 발음에 관하여 대부분의 사전들은 miao-t'iao와 yao t'iao 두 가지 음이 있다고 적고 있으나, 나는 어떤 중국인도 후자로 발음하는 것을 듣지 못했다[7].

인유(引喩 : allusion)를 갖고 있는 복합어에 관하여서는 특례가 인정되지 않으면 안 된다. 이러한 복합어의 의미는 함께 씌어지는 글자들의 문자 그대로의 의미와는 다르다. 예를 들어서 지학(志學)은 문자 그대로 공부하고자 하는 소망인데, 이는 15세에 공부에 뜻을 두었다(吾十有五而志于學:『論語』爲政篇)는 공자(孔子)의 말에 의한 비유이므로 글자 그대로의 의미를 갖는 것이 아니라, '15세'라는 말의 인습적인 의미를 갖게 된다. 그런 비유적인 복합어가 중국에는 수없이 많으며, 방심하기 쉬운 사람들을 위해 끊임없는 함정을 마련해 두는 것이다.

제2장 단어와 글자의 함축과 연상

영어에서처럼, 중국어에 있어서는 더욱 심하지만 한 낱말은 항상 한 개의 선명하고 고정된 의미를 가지고 있는 것이 아니라 가끔 다른 여러 가지 뜻을 내포하며 그 중 어떤 것은 상호간에 상반된 뜻을 가질 수도 있다. 간단한 예를 들어 보기로 하자. '生'이란 단어는 동사로 사용하면 '살다', '낳다', '태어나다'란 뜻이될 수 있고, 명사로는 '생애', '젊은 사람', '학생' 등으로, 형용사로는 '살아있는', '날것의', '이상한', '타고난', '자연적인', '기운찬', '활발한' 등의 뜻이 된다. 중국어에서 이런 낱말들에 의해 나타나는 아름다움을 이루 다 헤아리기 힘듦(embarras de choix)은 리처즈[I. A. Richards : 영국의 비평가] 교수[9]의 저서 『맹자의 오성론(孟子悟性論 : Mencius on the Mind)』에서도 예시되었지만, 이는 언제나 다의성(多義性)의 근원이 될 것이다.

이런 것이 설명적인 산문(散文)에 있어서는 심각한 약점이 될 것이지만, 이것은 말을 최대한으로 절약시키면서도 감정과 생각을 충분히 표현해 내는 것이 가능하기 때문에 시에 있어서는 도리어 장점이 될 수도 있다.

시인은 한 낱말에다 여러 가지 의미를 실을 수 있다. 그런고로 낱말의 의미가 일정한 문맥 속에서 부적당한 경우에는 독자는 이를 모두 배제하고 정작 시인이 나타내고자 하는 의미와 그 의미에 수반되는 의미를 독자는 선택하여야 한다. 이는 물론 영어에서도 발생하는 현상이지만, 중국어만큼 그렇게 크지는 않은 것으로 필자는 생각한다. 이 점에서 볼 때 중국어는 시를 쓰기에는 한결 더 좋은 언어이다. 시적 언어와 산문적 언어를 비교해서 윌리엄 엠프슨[William Empson : 1906~1988, 영국의 시인·평론가] 교수는[10] 다음과 같이 언급했다.

 '운율(韻律)이 필요하기 때문에 시인은 보통 회화체의 영어가
아닌 말을 시에다 쓰게 되고, 그러므로 독자는 그 말과 비슷한 뜻
의 여러 가지 회화체의 말을 생각하고 그것들을 모두 종합한 후
뜻이 비슷한 정도에 비례해서 여러 가지 가능한 뜻을 저울질하여
본다. 이래서 시가 산문보다 덜 정확해 보이면서도 산문보다 더
조밀할 수 있는 것이다.'[4] 우리는 여기에 덧붙여 중국어가 영어보
다 덜 정확해 보이는 반면에 더 조밀한 것은 이런 비슷한 이유
때문이라고 말할 수 있다.

 앞서 든 보기와 같이, 한 개의 단어의 여러 가지 상반된 의미
가운데 어떤 것은 서로 배치(背馳)될 수도 있지만, 그 중의 하나
가 지배적인 의미가 되고 그 외의 의미는 그것과 나란히 공존하
는 경우가 있다. 두 갈래의 의미 중 어느 것을 선택할지 알 수 없
을 때 Ambiguity(多義性)가[11] 성립되는 것이 아닌가 하고 생
각된다. 원래 한 낱말에 몇 가지 뜻이 동시에 존재할 때는 그 중
의 하나를 그것의 주의(主意 : predominant meaning)로, 다른
나머지 의미들은 그것의 함축(含蓄 : implication)이라고 보아도
좋다. 이렇게 나는 Ambiguity라는 단어를 엠프슨 교수처럼 여러
가지 타입을 다 커버하는 뜻으로 쓰지 않고 보통 뜻으로 사용하
고 있다. 사실 엠프슨 교수 자신도 먼저 출간한 책에서는 Ambi-
guity라고 불렸던 어떤 예들을, 후에 출간한 『복잡어의 구성(複
雜語의 構成 : *Structure of Complex Words*)』에서는 '함축'이란 말
에 적용한 것같이 보인다.

 나는 또한 함축과 연상(聯想 : association)을 구별해야 한다고
생각한다. 연상이란 의미의 한 부분, 혹은 있음직한 의미 중의 하
나가 아니라 우리 마음 속에 한 낱말과 연상되어 있는 어떤 것이

---

4) *Seven Types of Ambiguity* (revised edition. 1947), p. 28.

다. 예를 들면 테이블(table)은 식사와 관련(associate)이 있지만, 테이블이란 단어가 '편편한 표면'을 암시하듯이 식사를 암시(imply)하지는 않는다. table manners와 같은 구절에서는 dinner라는 단어가 연상 대신에 함축이 되는 것이다. 왜냐하면 뚜렷하게 명시는 안 되어 있어도 테이블이란 낱말이 table manners라는 구(句)에서는 본질적인 부분이 되기 때문이다. 내가 연상이란 단어를 엠프슨 교수와 다르게 사용한다는 것을 독자도 발견할 것이다. 엠프슨 교수는 사적 상념(私的 想念 : fancy)만을 연상이라고 보는데, 나는 모든 사적 상념을 다루기 힘들다는 이유로 논의에서 제외하고, 대부분의 독자들에게 공통된다고 생각되는 연상만을 다룰 작정이다. 그런 공통된 연상이 어떻게 일어나는가 하는 것은 나중에 보여 주기로 하겠다.

중국어에서는 사용되는 문자 자체에 함축이나 연상이 있기 때문에 더한층 복잡한 문제가 야기된다. 나는 먼저 어떤 단어가 무슨 말로 함축되고 연상되는가를 고찰하고, 그 다음에 글자들을 살핀 뒤에 글자와 단어 사이의 상호 작용을 기술할 것이다.

그러면 단어의 함축부터 다루어 보기로 하자. 내가 이미 언급한 바와 같이 한 낱말은 하나의 주의미(主意味)를 가진 동시에 그것의 함축으로 부차적인 몇 개의 의미를ⁿ 가진다. 예를 들면 효(孝) 같은 단어는 일반적으로 filial piety로 영역(英譯)이 되는데, 실제로는 온갖 뜻을 내포하지만 영어 단어 piety가 암시하는 것처럼 반드시 엄숙한 표정이 깃들어야 하는 것은 아니다. 이들 중의 어느 것이나 문맥에 따라서 주의(主意)가 될 수 있다. 우리가 효라는 말을 어떤 사람에게 적용시킬 때는 '그 사람은 절대로 부모의 뜻을 거역하지 않는다.' 혹은 단순히 '그는 부모들을 잘 받든다.'는 뜻이 되겠고, 함축으로서는 '사랑·믿음·존경'의 뜻이 깃들어 있다. 곧 '자기 부모에게 충실하다(He is devoted to his parents.)'가 가까이 된 번역일 것이다.

영어에서 이와 유사한 경우는 gentleman일 것이다. gentleman(신사)은 '무기를 지킬 권한은 가지고 있으나, 귀족사회에는 포함되지 않는 사람'이 본뜻이지만 이 말에 함축된 의미는 대개 명예(honor)·무용(gallantry)·정중(courtesy) 따위의 개념이다. 만약 우리들이 엠프슨 교수의 기호를 빌린다면, 이러한 말들과 그 함축을 A/1, 2, 3 등으로 표시할 수 있을 것이다. 예를 들면 孝＝자기 부모를 사랑하다, 존경하다, 복종하다 등이 될 것이다.

나는 주(主 : predominant)란 말을 특수한 문맥에서 사용자의 마음에 최상의 것으로 보이는 의미를 지적하기 위해 사용해 왔다. 나는 이 주의(主意 : predominant meaning)가 반드시 한 낱말이 처음 고안될 때 붙여진 뜻——그래서 이를 나는 본의(本意 : original meaning)라고 부르지만——과 똑같지는 않다고 본다.

또한 가장 빈번하게 사용하는 뜻——나는 이를 속의(俗意 : usual meaning)라고 하지만——과도 같지 않다는 것을 지적하고 싶다. 예를 들면 '木'이라는 낱말의 본의는 나무(tree)지만 현대어에서의 속의는 목재(wood)이고 또 한편 그 주의는 '목눌(木訥)' 혹은 '마목(麻木)'과 같은 합성어에서와 같이 '딱딱하다'는 뜻으로 쓰인다. 본의, 속의 그리고 주의 사이의 구별은 영어에서도 역시 존재하는데, 이를 인식하기 위해서는 gentleman과 chamberlain이란 단어를〔12〕생각해 볼 필요가 있다. 실제로 내가 주의라고 부르는 것은 엠프슨 교수의 요의(要意 : chief meaning)와 같고, 나의 본의, 속의는 둘 다 그의 수의(首意 : head meaning)와 같다.[5]

만일 혹자가 의미의 그런 상세한 구별이 필요한가에 의혹을 품

---

5) *The Structure of Complex Words.* p. 35. 〔13〕

는다면 나는 이런 구별이 일반적으로 그 언어를 쓰는 본토인이라
면 문제도 안 될 것이지만, 그 언어를 공부하는 외국 학생들과 번
역자들에게는 실질적인 어려움을 줄지도 모르니 이런 이유만으로
도 토의할 가치가 있다고 답변할 것이다.

　때때로 함축은 주의에 부차적 의미를 더하는 것이 아니라 주의
를 확정 또는 한정하여 주의의 적용성을 넓히기보다는 오히려 제
한시킨다. 예를 들면 萋(무성하다)라는 낱말은 단지 풀에만 적용
된다. 이리하여 풀은 그 낱말의 함축이 되므로 다음과 같이 뜻 뒤
의 괄호 안에 쓰여지기도 한다. 萋=무성하다(풀이). 영어에서는
music(음악)이라는 뜻을 함축하고 있는 contrapuntal(對位法)이
란 단어가 이와 유사하다.

　이것은 엠프슨 교수에 의해 논의되는 '正直－女人의 : 貞淑
(honest-of women : chaste)'[6]이라는 케이스와는 다른데, 그 이
유는 'honest'가 여자 이외에도 다른 대상에 적용될 수 있는 반
면, 딴 의미이긴 하지만 萋, 혹은 contrapuntal 같은 단어는 근본
적으로 한 대상에만 적용되기 때문이다. 그래서 만약 우리들이
그 낱말이 뜻하고 있는 단 하나의 뜻 외에 다른 것들에 그 낱말
을 적용시킨다면 마치 우리가 '대위법적 산문(contrapuntal
prose)'이라고 말할 때처럼 그것은 은유가 될 것이다. 다음으로,
낱말들의 연상에 대해 생각해 보기로 하자, 순전히 개인적인 상
념을 떠나서도 그것은 다음과 같이 몇 가지 종류로 나뉜다.

　① 관념적 연상(notional associations) : 이것은 소리가 시각적
형태, 혹은 낱말 그 자체의 어원에 의해서가 아니라 그 단어가 가
리키는 대상(또는 대상물)에 의해서 야기되는 것이다. 이 연상은
공통된 신념이나 습관에 기인하거나 신화나 전설에 기인한다. 한

---

6) *The Structure of Complex Words*, p. 35.

시(漢詩)에서 버드나무는 대개 이별을 연상시킨다. 당(唐) 시대
에는 버들 가지를 꺾어서 헤어지는 친구에게 선사하는 것이 관례
였다. 따라서 이러한 연상은 뒤에 가서(제 3 편, 제 2 장) 토의할
상징(象徵) 전래의 사용법과 밀접한 관계가 있다.

또 이런 연상은 영어에서도 나타나는데, 즉 Diana〔로마의 달
의 女神으로 처녀성과 수렵의 수호신〕여신과 달을 동일시하기
때문에 달은 순결을 연상시키고, 겨우살이〔mistletoe : 크리스마
스 이브에 이것을 매달아 놓으면 그 밑에서는 누구하고 키스를
하여도 무관하다는 풍속이 있음〕는 크리스마스를 연상시키는 따
위의 것이다.

② **청각적 연상**(auditory associations) : 이것은 낱말의 소리에
의해 야기되는 것으로, 의식적이든 무의식적이든 간에 쌍관어〔雙
關語=pun : 동음이의어의 말을 장난삼아 씀〕에 근거하고 있다.
예를 들면 당나라 시인 유우석(劉禹錫)이 민요 형태로 읊은 시에
서 그는 情(사랑)이란 단어와 똑같은 소리를 가진 晴(햇빛)이란
단어를 쌍관어로 썼다.

東邊日出西邊雨, 道是無晴還有晴.——「竹枝詞」[7]

The sun comes out in the east ; it rains in the west.
You'll say it's not sunny (love), yet it is.

동쪽에는 해가 나오는데, 서쪽에는 비로구나.
햇빛(사랑)이 없다 해도, 아직 햇빛은 있네.
때때로 쌍관어는 시인이 고의로 의도하지 않아도, 만약 우리들

---

7) 四部叢刊本,『劉夢得集』p. 66.〔14〕

이 음향상으로 그것과 관련된 다른 단어의 효과는 강화될 것이
다. 당나라 시인 이상은(李商隱)이 쓴 사랑의 시에는 다음과 같
은 구절이 있다.

　蠟炬成灰淚始乾.——「無題 : 相見時難別亦難」[8]

The candle will drip with tears until it turns to ashes grey.

　촛불은 재가 되어야 눈물 겨우 마르리니.

　내가 '회색재(ashes grey)'로 번역한 것은 사실 '灰'라는 한 글
자로 된 낱말인데 그것은 명사로는 '재(ashes)'로, 형용사로는
'회색(grey)'으로 사용한다. 나는 여기서 주의(主意)로 '재
(ashes)'를, 그리고 함축(含蓄)으로 '회색(grey)'을 가진 것이라
고 생각한다. 더 나아가 복합어 '灰心(ash-hearted)'은 절망을 의
미하는데 이 시문(詩文)은 절망적 열정을 묘사하고 있으므로 내
가 여기서 '재'와 '회심(灰心)'을 연결시키는 것이 순전한 나의
독단이라고는 생각하지 않는다. 의식적이건 아니건 간에 쌍관어
들은 청각적 연상에 근거를 두고 있으며, 물론 영시에서도 이런
현상이 나타나는데 여기서 그 실례를 들 필요는 없겠다[15].
　③ **문맥적 연상**(contextual associations) : 낱말들 사이의 고
유한 어떤 연관 때문이 아니라 독자의 마음 속에서 어떤 낯익은
문학적 문맥에 의하여 연상되는 낱말들이다. 예를 든다면 낱말
자체 사이에는 어떠한 이론적 연관도 없지만 영어 독자들이
'multitudinous(광대한)'란 말에서 'incarnadine(담홍색으로 물들

---

8) 前同,『李義山集』p. 36.

이다)'을 쉽게 연상하듯이〔16〕 대부분의 중국인 독자들도 최초의
중국 시집 『시경(詩經)』의 바로 첫번째 노래 속에 이 두 낱말이
나오기 때문에 '요조(窈窕)'라는 낱말로 '숙녀(淑女)'를 연상케
될 것이다. 이런 종류의 연상은 단어들이 실제적인, 혹은 상상적
인 관계 때문에 연결된 것이 아니라, 임의로 연결된 것이라는 점
에서 첫번째 종류의 연상과는 다르다.

앞에 든 종류의 연상은 물론 그런 연상이 필연적으로 생겨날
것이라든가, 독자적인 취향과 공통된 연상 사이에서 엄격하고 명
확한 한계를 그을 수 있다든가 하는 것은 설명이 불가능하지만
같은 교육 수준, 같은 독서 경험 그리고 같은 감수성을 가진 독자
들 사이에서는 공통되리라 여겨진다. 그러나 주어진 문맥 안에서
한 낱말의 의미를 풍부하게 하는 그와 같은 연상을 지적해 내는
것은 비평가의 권한에 속하는 일이다.

한 낱말의 주의(主意)가 문맥에 따라 변하는 것처럼 때로는 함
축과 연상도 전혀 사라져 없어질 정도까지 변한다. 효(孝)라는
낱말이 어떤 사람이 부모의 상을 당한 경우에 쓰인다면 그 말이
가지는 사랑·순종·예모(禮貌) 등 통상적 함축은 자연히 수반되
지 않게 된다. 사실은 그와 반대가 옳을지도 모른다. 그러나 사람
들은 어버이를 여읜 사람을 그대로 효자(孝子 : 글자 그대로는 '헌
신적인 아들')라고 부른다. 이것은 마치 그 사람이 꼭 그렇게 느
끼지 않더라도, 누구의 '불행(bereavement)'〔친척을 잃은 것을
말함〕이라고 우리들이 말하는 것과 똑같은 것이다〔부모의 제사
때에 축문에 효자 모모라고 쓰는 것은 단순한 형식적인 문투에
불과하다는 뜻임〕.

영어의 gentleman(얼마나 매혹적인 단어인가!)은 비슷한 보기
를 우리에게 보여 준다. 다음 문맥에서 이 단어의 변화하는 함축
을 살펴보자. gentleman's agreement(紳士 協定)의 함축은 주로

도의적인 것이고, Gentlemen prefer blondes(신사는 금발을 좋아

한다──영화 제목)에서 gentlemen은 사회적인 것이고, Gentle-

man's gentleman(국왕 귀인을 모시는 시종)에서 첫째번 Gentle-

man의 중심이 되는 함축은 사회적 계급이고, 다음 것은 뛰어난

풍채를 가리킨다. 또 남자용 화장실의 미사여구(美辭麗句)로 사

용되는 gentleman은 그런 인습 뒤에 숨어 있는 동기가 속물적이

긴 하지만, 실제로는 그 낱말의 통상적 함축이 결여된 것이다.

　　좀더 높은 차원으로 올라가 보면 셰익스피어(Shakespeare)가

『헨리 5세』의 서막에서 'A Muse of *fire*, that would ascend /

The brightest heaven of invention(불꽃의 여신 뮤즈여, 영감으

로 하여 찬란한 그 정상의 높이까지 오르게 하라)'이라고 했는데,

여기서 '불'의 주된 함축은 4대 원소(四大元素 : 火水氣土) 중의

하나로 하늘로 올라가는 속성을 나타내고, '불'이 보통 가지는 탄

다든가 파괴한다는 함축이 여기서는 관계가 없다. 클레오파트라

(Cleopatra)가 죽기 직전에 'I am *fire* and air, my other ele-

ment / I give to baser life(나는 이제 불과 공기뿐이다. 흙과 물

은 천한 속세에 남겨버린다)'라고 말할 때 '불'의 함축은 하나의

고귀한 요소이며 위로 올라가는 속성으로, 밑으로 가라앉을 더러

운 요소인 水土와 대조를 이루나, 현대의 청중은 '불'의 함축을

정열로 받아들이기 쉽다.

　　존 단〔John Donne : 1573~1631, 영국의 시인〕이 'Fire for

ever doth aspire / And makes all like itself, turns all to fire(영

원히 숨쉬는 불이여, 모든 것을 불로 돌리는구나──『祝婚歌』

XI, The Good-night)'라고 할 때나, 마이클 드레이턴〔Michael

Drayton : 1563~1631, 영국의 시인〕이 말로우〔Marlowe : 15

64~1593, 영국의 시인·극작가〕에 관해서 'his raptures were /

All air and *fire*, which made his verses clere(그의 환희는 모두

바람과 불이었다. 그의 시를 청정하게 만든 것은——To my most dearly loved friend Henry Reynalds Esquire, of Poets and Poesie)'라고 한 때에도 이와 같은 함축이 나타난다.

어떤 문맥에서는 함축과 연상뿐만 아니라 의미 자체조차도 낱말과 분리될 때가 있다. 편리를 도모키 위해 글자로부터 유리된 의미와 함께 나는 그것을 다음에 논의하겠다.

우리는 한자의 함축과 연상을 계속해서 생각해 보자. 한 한자가 한 낱말 혹은 한 낱말의 한 부분을 대표하는 한, 그 글자의 함축과 연상은 그 낱말의 함축과 연상과 같은 것이다. 결코 모두 다는 아니겠지만, 그 중 어떤 것은 한자의 시각적 형태 혹은 부분에 의해 표시된다. 그러나 어떤 한자는 그것의 어원으로부터 발생한 함축을 가지고 있다고 덧붙일 수 있다. 그런 함축은 그 한자가 처음 단어로 창안되었을 때는 본의(本意)와 관계가 있었을지라도 현재 속의(俗意)나 주의(主意)와는 관계가 없을 수도 있다. 낱말이 한자 이전에 존재했다고 보는 것이 안전하다.

고대 중국인들은 해·달·사람 등을 표현할 낱말을 먼저 지녔을 것이고, 그 낱말에 알맞은 한자를 발명했을 것이다. 어떤 중국학자들은 순서가 그와는 반대일 것이라고 시사하지만 그렇지 않을 것이다. 이는 육서(六書)에 의해 증명된다. 소리를 빌려 오는 것, 만약 한 낱말이 그 자신의 소리와 함께 존재하지 않았다면 어떻게 똑같은 소리를 가진 딴 단어에 해당하는 글자를 빌릴 수 있었을까? 거기엔 다른 가능성이 있다. 즉, 함축은 오직 그 단어의 의미와 관련은 있을지라도 이미 그 뜻의 일부를 형성하지는 않으며, 그렇기 때문에 연상의 흔적은 희미해진다. 글자의 네 범주를 하나하나씩 생각해 보자.

단순 상형문자(象形)인 경우에 글자의 시각적 형태는 한걸음 더 나아가 함축을 더 붙일 필요없이 그 나타내는 바 의미를 선명하게 한다. 그러나 글자의 형태는 최초로 창안된 이래 많은 변화를 거듭했으며 지금 쓰이고 있고, 또 2,000여 년 동안이나 지나온 글자들 가운데 그 형태들은 고도로 인습화되었다. 또 그 본래의 회화적 요소를 많이 상실했다. 예를 들면 해의 고대형이 ⊙이었던 데 반해 현대형은 日이고, 물의 고대형은 ⾙인데 현대형은 水인 것이다. 따라서 시각적 호소의 상실은 명백해졌다.

단순 표의문자(指事)인 경우에 한자가 단순한 기호라면 함축이 의미에 첨가되지 않는다. 그러나 지시부와 함께 단순 상형문자로 되어 있을 경우 함축이 포함될 수 있다. 그런 함축은 단어의 속의(俗意) 속에 충분히 잔재한다. 즉, 칼날을 뜻하는 글자 刃은 날을 가리키는 한 점과 함께 칼에 해당하는 단순 상형문자로 되어 있다. 따라서 칼이 칼날의 함축이라는 것은 명백하다.

그러나 때때로 어원적 함축이 전연 적당하지 않은 것도 있다. 예를 들면 앞에서 다루었듯이 본의가 나무꼭대기라는 글자는 末인데, 단순 상형문자인 木자에 꼭대기를 가로질러 한 획을 그은 것이다. 하지만 그 낱말의 속의는 단순히 끝쪽은 마지막이고, 어느 것의 끝이란 뜻으로도 적용시킬 수 있다. 이렇게 여기서 나무라는 뜻의 함축은 상관이 없어진다. 木자의 밑을 가로질러 한 획그은 본의가 나무 뿌리란 本자의 경우도 마찬가지이다. 이 낱말의 속의는 나무라는 함축이 없어 단순히 '근본'이란 뜻이다. 한자의 이러한 전의(轉義)는 'root'나 'source'와 같은 영어 단어에 원은유적 함축이 실상 사라져 버린 것과 비교할 수 있다.

복합 표의문자(會意)에서는 그 어원적 함축이 완전히 보존되거나, 부분적으로 상실되거나, 혹은 완전히 상실되기도 한다. 예를 들면 '나무의, 빽빽한'이란 뜻의 森자는 木자가 셋으로 되었는데, 여기서 그 함축은 그대로 보존되어 있다. 그러나 같은 글자가 '검다'는 뜻으로 쓰일 때, 그 함축은 단지 하나의 연상으로 쓰인다.

우리는 이렇게 두번째의 의미를 나타낼 수 있다 ; 森＝검은 → 나무들(여기서 화살표는 개념의 연상을 나타낸다). 때때로 함축은 지붕 아래 돼지 豕자로 되어 있는 家(고대형 : 𤝼)자에서처럼 전적으로 부적당할 경우가 있다. 그런 유리된 함축 앞에는 ≠표를 해도 좋다 ; 家＝집(≠지붕 밑에 있는 돼지).

역설적으로 진정한 어원학에 바탕을 둔 함축이 부적합하고, 모조 어원학에 기초를 둔 함축이 적합할 때가 있다. 예를 들면 明의 고대형은 窻(고대형 : 𥦗)과 月로 구성되어 있지만, 현대형은 日와 月로 쓰여진다.[9] 대부분의 독자들은 글자의 어원의 참모습을 인식하지 못하고 해와 달로 그 의미에 아주 잘 들어맞는 연상을 하게 되는 것이다.

복합 표음문자(諧聲)는 의부(意符)로 쓰이는 부분의 뜻은 함축으로 완전히 보존되거나 혹은 연상의 상태로 줄어들 수가 있다. 우리가 이미 다룬 적이 있는 두 가지 예를 들자면 忠자는 의부로 心을, 萋자는 草(艹)를 의부로 가지고 있다. 이 두 경우에 의부가 뜻하는 것은 복합된 글자의 함축으로 보존되어 있다. 때로 함축이 연상으로 될 때가 있다. 예를 들면 蒼(짙은 초록)에서 의부 艹(풀 초)는 이를 암시하기는 하지만, 그 색깔이 반드시 풀에만 적용되지는 않기 때문에 연상이 된다. 이와 비슷하게 2음절어 崎嶇에서 두 글자는 의부로 모두 山을 가지고 있다. 여기서 山은 단어의 속어를 가진 함축이 아니고 적절한 연상을 형성해 내는 것이다 ; 崎嶇＝울퉁불퉁하고 험한→山. 또 다른 예를 들자면 汪洋인데, 이는 의부로 氵(삼수변)을 가지고 있다. 이 복합어가 오직 물에만 적용되는 것은 아니기 때문에 여기서 氵은 함축이라기보다는 연상이다 ; 汪洋＝광대한→바다.

_____

9) 본서 p. 23 참조.

예측할 수 있는 바와 같이 복합 표음문자에서 음부로 쓰여지는 부분은 대개 그 자체의 의미는 없어진다. 즉, 萋에 있어서 음부인 妻는 그 자체의 의미인 '아내'라는 뜻은 없어진다. 또 蒼에 있어서 음부인 倉은 자체의 의미인 곡물 창고는 없어지고, 崎嶇에 있어서 음부인 奇와 區는 원래의 의미인 '기이한'과 '구역'은 없어진다. 또한 汪洋의 음부인 王과 羊은 원래의 의미 '왕과 양'과는 다르다. 이러한 표음문자를 도표로 설명하면 다음과 같다.

萋＝더부룩한(풀)＝艸＋妻(≠아내) ; 蒼＝짙은 초록→풀＝艸＋倉(≠창고) ; 崎嶇＝울퉁불퉁한→산＝〔山＋奇(≠기이한)〕＋〔山＋區(≠구역)〕 ; 汪洋＝넓은→물＝〔氵＋王(≠임금)〕＋〔氵＋羊(≠양)〕.

지면상으로는 이렇게 복잡하지만 실제로 이 분리의 과정은 쉽사리 독자들이 이해할 수 있을 것이다. 어떤 글자가 복합 표음문자의 음부로 쓰여지고 있음을 알게 되면, 독자는 영어 독자들이 흔히 ladybird(무당벌레)나 butterfly(나비)를 그 구성 요소인 문자상의 뜻과 분별하여 생각하게 되는 것과 같이 저절로 그 글자의 원래의 뜻과 분별할 수 있을 것이다.

드문 예이기는 하지만 음부의 뜻이 전체 글자의 뜻과 관련을 가진 듯 보이기도 한다. 예를 들면 忠의 음부는 中인데, 이는 저절로 '가운데'를 의미한다. 忠은 비록 어원적으로는 불합리할지라도 '사람의 마음을 가운데에 갖고 있다.'라고 생각하는 것이 그렇게 엉뚱한 것만은 아니다. 또 다른 예를 들면 愁(슬픔)는 음부로는 秋를, 의부로는 心을 가지고 있다. 중국에서는 가을이 슬픈 계절로 여겨지고 있기 때문에 슬픔을 秋心으로 생각하는 것이 터무니없는 것은 아니다. 그러나 그런 경우는 희귀하기 때문에 아무리 그 결과가 시적이고 흥미있는 것일지라도 이런 종류의 모조된 어원학에 열중하면 안 된다.

의미들은 한 개의 한자의 각 부분으로부터 유리될 수 있을 뿐
만 아니라 여러 개의 낱말을 각각 대신하고 있는 한자들 전체로
부터 유리될 수도 있다. 나는 의미가 단어와 유리될 수도 있다는
것을 이미 제창했고, 단어로 사용된 한자를 지금 다루고 있기 때
문에 현재 든 보기에서 그 둘 사이를 구분할 필요는 없다. 의미가
단어와 달라지거나 혹은 그 단어를 대신하는 한자와 달라질 수
있는 몇 가지 경우가 있다.

① 한 한자가 복합어의 부분으로 쓰일 경우, 그 의미는 구성
성분의 전체의 뜻과는 다르다. 예를 들면 天花라는 복합어는 천
연두(天然豆)를 뜻하는데 天(하늘)과 花(꽃)는 그들 본래의 뜻
을 상실한 것이다. 志學 같은 암시적인 복합어를 보면 앞에서도
한 번 지적했듯이(p. 27) 공부하고자 하는 소망을 뜻하는 것이
아니라, 15세 운운하는 전통적인 어법이다. 이러한 복합어들은
다음과 같이 표시될 수 있다. 天花＝천연두(≠하늘의 꽃) ; 志學
＝15세(≠공부하려는 소망). 이들은 영어의 red herring(가짜),
brown study(沈思), white elephant(귀찮은 물건) 같은 숙어적
인 관용구와 같다. 先生이라는 복합어에서 先(먼저)과 生(태어나
다)의 의미는 이 복합어 전체의 뜻과는 거의 관련성이 없는 것처
럼 때때로 글자 하나하나의 뜻은 복합어 전체의 뜻과는 거의 관
련되지 않는다. 우리들은 이와 같은 복합어를 이렇게 표시할 수
있다. 先生＝선생님(sir)·신사(gentleman)·교사(teacher)〔먼저
태어난〕. 이런 일련의 단어들은 영어에서 sky-scraper(摩天樓)·
curtain-raiser(開幕劇) 따위와 같다.

② 어떤 글자가 외국어를 음역하는 데 사용되는 경우나, 글자
가 음역(音譯)에 쓰일 경우 그들 본래의 의미를 상실한다는 것은
명백하다. 그러나 글자의 의미는 흔히 연상으로 남아 있을 수 있
다. 그것은 아마도 옛날 중국의 범어(梵語) 경전 번역가들이 음

역할 때에 문자의 연상을 되도록 피하기 위하여 일부러 자주 사용되지 않는 글자들을 조심스럽게 가려 쓴 이유가 될 것이다. 예를 들면 nirvana를 열반(涅槃)으로 옮긴 것을 들 수 있는데, 혹토(黑土)와 판(板)을 각각 뜻하는 이 두 글자는 다른 곳에서는 거의 쓰이지 않는다. 한편 어떤 번역가는 English의 통상적 음역을 ying-chi-li : 英吉利, 즉 글자 그대로 '영웅적'이고 '운수 좋고(吉)', '이로운' 식으로 좋은 뜻을 가진 글자를 사용하여 실물보다 훌륭해 보이는 연상을 깃들게 설명할 수도 있다.

③ 글자가 고유명사로 사용될 경우, 즉 글자가 성(姓)으로 쓰일 때 본래의 의미와는 유리된다. Shakespeare를 무기를 휘두르는 사람으로, 혹은 Smith를 쇠붙이를 두드리는 대장장이로 생각하지 않는 것처럼, 아무도 성이 장(張)씨인 사람을 'Mr. Open'으로 또는 이(李)씨인 사람을 'Mr. Plum'으로 생각하지 않는다. 중국어에 있어서 개인의 이름을 보면, 이미 존재해 있는 수많은 이름 가운데서 선택되는 영국인들의 크리스천 네임과는 달리 각각 다른 동기를 지니고 있다. 이런 까닭에 중국인들의 이름은 더욱 의미 심장한 것이다. 이름이 그렇게 지어진 것이라고 하더라도, 그 이름의 소유자의 성격과는 아무런 관계도 없는 글자 그대로의 뜻에 관해서는 이미 생각할 필요가 없다. 그래서 Rosemary·Hope·Patience 같은 영국식 이름의 글자 그대로의 뜻을 의식할 필요가 없는 것 이상으로 '淑蘭(숙란 : 정숙한 난초)' 같은 중국식 이름에 대해서도 의식할 필요가 없다.

따라서 왕보천(王寶釧)(川)을 직역해서 Lady Precious Stream으로 만드는, 고괴(古怪)한 가짜 중국 취미(Chinoiserie)로 중국 이름을 번역하지 않는 것이 오해를 피하는 것이다〔현대 중국 극작가 熊式一이 京劇 王寶釧에 의거, 4막극 王寶川을 지어 1930년대에 영·미 양국에서 작자 자신이 연출·상연, 대호평을 받았다 함. 寶川은 여주인공 이름〕.

지명(地名)의 문제에 있어서도 마찬가지이다. Oxford를 소가 건너는 강으로 생각하지 않는 것처럼, 산동(山東)을 산의 동쪽으로 생각할 필요가 없다. 明(밝음)이라는 왕조(王朝) 이름과 天寶(천보 : 하늘의 보배) 같은 연호(年號) 명칭은 대개 역사상의 어떤 기간을 통칭하며, 글자의 뜻과는 분리되어 있다. 그러나 어떤 이름이 공격의 목표로 포착된 경우, 즉 풍자적 시에서처럼 말로 장난을 하려고 할 때 위 관찰의 예외는 발생한다〔17〕.

④ 전통적인 예의를 갖춘 실용구(實用句)의 경우, 이 때 쓰인 단어는 문자 그대로의 의미를 갖지 않게 된다. 예를 들면 오로지 실용적인 목적 때문에 僕(종)과 妾(시녀)이라는 말들은 '나'〔일인칭 단수〕를 자칭하는 것이 전통적 어법이었다. 즉, 영어에서도 글자 그대로 'Dear Sir(拜啓)' 혹은 'Your obedient servant(頓首)' 와 같은 관용구를 쓰는 것처럼, 사용자가 지나친 겸손을 표현한다고 오해하지는 않는다.

앞에서 이야기한 모든 것으로부터 이제 한자의 회화적 요소와 어원적 연상은 실제로 페놀로사(Fenollosa)·파운드(Pound)·플로렌스 아이스코우〔Florence Ayscough : 1878~1942, 上海 태생의 미국의 여류 시인이며 중국문학자〕에 의해 그랬던 것처럼 매우 과장될 수 있는 것이 명백해졌다. 이러한 학자들의 전형적 방법은 어떠한 글자를 실제상의 또는 유추(類推)에 의한 어원에 따라 몇 가지 부분으로 나누어서 설명하려는 것이다. 이 방법의 몇 가지 불합리한 결과는 윌리엄 홍〔William Hung : 洪煨蓮, 미국 하버드 대학 교수〕의 『두보(杜甫)—중국 최고의 시인(Tu Fu—*China's Greatest Poet*)』[10]과 아킬레스 팡〔Achilles Fang :

---

10) Harvard University Press (1952).

方志彤, 미국 하버드 대학에서 강의]의 논문 「페놀로사와 파운드 (*Fenollosa and Pound*) 」[11]에서 나열되고 있으므로, 그 이상의 예는 필요치 않다.

이러한 문자 분리의 방법은 기껏해야 philosophy와 telephone을 각각 '지식을 사랑하는 것'과 '원거리 음향'으로 생각하는 것과 다를 바가 없는 것이다. 또한 그것은 심지어 'Hamlet'을 '작은 햄조각'으로 또는 'Swansea'[영국 웨일스 동남부의 항구 이름]를 '백조의 바다'라는 뜻으로 설명하는 것과 같은 것이다.

중국시에 있어서 한자의 형태에 의해 얻어질 수 있는 부가적인 효과를 부인하려는 사람은 없겠지만, 한자로 씌어진 한 줄의 시는 페놀로사가 생각했듯이 천천히 돌아가는 영화와 같은 단순한 영상의 나열이 아니라, 사소한 암시(暗示)가 아닌 암시 이상의 효력을 가지면서 거기 담겨진 내용의 시각적인 면과 더불어(다른 어느 언어로 씌여진 시에서도 마찬가지지만) 감각과 음향의 매우 복잡한 조직적 전개라는 사실이 뚜렷해진다.

---

11)*Harvard Journal of Asiatic Studies*, Vol. XX Nos. 1 and 2 (1957).

제 3 장 중국어의 청각적 효과와 작시의 기초

서양 번역가들이나 학도들은 한시(漢詩)에 있어서 한자의 시각적 효과는 과장한 반면에, 한시의 청각적 효과는 비교적 경시해 왔다. 확실히 시의 음악성은 예를 들면 프랑스어와 이탈리아어와 같이 유사한 두 언어 사이에서조차도 번역을 통해서는 완전히 재생되기가 힘드는데, 중국어와 영어와 같이 현격한 두 언어 사이에서는 운위할 것도 없다. 그렇지만 번역을 통해서는 무엇을 불가피하게 잃어버린다고 가정하더라도, 그 잃어버린 것이 무엇인가를 아는 일도 아주 좋을 것이다.

번역을 통해서 시를 읽는다는 것은 베일을 통해서 아름다운 여인을 본다든가 안개를 통해서 풍경을 보는 바와 같아서, 원전(原典)에 대한 번역가의 기술과 성의에 따라서 그 가리움의 차이가 달라진다. 내가 그 베일을 걷어올리거나 그 안개를 흩을 마력을 갖고 있다고 선언할 수는 없지만, 나는 적어도 감질나게나마 미인의 모습이나 산의 몽롱한 윤곽 정도는 그려낼 수 있다. 이 점을 마음에 두고서, 나는 가장 중요하고 특징적인 중국시의 청각적 특질과, 중국어의 주요한 운문 형식에 사용되는 작시법(作詩法)의 기초를 서술해 볼 작정이다.

다음에 나올 예문들에 대한 나의 번역에서 나는 매 행(行) 속에서 중국어의 음절들 속에 들어 있는 것만큼 많은 강세(stress)를 영문 속에 부여하며, 그 원 압운(押韻) 형식을 따름으로써 나는 가능한 한 원래의 시형(詩形)에 접근시켜 보도록 할 것이다.[12] 나는 각운(脚韻)이 야기시킬 위험성에 대하여 모르는 바도 아니

---

12) 가끔 각운(rime) 대신 유운(類韻 : assonance)이 사용되기도 할 것이다 〔18〕.

며 원시의 압운 형식을 따른다는 것이 언제나 가능하다고 생각지
도 않는다. 그러나 나는 단순히 사실과는 정반대로 역시(譯詩)에
서 받은 인상 때문에 영어 독자들 중에는 모든 한시는 무운시(無
韻詩)의 일종으로 씌어졌다는 인상을 제거하기 위해서라도 이것
은 시도해 볼 만한 가치가 있다고 생각한다. 나는 한시 번역에 있
어서 압운의 사용은 어떤 부분에 있어서는 죄를 범하는 것같이
생각된다. 왜냐하면 독자들에게 이 시는 이러저러한 운율과 이러
저러한 압운 형식 밑에서 씌어졌다는 것을 일러 준 뒤에 그들에
게 무운시로 번역을 해 준다는 것이 나로서는 부당하게 보이기
때문이다.

서구시(西歐詩)에 있어서 유례를 찾는다면, 단테의 『신곡(神
曲)』은 terza rima(三韻句詩)라는 형식으로 되어 있지만, 그렇다
고 도로시 세이어스〔Dorothy Sayers : 1893~1957, 영국의 여류
극작가, 『神曲』의 역자〕와 다른 사람처럼 『신곡(神曲)』의 영문
번역도 terza rima로 한다면 문제가 달라진다.

중국어에 있어서 두 가지의 특징적인 청각적 성격은 그 문자들
이 단음절성과 그 글자들이 고정된 '성조(聲調 : tone)'를 가지고
있다는 것이다. 내가 앞서도 지적한 바와 같이 한 개의 단어는 한
음절 이상으로 이루어질 수도 있지만, 한 글자는 반드시 단음절
이라는 것이다. 그래서 한시에 있어서 매 행(行)의 음절의 수는
문자의 수와 일치한다. 우리가 한 행을 '오자구(五字句)'라고 하
든지, 혹은 '오언구(五言句)'라고 하든 간에 비록 개인적으로 나
는 전자를 필사형(筆寫形)에 관련된 것이라고 생각하는 한편, 후
자를 그것이 단어의 소리에 관련되기 때문에 작시법을 논의할 때
쓰려고 할지라도 그것은 상관없는 것이다. 한시에 있어서 매 행
의 음절수는 자연히 그 기본 절주(節奏 : rhythm)를 결정한다. 아
래에서 보는 바와 같이 한시의 어떤 종류 중에는 모든 행이 다

같은 음절수로 되어 있고, 또 어떤 것은 음절수가 틀린다.

음절수의 불변성 혹은 변동 다음으로, 성조(聲調)의 변화는 또한 중국 작시에 있어서 중요한 부분을 점령한다. 한문에 있어서 매 음절은 하나의 고정된 성조로 발음된다. 중국 고음(古音)에는 평(平)·상(上)·거(去)·입(入) 사성(四聲)이 있다. 음률적 목적을 위해서, 그 첫째 음조를 '평(平)'이라 하고, 다른 세 음조를 '측(仄)'이라 한다. 이 성조들은 각각 그 고저(pitch)에 있어서만 차이가 나는 것이 아니라, 그 길이(lenth)와 속도(movement)에 있어서도 차이가 나는 것이다. 그 첫째 성조는 비교적 길고 일정한 고저를 가지고 있으나, 그 나머지 셋은 비교적 짧고, 그와 관련된 명칭들이 지시하는 바와 같이 고저에 있어서 올라가거나 내려가거나, 혹은 갑자기 중지된다. 그래서 성조의 변화는 고저의 억양뿐만 아니라 길고 짧은 음절들 사이의 대조도 만든다. 뒤에 말한 것에 관해서는 한시가 라틴어의 음량시구〔音量詩句 : quantitative verse : 악센트에 의하여 리듬을 맺는 영시와 달리 음절의 장단에 따라 리듬을 맞추는 시〕와 비슷한데, 한시에서 고저에 의한 억양은 영시에 있어서 강세(stress)의 변동이 하는 역할과 비교될 것이다. 성조에서의 변화는 모든 한시에서 일어나는 것인데, 고시(古詩)에서는 규정된 조형(調型 : tone pattern)이 없고 성조의 자연스런 억양만이 있으나, 근체시(近體詩)에 있어서는 조형이 고정된다.

작시법에 있어서의 또 다른 중요한 요소는 압운이다. 끝자 압운은 모든 중국시에서 행해진다. 두운(頭韻 : alliteration)과 의성어(擬聲語 : onomatopoeia)와 같은 다른 방법도 또한 가끔 사용된다. 우리들은 지금 시형에 있어서 이러한 잡다한 요소들이 여러 가지 시형들 중에서 어떠한 역할을 할 것인가 고찰해 나갈 수 있다.

① 四言詩

이것은 중국에 있어서 최초의 시다. 『시경(詩經)』의 시들은 가끔 자수(字數)에 가감이 있기는 하나 대부분은 사언시(四言詩)로 되어 있다. 그 시행(詩行)들은 보통 짧은 절(節 : stanza)로 되어 있으며, 아주 복잡한 운법(韻法)을 쓰고 있다. 『시경(詩經)』 중에서 다음에 보기로 드는 시는 「정녀(靜女)」라고 하는 시이다.

나는 먼저 한자로 된 원문을 적고, 그 다음 현대 북경(北京) 발음에 따라 그것을 옮겨 적는데 압운만은 베른하르트 칼그렌 〔Bernhard Karlgren : 1889∼1978, 스웨덴의 중국어학자〕 교수가 재구(再構)한 방법에 따른 고음(古音)으로[13] 적을 것이다. 한마디 한 마디씩 영어로 축역(逐譯)하고, 끝에 가서 원시에서 압운을 사용한 곳에 압운이나 모운(母韻)을 써서 영역해 보고자 한다.

靜　　　女	*Ching Nü*
	Gentle Girl
靜 女 其 姝	*Ching nü ch'i shu*(t'iu)
	Gentle girl how beautiful
俟 我 於 城 隅	*Ssŭ wo yü ch'eng yü*(ngiu)
	Await me at city corner-tower
愛 而 不 見	*Ai erh pu chien*
	Love but not see
搔 首 踟 躕	*Sao shou ch'ih―ch'u*(d'iu)
	Scratch head pace to-and-fro

---

13) p. 24 각주와 부록을 보라.

靜 女 其 孌	*Ching nü ch'i luan*(bliwan)
	Gentle girl how pretty
貽 我 彤 管	*Yi wo t'ung kuan* (kwan)
	Give me red pipe
彤 管 有 煒	*T'ung kuan yu wei* (giwər)
	Red pipe has brightness
說 懌 女 美	*Yueh-yi ju mei* (miər)
	Delight your beauty

自 牧 歸 荑	*Tzŭ mu kuei t'i*(diər)
	From pasture send shoot
洵 美 且 異	*Hsün mei ch'ieh yi* (giəg)
	Truly beautiful and rare
匪 女 之 爲 美	*Fei ju chih wei mei* (miər)
	Not your being beautiful
美 人 之 貽[14]	*Mei jen chih yi* (diəg)
	Beautiful person's gift

The Gentle Maiden

How pretty is the gentle maiden!
At the tower of the city wall she should be waiting.
I love her but I cannot see her;
I scratch my head while anxiously pacing.

The gentle maiden : how lovely is she!

---

14) 四部叢刊本, 『毛詩』 p. 19, 「邶風」.

This red pipe she gave to me.
O red pipe, with lustre bright,
Your beauty gives me great delight.

Form the pasture she sent me her plight──
A tender shoot, beautiful and rare.
Yet it's not your beauty that gives me delight,
But she who sent you, so true and fair!

얌전한 아가씨
얌전한 아가씨, 그 아름다움이여!
나를 성문 대(臺)에서 기다리기로 했지.
사랑하는데, 보이지 않으니,
머리를 긁으며 머뭇거리지.

얌전한 아가씨, 그 사랑스러움이여!
나에게 붉은 붓대를 보내 주었지.
아, 붉은 붓대 빛나기도 하여라.
너의 아름다움 기쁘기도 하여라.

목장으로부터 띠싹을 보냈지.
정말 아름답고 희한하여라.
그것이 아름다워서가 아니라
아름다운 그이가 주었음이라.

여기서는 다만 시형(詩形)에 관해서만 이야기하기 때문에, 나
는 이 시에 대하여 뒷장(제 3 편, 제 2 장)에 가서 논평하겠다. 시

간 관계상 나는 다만 이 시의 주된 시체적(詩體的) 외양만 이야기하고 싶다. 원시(原詩)와 그 원음(原音) 표기에서 본 바와 같이, 이 시는 가끔의 예외가 있기는 하나(1절 제2행, 3절 제3행), 주로 4자(字) 행(行)으로 되어 있다. 이 운법은 AAOA, BBCC, CDCD이다.

② **古詩(五言 혹은 七言)**

5자, 혹은 7자 행의 시는 한대(漢代 : BC 206~AD 219)에서부터 나왔다. 뒤에 고정된 조형(調型)이 없이 5자, 혹은 7자 행으로 씌어진 이 시들은 뒤에 서술할 정형시(定型詩)들과 대조해서 고시(古詩)라고 불려진다. 고시에 있어서는 시 한 수에서의 행수는 한정이 없다. 그러나 매 행의 자수는 약간의 예외적인 융통성이 허용되기는 하나, 대개 5자나 7자로 한정되어 있다. 압운은 보통 짝수 행 끝에 붙지만 소원(所願)에 따라서는 한 운(韻)을 끝까지 쓸 수도 있고 환운(換韻)할 수도 있다.

다음 예는 이백(李白 : 701~762)의 오언 고시(五言古詩)이다. 그 표음(表音)은 현대 북경 발음에 따라 적고, 운자(韻字)만은 또한 칼그렌이 재구(再構)한 중국 중고음(中古音)을[15] 명시하고자 한다.

月 下 獨 酌	*Yueh Hsia Tu Cho*
	Moon-beneath Alone Drink
花 間 一 壺 酒	*Hua chien yi hu chiu*
	Folwers-among one pot wine
獨 酌 無 相 親	*Tu cho wu hsiang ch'in*(ts'ien)
	Alone drink no mutual dear

---

15) 대개 AD 600년경 중국어를 말함. p. 24 각주와 부록 '중국어 로마자 표기법'에 관하여 참조[19].

舉杯邀明月	*Chü pei yao ming yueh*
	Lift cup invite bright moon
對影成三人	*Tuei ying ch'eng san jen* (nzien)
	Face shadow become three men
月既不解飮	*Yueh chi pu chieh yin*
	Moon not-only not understand drink
影徒隨我身	*Ying t'u suei wo shen* (sien)
	Shadow in-vain follow my body
暫伴月將影	*Chan pan yueh chiang ying*
	Temporarily accompany moon with shadow
行樂須及春	*Hsing lo hsü chi ch'un* (ts'iuen)
	Practise pleasure must catch spring
我歌月徘徊	*Wo ko yueh p'ai-huai*
	I sing moon linger-to-and-fro
我舞影零亂	*Wo wu ying ling luan* (luan)
	I dance shadow scatter disorderly
醒時同交歡	*Hsing shih t'ung chiao huan*
	Wake time together exchange joy
醉後各分散	*Tsui hou ko fen san* (san)
	Rapt-after each separate disperse
永結無情遊	*Yung chieh wu-ch'ing yu*
	Always tie no-passion friendship
相期邈雲漢[16]	*Hsiang ch'i miao yun-han* (xan)
	Mutual expect distant Cloud-river

---

16) 國學基本叢書簡編,『李太白集』册 1, p. 108.

Drinkine Alone Beneath the Moon

A pot wine before me amidst the flowers :
I drink alone──there's none to drink with me.
Lifting my cup to invite the brilliant moon,
I find that with my shadow we are three.
Though the moon does not know how to drink,
And my shadow in vain follows me,
Let me have their company for the moment,
For while it's spring one should be care-free.
As I sing, the moon lingers about ;
As I dance, my shadow seems to fly.
When still sober we enjoy ourselves together ;
When rapt with wine we bid each other good-bye.
Let us from a friendship free from passions
And meet again in yonder distant sky!

달 아래서 혼자 마시며

꽃 사이에 한 병 술을
혼자 마시며 마주 권할 이 없어
잔 들어 밝은 달을 맞으니
그림자와 더불어 셋이 되었네.
달은 본래 마실 줄 모르고,
그림자는 다만 내 몸 따라 움직일지라도,
잠시나마 달을 벗하고, 그림자를 거느리고서
즐기며 봄을 지내야지.
내 노래하니, 달은 배회하고,
내 춤추니, 그림자도 움직여.

깨었을 때는 함께 즐겼으나,
취한 뒤엔 서로 흩어졌네.
영원히 맺어 보세! 허심한 사귐을.
서로 기약하세! 저 먼 은하수에서!

위의 시에서는 두 개의 압운이 사용되었다. 첫째 것은 제2, 4,
6, 8행 다음에 쓰였고, 다음 것은 제10, 12, 14행 끝에 쓰였고,
제5행 끝의 飮(yin)과 제11행 끝의 歡(huan)은 그들이 압운되
는 글자들과 같은 종류의 소리를 갖지 않았기 때문에 압운이 아
니다[20]. sonnet(14절행시)의 유사성이 이와 일치하는 것이다.

③ 律詩(五言 혹은 七言)

율시(律詩)는 당(唐)나라(618~907) 초기에 확고한 시형(詩
型)을 갖게 되었다. 그것은 또한 고시(古詩)를 고체(古體)라고
부르는 것과 대조해서 근체(近體)로 알려지기도 했다. 율시의 시
율(詩律)은 다음과 같다.

- 매 시는 8행씩이어야 한다.
- 매 행은 5언, 혹은 7언이어야 한다.
- 한 시 안에는 같은 운이 쓰여야 한다.
  오언시(五言詩)에서 압운은 제2, 4, 6, 8행 끝에 쓰여야 하는
  데, 제1행 끝에 운을 달 수도 있다. 칠언시(七言詩)에서 압운
  은 제1, 2, 4, 6, 8행 끝에 다는데 제1행 끝에 다는 운은 때때
  로 생략할 수도 있다.
- 중간의 넉 줄은 두 개의 상반되는 대구(對句)를 이루어야 한
  다.
- 여기는 고정된 조형(調型)이 있으나, 비교적 덜 중요한 위치
  를 차지하는 음절(보통 오언시에 있어서는 제1자, 제3자, 칠
  언시에 있어서는 제1자, 제3자, 제5자)들에는 약간의 융통성
  이 부여된다.

표준 조형(調型)의 기준은 아래와 같다(−는 平聲, +는 仄聲,
/는 休止, R은 押韻).

五言律詩   제 1 형

−−／−++ (혹은 −−／++− R, 압운할 때)
++／+−− R
++／−−+
−−／++− R
−−／−++
++／+−− R
++／−−+
−−／++− R

五言律詩   제 2 형

++／−−+ (혹은 ++／+−− R, 압운할 때)
−−／++− R
−−／−++
++／+−− R
++／−−+
−−／++− R
−−／−++
++／+−− R

七言律詩 제 1 형

−−／++／+−− R
(혹은 −−／++／−−+, 압운하지 않을 때)
++／−−／++− R

++ / -- / -++
-- / ++ / +-- R
-- / ++ / --+
++ / -- / ++- R
++ / -- / -++
-- / ++ / +-- R

七言律詩 제2형

++ / -- / ++- R
(혹은 ++ / -- / -++, 압운하지 않을 때)
-- / ++ / +-- R
-- / ++ / --+
++ / -- / ++- R
++ / -- / -++
-- / ++ / +-- R
-- / ++ / --+
++ / -- / ++- R

앞의 도형에서 우리는 한 행(行)에 있어서 성조(聲調)의 변화
와 전체 시에 있어서 성조의 반복과 대조의 원칙을 명확히 알 수
있을 것이다. 물론 지상으로 그 성조들의 실질적인 성질을 알린
다는 것은 불가능하지만, 만약 어떤 영어 독자가 평성은 균일한
고저도(高低度)를 유지하면서 'long'이란 말을 쓰고, 측성은 그
고저도를 어느 정도 낮추면서 'short'란 말을 써 가며 이 도형들
을 크게 읽어 본다면, 그는 중국 율시의 운율과 성조의 변화에 대
한 대강의 견해를 얻게 될 것이다.

다음은 이상은(李商隱 : 813~858)의 칠언율시의 한 예이다.

無　　　　題	*Wu T'i*
	No Title
相見時難別亦難	*Hsiang chien shih nan pieh yi nan*
	Mutual see time hard part also hard
東風無力百花殘	*Tung feng wu li pai hua ts'an*
	East wind no power hundred flowers wither
春蠶到死絲方盡	*Ch'un ts'an tao ssŭ ssŭ fang chin*
	Spring silkworm reach death silk only end
蠟炬成灰淚始乾	*La chü ch'eng huei lei shih kan*
	Wax torch become ashes tears only dry
曉鏡但愁雲鬢改	*Hsiao ching tan ch'ou yun pin kai*
	Morning mirror but grieve cloudy hair change
夜吟應覺月光寒	*Yeh yin ying chüeh yueh kuang han*
	Night recite should feel moon light cold
蓬山此去無多路	*P'eng-shan tz'ŭ ch'ü wu to lu*
	P'eng Mountain here from not much way
靑鳥殷勤爲探看[17]	*Ch'ing-niao yin-ch'in wei t'an k'an*
	Blue Bird diligently for enquire see

---

17) 『李義山集』, 前出 p. 36.

Without Title

Hard it is for us to meet and hard to go away;
Powerless lingers the eastern wind as all the flowers decay.
The spring silkworm will only end his thread when death befalls;
The candle will drip with tears until it turns to ashes grey.
Facing the morning mirror, she fears her cloudy hair will fade;
Reading poems by night, she should be chilled by the moon's ray.
The fairy mountain P'eng lies at no great distance;
May a Blue Bird fly to her and my tender cares convey !

無　題

만나기도 어렵고 헤어지기 또한 어려워,
동풍도 힘이 없어 백화가 쇠잔하니.
봄누에는 죽어서야 뽑던 실이 끊어지고,
촛불이 재가 되어야 눈물 겨우 마르리니.
새벽 거울에 다만 구름 같은 살쩍 변함을 근심하고,
저녁 노래에 오로지 달빛 차가움을 느끼겠지.
봉래산이 여기서 먼 길이 아니라니,
파랑새야! 은근히 찾아가 보아 주렴.

　나는 이 시에 대해서 뒤에 언급할 기회가 있을 것이다(p. 253). 여기서는 다만 이 시가 하나의 운을 끝까지 사용하고, 상기한 조형(調型)에 부합하도록 하여 앞에 서술한 운법(韻法)에 따르도록 하였다는 것만 지적하고 싶다.
　때때로 율시 가운데 시의 중간 대구(對句)들이 배율(排律 : 배열된 율시)이라고 하여 어느 정도 무제한으로 연속성을 띠면서 증가될 수 있다. 또 한편 율시의 4행을 절구(絕句)라고 하여 그

것만으로 하나의 시가 형성될 수 있는데〔21〕, 이것은 때때로
'Stop-short Lines'라고 영역되는 수가 있지만 나는 이 말의 정확
한 의미가 큰 혼란을 일으키지 않는 한, 그것을 단순히 Quatrain
(4행시)이라고 부르고 싶다. 운율적으로 절구는 율시 8행시의 전
반과 같지만, 모든 절구는 그것대로 완정하게 씌어진 시편(詩篇)
이지, 절약적인 의미는 없다는 것을 말해 두어야만 하겠다. 다음
은 왕유(王維 : 699∼759)의 칠언절구이다.

送元二使安西(陽關曲)　　*Sung Yuan Erh Shih An-hsi;*
　　　　　　　　　　　　　Send-off　Yuan　Second　Misson
　　　　　　　　　　　　　An-hsi

渭城朝雨浥輕塵　　*Wei-ch'eng chao yü yi ch'ing ch'en* (d'ien)
　　　　　　　　　Wei town morning rain wet light dust

客舍靑靑柳色新　　*K'o shê ch'ing ch'ing liu sê hsin* (sien)
　　　　　　　　　Guest house green green willow colour
　　　　　　　　　fresh

勸君更盡一杯酒　　*Ch'üan chün keng chin yi pei chiu*
　　　　　　　　　Persuade you again finish a cup of wine

西出陽關無故人[18]　*Hsi ch'u Yang Kuan wu ku-jen* (nzien)
　　　　　　　　　West out Yang Gate no old-friend

Seeing Off Yuan Second on a Mission to An-hsi
(Also known as Song of the Yang Gate)
The light dust in the town of Wei is wet with morning

---

18) 四部備要本,『王右丞集註』卷 14, p. 5a.

rain;

Green, green, the willows by the guest house their yearly
    freshness regain.

Be sure to finish yet another cup of wine, my friend,

West of the Yang Gate no old acquaintance will you meet
    again !

안서에 사신으로 나가는 원씨댁 둘째 사람을 보내면서
(양관곡으로 알려짐)

위성 아침 비는 가벼운 티끌을 적시고,

객사 앞에 푸르고 푸르른 버들 빛은 새로워 가는데,

그대에게 권하노니, 다시 이 잔 술을 비우게나!

서쪽으로 양관을 나가면 아는 이도 없을 테니.

④ 詞

사(詞)는 당나라 때부터 생긴 시의 한 장르인데, 오대(五代:
907~960)와 송(宋: 960~1278)에 이르러서는 하나의 중요한
서정시(抒情詩)의 도구가 되었다. '사'란 말의 의미는 '말(노래
의)' 이상의 뜻은 없는데, 그것은 실제로 있는 노래를 표명하기
위하여 적은 시로 사용되었다. 그런데 앞에 제시한 시들에서 본
바와 같은 일정한 길이의 시행들로 된 시들과 대조 구분하자면,
불일정(不一定)한 길이의 시행들로 이루어졌다는 것이다. 오히려
시원치 못한 음역(音譯)을 사용하는 것을 피하기 위해서, 나는
사(詞)를 'Lyric metres(서정적인 가락)'라고 영역했으면 한다.

사를 짓는 데 있어서 사가(詞家)는 하나의 곡(曲)을 택하거나,
혹은 그 자신 한 곡을 작성하고서는 거기에 말들을 써 넣는다. 그
래서 사가는 말을 노래에 맞춘다기보다도 말을 어떤 주어진 곡에

맞도록 '채워(塡)' 넣는다. 이렇게 씌어진 시는 제목이 없고 다만 그 곡의 이름만 갖고 있다. 그래서 만약 누가 '푸른 소매'[Green-sleeves : 16세기경부터 전해 온 영국 민요의 멜로디에 의해 많은 가사가 편곡됨], 혹은 '런던데리의 노래'[Londonderry Air : 아일랜드 민요]라는 곡에 새로운 가사를 써 넣는다면, 그 새로운 가사들을 평상 그 원곡명과는 별 관계가 없다고 할지라도 아직도 그것을 원곡명대로 부를 수 있다. 매 곡조는 그 자신 하나의 독자적 조형과 운법으로 쓰여지며, 방대한 수의 새로운 운율은 이렇게 탄생된다. 송대(宋代)에 쓰였던 실제 곡조의 대부분은 없어져 버렸으나, 그들이 만들어 놓은 운율만은 계속되었다.

18세기 건륭(乾隆) 황제의 칙령에 의해서 편집된 『흠정사보(欽定詞譜)』란 여러 운율들의 조형과 운법에 대한 일종의 핸드북에는 변형(變型)을 포함한 826곡에 2,306운을 싣고 있다. 같은 시대 만수(萬樹)가 편집한 『사율(詞律)』에는 875곡에 1,675운을 싣고 있다. 이것은 중국 시형의 거대한 발전을 나타내는 것이며, 비록 거기 사용되던 곡조는 대부분 잊혀졌을지라도 사람들은 아직도 이러한 운들에 따라 필요한 말들을 '채워 넣을' 수가 있다.

하나의 사 형식 속에 쓰여진 한 수의 시 안에 행들은 가끔 위에서 고찰한 바와 같이 길이가 불일치할 수도 있으나, 매 행의 음절수는 고정되어 있다. 그런 까닭에 사가 '부정형(否定型)' 시로 오기되는 수도 있다. 조형에 있어서 약간의 자유는 부여되어 있으나 운법은 지켜져야만 한다.

실제로 사는 특히 번역될 때 그 외관의 불규칙성과 자유로움에도 불구하고 율시보다도 더욱 엄격하고 더욱 복잡한 시형상의 규칙을 지니고 있다. 다음은 위장(韋莊 : 836?~910)이 쓴 『보살만(菩薩蠻)』이란 곡에 의한 사(詞)이다.

人人盡說江南好　　*Jen-jen chin shuo Chiang-nan hao*
　　　　　　　　　Man-man all say River-south good
遊人只合江南老　　*Yu jen chih ho Chiang-nan lao*
　　　　　　　　　Wandering man only fit River-south
　　　　　　　　　old
春水碧於天　　　　*Ch'un shuei pi yü t'ien*
　　　　　　　　　Spring water bluer than sky
畫船聽雨眠　　　　*Hua ch'uan t'ing yü mien*
　　　　　　　　　Painted boat hear rain sleep
罏邊人似月　　　　*Lu pien jen ssŭ yueh*
　　　　　　　　　Wine-jar side person like moon
皓腕凌霜雪　　　　*Hao wan ning shuang hsüeh*
　　　　　　　　　Bright wrist frozen frost snow
未老莫還鄉　　　　*Wei lao mo huan hsiang*
　　　　　　　　　Not-yet old do-not return home
還鄉須斷腸[19)]　　*Huan hsiang hsü tuan ch'ang* [22]
　　　　　　　　　Return home must break bowels

Everyone is full of praise for the beauty of the South :
What can I do but end my days an exile in the South ?
　The spring river is bluer than the sky ;
　As it rains, in a painted barge I lie.

Bright as the moon is she who serves the wine ;
Like frost or frozen snow her white wrists shine.

---

19) 四部叢刊本, 『花間集』 p. 9.

I'm not old yet : let me not depart !
For going home will surely break my heart !

사람 사람마다 다 강남이 좋다 하나,
귀양살이엔 한갓 강남에서 늙기 알맞을 뿐.
　봄 물은 하늘보다 푸른데,
　그림배 위에서 빗소리 들으며 조누나.

　술항아리 곁에 있는 여인 달인 양하며,
　흰 손목은 엉킨 서릿눈과 같구나.
　늙지 않았으니 고향으로 돌려보내지 마라 !
　돌아간다면 가슴이 찢어지겠지.

　나는 뒤에(p. 110) 이 시에 나타난 감정들에 대하여 논의하겠다. 그러나 나는 다만 위에서 본 바와 같이 이 시행들은 양절(兩節)로 분화되어 있으며, 제 1 절의 양행(兩行)은 7자씩이고, 나머지는 5자씩이라는 것만 지적하고 싶다. 이 운법은 AABB, CCDD이다. 그 조형은 다음과 같다.

　　－－ / ＋＋ / －－＋ A
　　－－ / ＋＋ / －－＋ A
　　　－＋ / ＋－－ B
　　　＋－ / －＋－ B
　　　－－ / －＋＋ C
　　　＋＋ / －－＋ C
　　　＋＋ / ＋－－ D
　　　－－ / ＋＋－ D

⑤ 曲과 散曲

곡(曲)과 산곡(散曲)은 원(元 : 1260~1341)나라 때 시작되었다. 사(詞)와 같이 곡작가(曲作家)들도 기존의 레퍼터리로부터 곡을 택하고, 거기다가 가사를 집어 넣으면 된다. 이것들은 '白(백 : 보통 말)'이라고 불리는 대사의 일절들과 대조해서 '곡'이라고 불리는 노래가 되는 일절을 이룬다.

곡은 운율적으로 사와 비슷하지만, 근본적으로 채택된 그 사는 하나의 또 다른 레퍼터리에서 나오는데, 그것은 또 다른 운율의 형태를 일으킨다. 그것들을 일으킨 음악의 대부분은 없어졌지만 5백이 넘는 이러한 운문 목록들은 현존하고 있다. 곡에 있어서 행들은 길이가 일정치 않으며, '친자(襯字 : 끼워 넣은 말)'라고 하여 부가어(附加語)들이 삽입될 수도 있으므로 음절수에는 사보다 더 많은 융통성이 부여되어 있다. 그러나 조형과 압운은 엄격하게 지켜져야 한다. 긴 대목으로부터 극(劇)의 일단을 인용하는 불편을 고려하여, 나는 여기서 어떠한 본보기도 제시하지 않으려 한다.

때때로 시인들은 정상적인 곡으로 채용된 운율들을 사용하여 서정적 작품을 쓰기도 한다. 이러한 작품들을 '산곡(散曲)'이라고 부르는데, 그것들이 비록 성격에 있어 극적이 아닐지라도, 나는 그것을 'Dramatic Lyrics(희곡적인 서정시)'라고 번역하고 싶다. 다음은 마치원(馬致遠 : 약 1270~1330)의 「천청사(天晴沙)」조의 간단한 산곡이다.

枯藤老樹昏鴉   *K'u t'eng lao shu hun ya*
                  Withered vines old trees twilight crows
小橋流水人家   *Hsiao ch'iao liu shuei jen chia*
                  Little bridge flowing water people's house

古道西風瘦馬   *Ku tao hsi feng shou ma*
                  Ancient road west wind lean horse
  夕陽西下   *Hsi yang hsi hsia*
                  Evening sun west set

斷腸人在天涯[20]   *Tuan-ch'ang jen tsai t'ien ya*[23]
                  Broken-bowel man at heaven end

Withered vines, aged trees, twilight crows.
Beneath the little bridge by the cottage the river flows.
On the ancient road and lean horse the west wind blows.
    The evening sun westward goes,
As a broken-hearted man stands at heaven's close.

마른 등, 늙은 나무, 저녁 까마귀들,
오막집 곁 작은 다리 아래 냇물이 흐른다.
옛날 길, 파리한 말 위에 서풍이 분다.
    석양은 서녘으로 지는데,
가슴 찢어진 사람 하늘 끝에 섰구나.

이 시에서는 한 운이 쓰여졌으며, 그 조형은 아래와 같다.

    − − / + + / − − R
    + − / − + / − − R
    + + / − − / + + R

_____

20) 散曲叢刊本, 『東籬樂府』 p. 116.

$$+ - / - + \text{ R}$$
$$+ - / - + / - - \text{ R}$$

앞에 적은 시형(詩型) 외에도 '소(騷)'라든가 '악부(樂府)'와 같은 체(體)들이 있다. 소는 중국에서 이름이 알려진 최초의 대시인이며, 『초사(楚辭)』라는 시가집의 대부분을 차지하는 시의 저자인 굴원(屈原 : 약 BC 340~BC 277)의 주저(主著)인 「이소(離騷)」를 모방한 것들이다. 「이소(離騷)」(슬픔을 만남)[21]는 6음절 쌍행(雙行)의 장시(長詩)들로 되어 있는데, 매 쌍의 양행(兩行)들은 하나의 의미없는 음절 '兮(혜 : *hsi*)'[22]자에 의해서 연결되고 있다.

악부(樂府)란 한무제(漢武帝 : BC 159~BC 87)에 의해서 세워진 기관인 악부(樂府 : 음악부)에 의해서 수집되거나 편집된 노래를 말하는데, 후대의 민요들이 이와 같은 성격을 가졌다. 운율적으로는 악부시(樂府詩)와 고시(古詩)는 현격한 차이가 없다. 이 둘 사이의 중요한 차이라면, 전자는 음악에 채입(採入)되었지만, 후자는 그렇지 않았다는 것이다. '부(賦)'라고 불리는 또 다른 종류의 작품도 있는데, 그것은 진정한 시형은 아니지만, 가끔 시같이 취급될 때도 있다. 부란 말은 진열했다는 뜻이다. 이는 보다 자발적이고 서정적인 작품이라기보다는, 주어진 제목에 대해서 서술적 성격을 가진 작문(作文)에 적용되는 것이다. 부로 명명된 모든 작품들이 다 같은 공식적인 성격을 갖고 있지 않으므로 부란 말을 순전히 공식적인 말로 한정한다는 것은 불가능하

---

21) 이 제목은 달리 번역되기도 하나 나로서는 이것이 가장 합당한 해석인 듯하다.
22) 이것은 현대음이다. 원음은 아마 〔O〕 비슷하게 나지 않았을까 생각된다.

다. 한대(漢代)에 있어서 부는 형태적으로 비슷하였으나 그 후에 부로 이름 지어진 작품들은 산문으로 된 것도 있다. 그러므로 부를 꼭 시에 넣을 수는 없지만, 문학 장르의 하나로 받아들일 수는 있으며 조잡하게 정의한다면, 주어진 제목에 대해서 산문이나 시로 보통은 길게 또는 정교하게 서술하는 것, 혹은 나열하는 것이라고 할 수 있겠다.

우리들은 이제까지 시작(詩作)의 기본 원칙들이 여러 시형에 어떻게 적용되는가를 살펴보았다. 우리들은 이제 우리들의 주의를 중국시들에 사용되고 있는 몇 가지 특수한 청각적 방법에 돌리려고 한다.

① 雙聲과 疊韻

중국시에 있어서 alliteration은 늘 2음절로 제한되어 있고, 쌍성(雙聲)이라고 불리어진다(쌍성의 성은 여기서 양음절의 초성을 뜻한다). 소수의 다음절어들로 두운(頭韻)을 취하는데, 이렇게 함으로써 시인들에게 음악적 효과를 용이하게 돋우워 주고, 맛을 느끼게 한다. 그것들은 가끔 대구(對句) 중에서 짝을 짓기도 한다.

漂泊猶盃酒　　*P'iao-p'o yu pei chiu*
踟蹰此驛亭[23]　　*Ch'ih ch'u tz'ŭ yi-t'ing*

Wandering abroad, I still indulge in the cup:
To and fro I pace in this post-pavilion.

---

23) 杜甫, 「又呈竇使君」, 『杜詩引得』, 哈佛燕京學社引得特刊 14, p. 376.
　〔24〕

떠도나니, 오히려 술잔에 빠지고,
머뭇거리며 이 역의 정자에 있노라.

여기서 쌍성 표박(漂泊 : 방황함)과 지주(踟蹰 : 머뭇거림)는 끊임없는 방황이란 뜻과 아득하게 머뭇거린다는 뜻이 대조적으로 강조되고 있다. 또 다음 대구를 보자.

荏苒星霜換   *Jen-jan* hsing shuang huan
廻還節候催[24]   *Huei-huan* chieh-hou ts'uei

Alternately, stars and frost give away to each other;
Round and round, the seasons hasten one another on.

차츰차츰 세월은 바뀌고
돌고 돌아 절후를 재촉하네.

명백히 두운이 같은 복합어 임염(荏苒 : 차츰차츰)과 회환(廻還 : 돌고 돌아)은 낮과 밤의 교대와 계절의 변혁을 강조하는 데 쓰인다.

쌍성 다음에 각운이 달린 복합어들도 중국 운문에 있어서 또 다른 중요한 수단이 된다. 이러한 수단을 말하는 원어는 첩운(疊韻)인데, 이 말은 문자 그대로 중복된 운(double rime)을 의미한다.

그러나 그것은 영어에 있어서 구말(句末)의 각운과 같은 것이 아니라[25], 두 음절이 서로 다른 것과 운이 어울리게 이루어진

---

24) 白居易, 「代書詩一百韻寄微之」 四部叢刊, 『白氏長慶集』 p. 66.

복합체를 말한다. 그러므로 나는 이것을 'double rime'이라고 영
역하기보다는 차라리 'riming compounds'라고 번역하고자 한다.
이러한 방법은 유운(類韻 : assonance)과도 다른데, 그 이유는 후
자는 두 개의 음절에 있어서 다만 유사한 모음을 요구할 뿐이지
만, 그것은 (가능한 한) 유사한 모음을 요구할 뿐만 아니라, 동
일한 종성(終聲) 자음을 요구한다. 쌍성의 경우와 같이 첩운도
시에서 흔히 쓰인다.

　　霧樹行相引　　*Wu-shu* hsing hsiang yin
　　連山望忽開[25]　　*Lian-shan* wang hu k'ai

　　The misty trees lead one on and on;
　　The chained mountains suddenly open up.

　　안개 낀 나무들은 갈 길을 마주 이끌어 주고,
　　이어진 산들을 바라다보니 어느덧 열리더라.

　무수(霧樹 : 안개 낀 나무)와 연산(連山 : 이어진 산)이란 첩운
들은 끊임없이 나무 그루와 산에 대한 인상을 불러일으켜 준다.
비슷하게 다음 대구들에 있어서 첩운들은 반복적인 효과를 나타
내는 데 쓰인다.

　　江山城宛轉　　Chiang shan ch'eng *wan-chuan*
　　棟宇客徘徊[26]　　Tung yü k'o *p'ai-huai*

---

25) 杜甫,「喜達行在所三首」其一, 前揭書 p. 299.
26) 杜甫,「上白帝城二首」其二, 前同 p. 422.

Round the mountains and rivers the city-wall twists and
　　　turns;
About the towers and halls I linger on and on.

강산을 둘러서 성은 구부러졌는데,
집 안에서 길손은 배회하누나.

여기서 첩운 완전(宛轉)과 배회(徘徊)는 성을 에워싼 것과 시
인이 떠나기 싫어한다는 묘사를 강하게 해 주고 있다.
물론 첩운은 때때로 특수하게 어떤 기술적(技術的) 효과를 보
탬이 없이 단순히 경쾌한 발음을 위해서만 쓰여지기도 한다. 예
를 들면 그것은 다음과 같은 대구에 있어서 나타난다.

翡翠鳴衣桁　　　*Fei-ts'uei* ming yi-hang
蜻蜓立釣絲[27)　　*Ch'ing-t'ing* li tiao ssǔ.

The kingfisher cries on the clothes-horse;
The dragon-fly stands on the fishing line.

비취는 횃대 위에서 울고,
잠자리는 낚싯줄 위에 앉았도다.

우리는 이 시에서 시인이 이런 말을 골라서 쓰는 것은 이러한
것들의 시각적 미보다도 비취(翡翠 : 물총새)와 청정(蜻蜓 : 잠자
리)과 같은 명칭에 음악적 성격이 많이 포함되어 있기 때문인 것

---

27) 杜甫,「重過何氏五首」其三, 前同 p. 285.

으로 추측할 수 있다.

여러 경우에 있어서 쌍성과 첩운은 대구에 있어서 함께 쓰이는 수가 많다. 다음 대구에 있어서 쌍성 원앙(鴛鴦)은 첩운 비취(翡翠)와 대조된다.

殿瓦鴛鴦折　　Tien-wa *yuan-yang* ch'e
宮簾翡翠虛[28]　Kung-lien *fei-ts'uei* hsü

On the palace tiles the mandarin ducks are cracked;
From the palace curtains the kingfishers are missing.

궁전 기와에 원앙은 부러지고,
궁중 발에 비취는 지워졌도다.

요약해서 쌍성과 첩운이 비록 중국 운문에 있어서 필수적인 요소는 아니라 하더라도 그것은 매우 자주 나타난다. 비록 그것들이 반드시 어떤 특수한 효과를 나타낸다고 주장하는 것은 현학(衒學)일지 몰라도, 그것들이 시에서 일반적으로 음악적 효과를 수행한다는 것은 뚜렷한 사실이다.

② 疊 字

중국어에 있어서 단음절은 가끔 중복된다. 이러한 말들을 첩자(疊字)라고 부른다. 이는 세 가지로 나누어지는데, 첫째 강조를 위해서 낱말을 되풀이하는 것으로 예를 들면 교교(皎皎 : 밝고 밝은 것), 처처(凄凄 : 음침함) 따위이다. 둘째 단음절어들이 중복됨으로써 특수한 뜻을 가진 새로운 복합어를 만드는 것──연년

---

28) 杜甫,「秋日荊南送石首薛明府三十韻」, 前同 p. 538.

(年年 : 해마다 해마다, 매년마다란 뜻), 일일(一一 : 하나하나, 하나씩 하나씩) 따위, 셋째 강조나 뜻을 바꿈이 없이 습관적으로 말을 되풀이하는 것으로, 예컨대 '누이'라는 뜻으로 단순히 '매(妹)'를 쓰는 대신 '妹妹'를 쓰는 따위이다.

첩자는 시에서 첩운의 사용과 비슷한 효과를 나타내므로 사실 첩자는 첩운의 가장 좋은 형으로 간주될 수 있다. 앞에 설명한 첩자의 제1형은 산문에도 쓰이며 시에도 물론 쓰이는데, 예를 들면 다음과 같다.

> 靑靑河畔草　　*Ch'ing-ch'ing* ho-pan ts'ao
> 鬱鬱園中柳[29]　　*Yü-yü* yuan-chung liu

> Green, green grows the grass by the river;
> Thick, thick stand the willows in the garden.

> 강변에 풀은 푸르르고 푸르고
> 정원에 버드나무는 울창하고도 울창하여라.

이러한 비유는 물론 영어에도 'long, long ago(옛날 옛적에)'라든가, 혹은 'far, far away(멀리 멀리)' 따위와 같이 역시 있는 것이다. 물론 그것이 중국어에서와 같이 그렇게 자주 나타나지는 않는데, 심지어 어떤 문자들은 늘 외자로는 안 되고, 항상 첩자로 써야만 되는 것이 많다.

제2형의 첩자들은 그것들이 특수한 뜻을 가진 복합어를 형성하는데, 산문에 쓰이듯이 시에도 쓰인다. 그런데 시인들은 첩자들

---

29) 國學基本叢書簡編, 『古詩源』, p. 53. 「古詩十九首」.

이 주는 생동하는 힘을 시에 나타낼 수 있다. 예를 들면 그 어미를 잃은 어린 새를 서술하는 데 백거이(白居易)는 다음과 같이 적었다.

夜夜夜半啼[30]   *Yeh-yeh yeh*-pan t'i

Night after night, at midnight it cries.

밤마다, 밤마다 밤중에 우노라!

야반(夜半)이라는 말 바로 앞에 야야(夜夜)란 복합어를 넣음으로써, 이 시인은 먼저 독자들을 놀라게 한 다음 그들로 하여금 그 뜻을 알 수 있도록 하는 대담한 명종(鳴鐘)을 울리고 있다. 이와 비슷한 첩자의 역할은 구양수(歐陽修)가 쓴 격리된 규방(閨房)을 묘사한 한 서정시에 나타난다.

庭園深深深幾許?[31]   T'ing-yuan *shen-shen, shen* chi-hsü?

Deep, deep lies the courtyard; how deep, one wonders?

정원은 깊고 깊어, 그 얼마나 깊었던가?

영어로서는 이러한 소리들이 엉뚱하겠지만, 근본적으로 그것은

---

30)「慈鳥夜啼」,『白氏長慶集』前出 p. 7.
31)「蝶戀花」四部備要本,『宋六十名家詞·六一詞』p. 5a에는 구양수의 作
    으로, 四部備要本『詞綜』卷 3, p. 7b에는 풍연사(馮延巳)의 作으로
    보임.

재치 있고 유쾌한 말장난에 속한다.

제3형의 첩자들은 그것들이 구어(口語)에 쓰이고, 약간의 서정시나 곡(曲) 외에는 시에서는 자주 나타나지 않는다. 그것들은 어떤 시적 효과는 없으므로 예문을 제시할 필요는 없겠다.

③ **擬聲語**

이것은 중국시에서 매우 자주 나타나며, 특히 고시(古詩)에 있어서 그렇다. 『시경(詩經)』을 펴서 맨 첫째 시 첫 줄을 보면 다음과 같다.

關關雎鳩[32]   *Kuan kuan* chü-chiu

Kuan, kuan, cry the ospreys.

꾸안―, 꾸안―, 우는 저 징경이,

같은 책의 다른 시에는 다음과 같은 것이 있다.

喓喓草蟲[33]   *Yao yao* ts'ao-ch'ung

Yao, yao cries the grasshopper.

야오―, 야오―, 우는 저 메뚜기.

후대 시에는 의성어가 원곡(元曲)을 제외하고는 비교적 적게

---

32)「周南·關雎」四部叢刊本,『毛詩』p. 1.
33)「召南·草蟲」, 上同 p. 7.

나타난다. 다음 시행은 백박(白樸 : 1226〜약 1313)의 「오동우 (梧桐雨)」에 있는 것인데, 의성어는 나무에 떨어지는 빗소리를 묘사하는 은유를 강조하기 위하여 사용된 것이다.

味味似噴泉瑞獸臨雙沼　　*Ch'uang ch'uang* ssǔ pen-chüan jui-shou lin shuang-chao;
刷刷似食葉春蠶散滿箔[34]　　*Shua shua* ssǔ shih-yeh ch'un-ts'an san man pao.

Ch'uang, ch'uang : like fabulous beasts sprouting water over twin ponds;
Shua, shua : like spring silkworms feeding on leaves all over the frame.

상— 상— 하기는 무서운 짐승들이 두 못에서 샘물을 뿜어 내는 듯하고,
쇄— 쇄— 거리기는 봄날 누에가 발 위에 가득한 뽕잎을 갉 아먹는 듯하여라.

이 책의 분량이나 취지로 보아서, 중국 시형(詩形)을 상세히 논술한다는 것은 불가능하다. 그러나 나는 중국시의 청각적 효과 의 개략을 앞에서 이야기해 보고 싶었다. 대체로 중국시는 영시 에 비하여 더욱 강렬하기는 하나 아무래도 정교하지는 못한 가락 을 갖고 있다. 음조의 변화는 중국어의 특징으로 염불조의 단조 로운 효과(sing-song effect)를 나타내는데, 실상 대부분의 한문

---

34) 「第四折」 四部備要本, 『元曲選』 丙上. p. 106.

독자들은 단순히 시를 큰 소리로 읽는다기보다는 읊조린다. 동시
에 중국어에 있어서 비교적 모음(母音)의 결핍과, 중음절(重音節)
과 부중음절(不重音節) 사이의 현저한 대조의 결핍은 명확한 단
절성(斷切性), 생략(elision)과 연락(聯絡 : liaison)의 결핍, 그리
고 보통 매 행에 음절수가 적다는 사실들은 모두 영시나 프랑스
시에서 보는 매우 유동적 legato(부드러운) 리듬이라기보다는
staccato(똑똑 끊어지는) 효과를 나타내게 한다.

제 4 장 시어의 문법적 측면

문법가들과 시인들은 실제로 그들 사이에 적대할 만한 이유가
없음에도 불구하고 전통적으로 숙적과 같이 생각하고 있다. 그와
는 반대로 문법가들은 반드시 메마른 먼지와 같은 분석을 거치지
않더라도 시어에 어떤 빛을 던져 줄 수 있을 것이다. 이 장에서
나는 중국 시어 가운데 문법적 요소가 어떤 모양으로 시적 효과
를 더하여 주며, 중국인들이 누려온 문법의 제한에서 벗어나려는
보다 큰 자유가 하나의 시의 매개 수단으로서 시에 어떠한 이점
을 영어보다 많이 주는가 하는 것을 제시해 보려고 한다.

중국어에는 문법이 없다고 말하기까지 한다. 이 말을 반박하기
위해서는 영어에 문법이 결여되어 있다고 하는 비판에 대한 필립
시드니〔Philip Sidney : 1554~1586, 영국의 시인·정치가〕의 답
변을 인용하는 것이 아마 가장 좋을 것이다.

"아니, 사실상 이것은 문법이 결여되어 있다고 볼 수가 없다
고 말할 만한 점에서 칭찬받을 만한 이유를 가지고 있다. 왜냐
하면 이것은 문법을 가지고 있기는 하지만 이것은 이 자체대로
쉬운 말이 되어서 격(格)이니 성(性)이니 법(法)이니 시제(時
制)니 하는 그런 귀찮은 변화가 없기 때문에, 문법 따위는 필
요없다고 한다. 생각하건대 이러한 귀찮은 것은 사람들이 자신
의 모국어를 익히기 위해서도 학교에 다니지 않으면 안 된다고
하는 바벨탑의 저주의 하나가 되었다고 할 수 있다"[35]

이러한 말들은 영어보다 중국어에 더욱 들어맞는 말이다. 왜냐

---

35) Nay truly, it has that prayse, that it wanteth not Grammar : for
Grammar it might have, but it needes it not; being so easie of it
selfe, and so voyd of those cumbersome differences of Cases, ⇨

하면 무엇보다도 영어는 이러한 귀찮은 규칙들에서 완전히 벗어
나지 못한 상태이지만 중국어는 완전히 어미 변화가 없는 언어
(uninflected language)이기 때문에 격(Cases)·성(Genders)·법
(Moods)·시제(Tenses) 등에 영향을 받지 않기 때문이다. 이것
은 강점의 원천도 되고 약점의 원천도 되는데, 그 이유는 이런 점
은 작자로 하여금 요점을 집중시키는 것과, 되도록 간명케 하는
것을 가능하게 하는 반면, 또 한편으로 이런 점은 다의성(多義性)
을 유발하기가 쉽기 때문이다. 달리 말하면 중국어가 간명성
(conciseness)에서는 득점이 있으나 정확성(preciseness)에서는
실점이라는 것이다.

 아리스토텔레스가 관찰한 바와 같이 시인은 특수성보다는 보편
성에 관련되기 때문에 시에 관한 한 그 득점은 대체로 그 실점보
다 크다〔26〕. 중국 시인들은 특별히 우발적으로 생기는 일들의
세부를 묘사하기보다는 정조(情調)나 장면의 본질을 나타내는 데
관심을 갖는 수가 많다. 예를 들면 아래와 같은 시행(詩行)에서,

月出驚山鳥　　　*Yueh ch'u ching shan niao*
　　　　　　　Moon rise suprise mountain bird
時鳴春澗中[36]　　*Shih ming ch'un chien chung*
　　　　　　　Occasionally cry in spring valley

 ⇒ Genders, Moodes and Tenses, which I thinke was a peece of the
 Tower of Babilons curse, that a man should be put to school to learn
 his mother tongue.— *An Apologie for Poetrie*〔바벨탑의 저주—언어의
 혼란을 이름. 하늘까지 닿을 탑(바벨塔)을 지으려는 인간의 참월을 미
 워한 신이 사람들의 말을 혼란시켜 공사를 중지시켰다 함. 『구약』「창
 세기」에 나옴〕
36) 王維, 「皇甫嶽雲谿雜題五首·鳥鳴磵」, 前出 『王右丞集注』 卷 13, p. 2a.

'山', '鳥', '澗'이 복수가 되든, 단수가 되든 상관없다. 우리는 이 시행들을,

> The moonrise suprises the mountain bird
> That cries now and again in the spring valley.

> 떠오르는 달은 산새를 놀라게 하니
> 이따금 봄 골짜기 중에서 울도다.

혹은,

> The moonrise surprises the mountain birds
> That cry now and again in the spring valley (or valleys).

> 떠오르는 달은 산새들을 놀라게 하니
> 이따금 봄 골짜기(들) 중에서 울도다.

로 번역할 수 있다. 중국인들은 '수(數)'를 명시할 필요가 없으므로 이 시인은 이러한 불필요한 세부에 주의를 기울일 필요없이 산중의 고요한 봄날 밤의 기분을 나타내려는 일에만 정신을 집중시킬 수가 있다.

더구나 중국어에서 시제의 결여는 시인으로 하여금 어떤 특정한 시간의 관점에서가 아니라 거의 무한한 시간의 관점에서 장면을 묘사할 수 있게 하여 준다. 다시 말하자면 독자는 어떤 특정한 시점 위에서 어느 특정한 인물이 본 특수한 봄날 저녁 광경을 바라보도록 인도되는 것이 아니라, 일반적인 봄날 밤의 정취의 정수(精粹)를 느끼게 될 뿐인 것이다.

이러한 무시간감과 보편감은 한시에서 종종 있는 동사의 주어 생략 때문에 더욱 증강된다. 다음과 같은 왕유(王維)의 사언절구를 예로 들어 보자.

空山不見人   *K'ung shan pu chien jen*
                  Empty mountain not see people
但聞人語響   *Tan wen jen yü hsiang*
                  Only hear people talk sound
返影入深林   *Fan ying ju shen lin*
                  Reflected light enter deep forest
復照靑苔上[37]   *Fu chao ch'ing t'ai shang*
                  Again shine green moss upon

이 시인은 단지 '사람을 보지 못한다(不見人) : not see people'라고만 말할 뿐 '나는 아무도 보지 못한다 : I do not see anyone'거나, '아무도 누구를 보지 못한다 : One does not see anyone'라고 하지 않기 때문에 결과적으로 독자들에게 '만약 여기 아무도 없다면 누가 그 소리를 듣고 있는가?' 또는 '만약 당신이 여기 있다면, 어떻게 산들이 텅 비었다고 말할 수 있을까?' 따위의 어색한 질문이 독자의 마음 속에 일어나지는 않을 것이다. 오히려 독자는 산과 사람들의 목소리와 햇빛과, 이끼와 그 밖의 모든 것이 동등하게 다루어지는 전체로서의 자연의 출현을 느끼게 된다. 영어라면 이러한 '무아감(無我感 : sense of impersonality)'을 유지하여 주기 위하여 그런 것은 피동태로 표시하여야만 한다.

---

37)「鹿柴」, 前同 p. 7.

On the empty mountains no one can be seen,
But human voices are heard to resound.
The reflected sunlight pierces the deep forest
And falls again upon the mossy ground.

빈 산 위엔 아무도 보이지 않는데,
다만 사람의 목소리만 울리는 게 들리누나.
되비치는 햇빛은 깊은 숲을 뚫고
다시 이끼 낀 땅 위에 떨어지누나.

이렇게 주어가 빠지면 그 주어는 독자가 될 수도 있고 어떤 상상적 인물이 될 수도 있기 때문에, 이러한 주어의 생략은 시인으로 하여금 자기 자신을 그 장면에 끼여들지 못하게 한다. 결과적으로 허다한 서양시가 자기 중심적이요 지역 한계 내에 머무는 것에 비하여 한시는 비인격적이요, 보편적 성격을 띠는 때가 많다. 워즈워스〔Wordsworth : 1770~1850, 영국의 시인〕가 ‘*I wandered lonely as a* cloud (나는 한 조각 구름처럼 홀로 방황하노라)’〔「水仙花」의 첫 구절——李在浩 역, 『浪漫主義 英詩』, p. 102〕라고 한 것을 중국 시인 같으면 아마도 단순히 ‘wander as cloud (구름처럼 방황하노라)’라고만 썼을 것이다. 전자는 공간과 시간 속에 놓여진 하나의 개인적 경험을 기록하고 있으나, 후자는 보편적으로 적용할 수 있는 온갖 상태를 나타낸다.

때때로 한시에서는 동사조차도 생략되며, 시행(詩行)들은 산문 문법에서 요구되는 접속사·동사·조사와 같은 따위의 모든 연계물들이 자취를 감추고 일련의 명사들로만 이루어질 수 있다. 예를 들어 내가 앞에서 한번 인용한 바 있는(p. 64) 짧은 산곡(散曲)의 처음 3행은 형용사와 명사로만 되어 있다.

枯藤 老樹 昏鴉
小橋 流水 人家
古道 西風 瘦馬

Withered vines, old trees, twilight crows,
Little bridge, flowing water, people's house,
Ancient road, west wind, lean horse.

마른 등, 늙은 나무, 저녁 까마귀들,
작은 다리, 흐르는 물, 사람의 집,
옛날 길, 서녁 바람, 파리한 말.

나의 번역에서는 한편으론 운(韻) 때문에, 또 한편으론 더욱 부드럽게 읽을 수 있게 하기 위하여, 몇 개의 동사와 전치사들을 덧붙여 보았다.

Withered vines, aged trees, twilight crows.
Beneath the little bridge by the cottage the river flows.
On the ancient road and lean horse the west wind blows.

마른 등, 늙은 나무, 저녁 까마귀들
오막집 곁 작은 다리 아래 냇물이 흐른다.
옛날 길, 파리한 말 위에 서풍이 분다.

여기서 이 시인은 한권의 중국 회화와도 같이 한 장면을 펴나 가고 우리의 관심은 한 대상에서 다음 대상에로 옮겨가지만 키츠 [Keats : 1795~1821, 영국의 낭만파 시인, Ode on a Grecian

Urn을 씀——李在浩 역, 앞의 책, p. 244.]에 의해서 불멸화된
그리스의 납골 단지 위에 새겨진 형상들처럼 이 시 속의 대상들
은 시간 속에 사로잡혀, 영원히 정지된 듯이 동사가 빠지면 동중
정(動中靜)의 감을 일으켜 준다.

　이 동사와 조사들의 생략은 중국시의 구문, 특히 율시의 구문
과 산문의 구문이 구별되는 유일한 점이다. 예를 들면 산문에 있
어서 주어는 보통 동사 앞에 오나, 시에 있어서는 양자가 전도될
수도 있다.

　　竹喧歸浣女　　*Chu hsüan kwei huan nü*
　　　　　　　　　Bamboo make-noise, return washer-women
　　蓮動下漁舟[38]　*Lien tung hsia yü chou*
　　　　　　　　　Lotus move, down-come fishing boats

　여기서 완녀(浣女 : 빨래하는 여인)와 어주(漁舟 : 고깃배)는 동
사 다음에 놓여졌고, 매 행에 양 절(節)을 연결해 주는 접속사가
사용되지 않았다. 산문에서라면 이렇게 써야 할 것이다.

　　竹喧而浣女歸　*Chu hsüan erh huan nü kwei*
　　　　　　　　　Bamboo make-noise and washer-women
　　　　　　　　　　　return
　　蓮動而漁舟下　*Lien tung erh yü chou hsia*
　　　　　　　　　Lotus move and fishing boats come-down

　이를 영어로 번역할 경우에도 또한 접속사 없이는 안 될 것이다.

---

38) 王維,「山居秋暝」, 前揭書 卷 13, p. 2a.

Bamboos rustle as the washer-women return;
Lotuses move, and down come the fishing boats.

표모(漂母) 돌아가니 대나무 바삭거리고
연 움직이니, 고깃배 내려가더라.

한문에 있어서의 이러한 도치법은 영어에 있어서의 유사한 도
치법보다 산문 구문과 시 구문의 차이를 심하게 하여 준다. 그 까
닭은 영어 산문에서는 가끔 주어 앞에 동사를 놓을 수가 있지만,
한문에 있어서는 그렇게 하는 일이 아주 드물기 때문이다.
　더 나아가 시에 있어서 도치법은 말을 압축해 주어서 경제적일
뿐만 아니라, 운율의 엄격한 제약 속에서도 리듬의 변화를 이룰
수 있도록 하여 준다. 그 구문을 변화시킴으로써 시인은 중간 휴
지(中間休止 : caesura)를 수식할 수도 있고, 그렇지 않으면 엄격
한 작시법 규칙을 준수한 결과로 면치 못할 단조로움을 이렇게
함으로써 피할 수가 있다. 율시의 규칙을 서술함에 있어서 나는
5자 행에 있어서는 제2자 다음에 휴지(休止)가 온다고 지적했다
(p. 54). 이것은 기본적인 절주(節奏)나 구문의 요구에 따라 휴지
를 이동시킨다든가, 잠깐 정지를 가함으로써 거기에 변조를 일으
킬 수가 있다.

明月松間照　　*Ming-yueh sung-chien chao*
　　　　　　　Bright moon pines among shine
清泉石上流[39)]　*Ch'ing-ch'üan shih-shang liu*
　　　　　　　Clear fountain rocks upon flow

---

39) 王維,「山居秋暝」, 前同.

The bright moon shines among the pines;
The clear fountain flows upon the rocks.

명월은 소나무 사이에 비치고,
맑은 샘은 바위 위에 흐른다.

이 기본 절주는,
$$- + / - - +$$
$$- - / + + -$$
이나 이와 아울러 가벼운 휴지가 또한 제4자 다음에 올 수도 있
다. 그 절주는,
$$- + / - - / +$$
$$- - / + + / -$$
로 된다. 다음 대구(對句)에 있어서는 하나의 부가적 정지가 제3
자 다음에 올 수도 있다.

蟬聲集古寺　　*Ch'an-sheng chi ku-ssŭ*
　　　　　　　Cicada sound gather ancient temple
鳥影渡寒塘[40]　*Niao-ying tu han-t'ang*
　　　　　　　Bird shadow cross cold pond

Cicadas' cries gather in the ancient temple;
A bird's shadow crosses the cold pond.

매미 소리는 고사에 모이고,

---

40) 杜甫,「和裴迪登新津寺寄王侍御」, 前揭書 p. 350.

새의 그림자는 찬 연못을 건너누나.

여기서 절주는,

－－ / － / ＋＋

＋＋ / ＋ / －－

로 된다. 그래서 정통 작시법의 체재 안에서 시인은 구문을 변형시켜서 운율의 기계적 절주를 수정함으로써 절주의 정치한 변조를 이룰 수 있다. 셰익스피어가 무운시(無韻詩 : blank verse)의 기본형을 버리지 않고 절주의 다양한 변화를 일으켰듯이 중국 시인들도 율시의 규칙을 외면함이 없이 이와 비슷한 효과를 일으키고 있다.[41]

이상과 같은 관찰은 사(詞)에도 역시 적용될 것이다. 온정균(溫庭筠 : 812?~870?)의 '경루자(更漏子 : 물시계의 노래)'에서 예를 들어 보자.

柳絲長	Liu-ssŭ ch'ang
春雨細	Ch'un-yü hsi
花外漏聲迢遞	Hua-wai lou-sheng t'iao-ti
驚塞雁	Ching sai-yen
起城烏	Ch'i ch'eng-wu
畵屛金鷓鴣	Hua-p'ing chin che-ku
香霧簿	Hsiang-wu po
透簾幕	T'ou lien-mo
惆悵謝家池閣	Ch'ou-ch'ang Hsieh-chia ch'ih ko

---

41) 중국어를 아는 독자들은 王力의 『漢語詩律學』 pp. 230~3 變調의 목록을 보라.

紅燭背	*Hung-chu pei*
繡簾垂	*Hsiu-lien ch'uei*
夢長君不知[42]	*Meng ch'ang chün pu chih*

The willow twigs are long,
 The spring rain is drizzling,
While endless runs the water-clock beyond the flowers.
 Rousing the crows on the citadel,
 The wild geese on the frontier,
And the golden partidges on the painted screen.

A light fragrant mist
 Drifts in through the curtain:
The ponds and pavilions of the Hsiehs are full of sorrow.
 Sheltered from the candle,
 Behind the embroidered curtain,
Long I dream, but you are unaware!

버들 가지는 늘어지고,
 봄비는 부슬거리는데,
꽃 넘어 물 떨어지는 소리 하염없고,
 기러기는 놀라고,
 까마귀는 나는데,
수놓은 병풍에는 자고새로다.

---

42) 『花間集』, 前出 p. 4.

　　향기로운 안개는
　　염막(簾幕)으로 스며들고,
　슬프도다, 사씨댁 못과 정자엔
　　붉은 등잔 뒤에는
　　수놓은 주렴이 드리워졌고,
　꿈이 기나 그대는 알지 못하도다.

　이 사(詞)에서는 운법대로 하면 제 1 절의 1 행, 2 행과 4 행, 5
행은 각각 다음과 같은 조형(調型)을 따라야 한다.
　　＋－－
　　－＋＋(제 1, 2 행)
　　－＋＋
　　＋－－(제 4, 5 행)
　이 규칙을 詩人은 지켰다. 그러나 그는 거기서 그치지 않고 매
경우마다 다른 휴지(休止)를 짓고 있는데, 제 1, 2 행은 제 2 자
다음에 휴지를 취한다.
　　柳絲 / 長
　　春雨 / 細
　한편 제 4, 5 행의 경우에는 제 1 자 다음에 휴지를 취한다.
　　驚 / 塞雁
　　起 / 城烏
　이와 같이 하여 우리들은,
　　＋－－
　　－＋＋
와,
　　－＋＋

　　＋——

사이에 성조(聲調)의 대조를 보일 뿐만 아니라, 중간 휴지의 위
치에서도,

　　＋－／—
　　－＋／＋

와,

　　－／＋＋
　　＋／——

와 같은 변화로서 대조를 보이고 있다. 이러한 보기를 들자면 한
이 없을 것이지만 구문의 변화가 절주(節奏)에 있어서 변조를 이
룩하는 데 도움을 줄 수 있다는 것을 예시하는 데 충분하리라고
생각한다.

　또 다른 시어에 있어서 문법적 특징은 그것이 그 구문과 밀접
히 관련되는 것인데, 그것은 '품사'의 유동성이다. 중국 산문에
있어서 단어들은 이 점에 있어서는 이미 매우 높은 정도의 자유
를 누리고 있으며, 같은 단어가 그 문맥에 따라서 명사·동사·형
용사 등으로 쓰일 수 있다. 이러한 자유는 시에 있어서 더욱 증대
된다. 예를 들면 수도 장안(長安)이 반도(叛徒)들에게 함락된 것
을 묘사하는 시 가운데서 두보(杜甫)는,

　　國破山河在　　*Kuo p'o shan ho tsai*
　　　　　　　　　Country broken, mountains rivers exist;
　　城春草木深[43]　*Ch'eng ch'un ts'ao mu shen*
　　　　　　　　　City spring, grass trees deep.

---

43)「春望」, 前揭書 p. 296.

    망한 나라에는 산하(山河)만 남았고
    봄이 온 성에는 초목만 무성터라.

    여기서 '春'자는 앞 행의 '破'와 대응하여 '城'자를 수식하는 형
용사로 사용되고 있다. 긴밀성과 생동성에 있어서 이 점을 명백
히 하려면, '봄 속의 성(city in spring)' 혹은 '성 속의 봄(spring
in the city)'이라고 하는 것보다는 '봄이 된 성(city spring-ed)'
이라고 하는 편이 더 합당할 것이다.
    더구나 한문에 있어서는 영어에 있어서라면 계사(繫辭 : copu-
la)를 써야 할 터인데 형용사가 동사를 대신하므로 한문에서는
계사 같은 것은 필요가 없다. 예를 들면 한문에서는 '花是紅
(Flowers are red)'이라고 하는 대신에 습관적으로 '花紅(Flow-
ers red)'이라고 말한다. 후자가 전자보다는 곧 더욱 정확하고,
더욱 강렬하다.
    같은 낱말을 다른 품사로 사용할 때 더욱 큰 이점은 유사한 함
축과 연상을 가진 다른 단어를 찾는 대신, 정확하게 그와 같은 함
축과 연상을 보존할 수 있다는 것이다. 예를 들면 '師(스승)'란
단어는 그것과 함께 존경·순종·애모와 같은 모든 전통적인 함축
을 불러일으키며, 그것이 동사로 사용될 때도 '배우다'는 뜻을 제
쳐 두고, 그와 꼭 같은 함축을 일으킨다. 그것을 영어로 번역하기
위해서는 다른 말로 바꾸어서 'to serve as master(스승으로 대접
하다)'라든가 'to follow as master(스승처럼 따르다)'라고 말해
야겠지만, 그래도 그 단어의 모든 함축을 보존하기란 힘들다. 또
한 명사를 동사와 같이 사용함으로써 작자는 그 묘사를 더욱 공
고하게 할 수 있다. 이것은 물론 영어에 있어서도 또한 마찬가지
인데, 'elbow(팔꿈치[로 치다])'라고 하는 것이 'nudge(팔꿈치
로 치다)'라고 하는 것보다는 더 공고하며, 'finger(손가락[으로

만지다])'라는 것이 'touch(만지다)'라는 것보다는 더 생동적이다. 다만 한문에 있어서는 이런 것을 더욱 빈번히 쓸 수 있다.

　요약해서 |한문| 문법은 유동적이고, 구조적이 아니다. 라틴어와 같은 고도의 어미 변화를 가진 언어(inflected language)에 있어서 단어라는 것은 종지부와 문단의 복잡한 건물을 그것으로 지을 수 있는 단단한 벽돌일 수 있으나, 한문에 있어서는 단어들이란 아주 쉽게 새로운 혼합물을 형성할 수 있는 화학 원소이다.

　한 개의 중국어 단어는 품사·성·격 등에 의하여 고정될 수가 없고 활발하게 움직이는 단위가 되는데, 그것은 끊임없는 유동 속에서 다른 단위로 작용하기도 하고, 또 반대로 되돌아오기도 하는 것이다. 이 점은 중국 시인들로 하여금 최대로 가능한 한 간결하게 쓸 수 있도록 하고, 동시에 모든 사소한 수식어들을 배제함으로써 일반적이고 보편적 특질을 이루게 한다. 그래서 다만 20 혹은 30마디의 음절이 한 장면, 하나의 기분, 하나의 완전한 경험의 정수를 축약시킬 수 있는데, 한문 절구(絶句)나 짧은 사(詞)에서 '우리는 한 알의 모래 속에 세계를 본다'[영국의 시인 William Blake의 시 Auguries of Innocence —— 無垢의 豫言 ——의 한 구절]고 주장하여도 그리 과장된 것은 아닐 것이다.

제 5 장　사유(思惟)와 감각에 관한 중국적 개념과 방법

앞의 몇 장들에서 우리는 중국어 자체의 시각적·의미론적·청각적·문법적 여러 측면을——그런 요소들이 중국시의 성격에 영향을 주고 있는 한——고찰하여 보았다.

그런데 어떤 언어에 대한 완벽한 이해란, 유독 그것으로 표현된 시 외에도, 그 언어 가운데 가장 상식적인 표현으로 나타날 수 있는 사유와 감정상의 근본적인 개념과 방법에 관한 약간의 지식이 없이는 불가능하다.

예를 들면 중국어에서는 장도(長度 : length), 고도(高度 : height), 광도(廣度 : width)라고 말하는 게 아니라, 장단(長短 : long-short-ness), 고저(高低 : high-low-ness), 광협(廣狹 : wide-narrow-ness)이라고 하는데, 이것은 이원적 세계관과 사유에 있어서 상대적 방식을 나타내는 것이다.

더 나아가서 이러한 변화 속에서 상이한 사유와 감각의 개념과 방법은 사회적·문화적 환경을 모르고서는 완전히 이해되지 않을 것이다.

이러한 모든 문제를 여기서 깊이 살핀다는 것은 물론 불가능하다. 내가 이 장에서 가능한 한 기도해 보고 싶은 최선은 자주 중국시의 실제적인 테마나 기본 골격을 형성하면서 서양 독자들에게는 오해되고 있는 몇 가지 전형적 중국식 사유와 감각의 개념과 방법을 논의하는 것인데, 필요에 따라서만 나는 사회적·문화적 조직들에 관해서 언급해 보려고 한다. 이별의 슬픔이나 전쟁의 공포와 같은 공통적이고 쉽게 이해될 수 있는 생각이나 감정 같은 것은 논할 필요가 없을 것 같다.

自 然

　다른 말로 된 시들에 있어서와 같이 중국시에서도 자연의 아름다움과 자연에 대한 즐거움을 표현하는 무수한 시구(詩句)들이 있다. 솔직한 시들에 대해서는 언급할 필요가 없다. 그러나 도잠 (陶潛 : 372～430)과 왕유(王維 : 699～759)와 같은 몇몇 중국 시인들의 작품 속에서는 자연이라는 것이 매우 깊은 의미를 갖는 데, 그 의미란 영국의 '자연 시인(Nature Poets)' 특히 워즈워스에게서 느낄 수 있는 것과는 전혀 다르다.

　첫째로 중국 시인들에게 있어서 자연이라는 것은, 그것이 워즈워스에게 있어서와 같이 창조주의 구체적 현시(顯示)가 아니라, 그것은 그 자체일 뿐이다. 중국어로 'Nature'에 해당하는 것은 자연(tzǔ-jan), 혹은 '스스로 그런 것(self-thus)'이며, 중국인들의 마음에는 자연을 '운동의 원동력'〔Primum-mobile : 恒星層 第十天, 즉 중세 천문학에서 지구를 둘러싼 최외층의 하늘로 우주운동의 원동력으로 생각됨〕으로 관찰하는 것이 아니라, 하나의 실재(實在)로 받아들이는 것으로 만족하는 것 같다. 이러한 자연에 대한 관념은 토머스 하디〔Thomas Hardy : 1840～1928, 영국의 시인·소설가〕의 '內在意志(Immanent Will : 우주를 지배하는 어떤 맹목적인 힘)'와 다소 비슷한 듯하나 오히려 그런 것과 같은 장엄하고 음울한 연상들은 없는 것 같다.

　이렇기 때문에 자연이라는 것은 인간에게 인자한 것일 수도, 적대적인 것일 수도 없다. 그래서 인간은 자연에 대해 영원한 투쟁을 생각할 수 없으며, 그것의 부분이 된다. 중국시에 있어서 이카루스〔Icarus : 초로 붙인 날개로 태양까지 날아가다가 초가 녹아 바다에 떨어져 죽었다는 그리스 신화 속의 인물〕나 파우스트 〔Faust : 권력과 지식을 위해서 혼을 악마에게 판 인물〕 따위는 있을 수 없다. 그 대신 인간은 자기의 존재를 만물의 무한한 유동 속에 진입시키며 자기 자신의 생사(生死)를 자연 속에서 계속되는 생·장·쇠·망(生長衰亡) 또 재생(再生)이라는 영원한 순환의 일부가 되게끔 충고한다. 이것은 도잠(陶潛)의 「형영신(形影神)」이라고 부르는 시 가운데 명백히 표현되어 있다. 이 시 속에서 형(形)은 보통 도가(道家)들의 생명의 불멸과 육체의 불사(不死)에 대한 희망을 나타내며, 영(影)은 유가(儒家)의 위대한 행동과 영원한 명성을 통한 불후(不朽)에 도달하려는 생각을 대표하지만, 신(神)은 시인 자신의 견해를 표시하고 있다.

縱浪大化中, 不喜亦不懼.
應盡便須盡, 無復獨多慮.[44]

물결에 놓아 큰 변화 따라.
즐거움도 없고, 또 두려움도 없으리.
끝나야 한다면, 곧 끝날 뿐이요.
다시 홀로 염려할 것도 없으리.

한걸음 더 나아가 이러한 시인들의 작품 속에서는 자연이 어떤 특정한 시각(視覺)에서 어떤 개인적인 시각으로 조감되는 것이 아니라, 그것은 언제나 영원한 것으로 나타난다. 그 시인의 존재는 전체적인 묘사 속에서 물러나 있거나 소리없이 잠겨 있다. 나

---

44) 四部叢刊本, 『陶淵明集』, p. 15.
   Let yourself drift on the stream of change,
   Without joy and without fear.
   When the end is due, let it come;
   No need to worry any more then.

는 이미 이러한 점을 앞에서(p. 78) 설명하였고, 거기에 인용된 왕유(王維)의 시구에서 이러한 점을 입증하였다.

그러나 이러한 시인들은 중국에 있어서조차 예외적일 수 있는데, 중국의 모든 시인들이 다 이러한 명상의 무아(無我) 상태를 얻을 수는 없다. 그 대신 그들은 자연의 영속적인 모습과는 대조적인 인생의 무상함을 슬퍼한다. 정말 허다한 중국시에 특별한 심각성을 부여하고 거기에 비극적 감정을 깃들이게 하는 것은 인간의 운명이란 무상하고 덧없는 것이나 자연의 모습은 영원하고 불변한다는 대조에서 나온 것이다. 그리스의 비극이나 낭만시와 같은 서구시에 있어서 비극을 발생케 하는 것은 보통 인간과 자연의 갈등, 그를 둘러싼 자연의 한계성을 극복하려는 인간 노력의 좌절 등이다. 이것은 우리들에게 다음에 고려할 중국시에 있어서 시간감(時間感)을 생각케 한다.

時 間

대부분의 중국 시인들은 시간에 대하여 예리한 느낌을 나타내며, 그것이 한번 가고 되돌아오지 않음에 슬픔을 표시하고 있다. 물론 서구 시인들도 시간에 대해서 민감한 편이나, 중국 시인들 같이 그렇게 보편적으로 시간에 사로잡혀 있는 것 같지는 않다. 더욱이 중국시는 가끔 서구 시인들에게 일반적으로 보이는 것보다는 더욱 명석하고 정확하게 계절과 일시를 나타내고 있는 것이 보통이다.

봄이 지나감을 슬퍼하고 가을이 옴을 한탄한다거나 늙음이 가까워 옴을 구슬퍼하는 수많은 중국시들이 있다. 봄 꽃잎이 떨어짐, 가을 나뭇잎이 시듦, 낙조(落照)의 최후의 미광(微光), 이 모든 것은 언제나 '시간의 날개 돋친 전차'〔Time's winged chariot : 영국

의 시인 Andrew Marvell의 시 「To His Coy Mistress'」——李
在浩 역, 『17세기 英詩』, p. 234 중의 한 구절)라고 한 식의 민
감한 중국시를 생각나게 하며, 자신의 젊음이 지나감과 늙음과
죽음이 가까워 온 데 대한 근심을 일깨워 준다.

이러한 감정에 대한 소박한 표현은 유명한 한무제(漢武帝 : BC
159~BC 87)의 「추풍사(秋風辭)」에 보인다.

> 秋風起兮, 白雲飛.
> 草木黃落兮, 鴈南歸.
> 蘭有秀兮, 菊有芳.
> 懷佳人兮, 不能忘.
> 濟汾河兮, 揚素波.
> 簫鼓鳴兮, 發棹歌.
> 歡樂極兮, 哀情多.
> 少壯幾時兮, 奈老何.[45]

---

45) 『古詩源』, 前出 p. 24.

　　The autumn wind rises, scattering white clouds in the sky;
　　The grass and trees turn yellow and shed their leaves, the wild geese
　　　　southward fly.
　　But the orchids retain their beauty, the chrysanthemums their fra-
　　　　grance yet:
　　How they remind me of the lovely lady whom I cannot forget!
　　Upon the Fen River our ships their sails unfold——
　　Our ships that float mid-stream, rousing waves white and bold.
　　To the sound of flutes and drums the boatmen sing as the oars they
　　　　hold.
　　Having reached the summit of joy, I feel sorrows untold:
　　How long will youth endure, and how could one help growing old?

가을 바람이 일어남이여!
흰구름 날도다.
나뭇잎이 누렇게 떨어짐이여
기러기도 남쪽으로 돌아가도다.
난초는 빼어남이여
국화는 향기롭구나.
어여쁜 사람을 생각함이여
잊을 수 없구나!
분하(汾河)를 건너감이여
흰 물결을 드날리노라.
퉁소 소리 북 소리 울림이여
뱃노래를 부르노라.
환락이 지극함이여
애정(哀情)도 많도다.
젊은날이 그 얼마리요?
늙으면 어찌하랴!

조금 더 시간이 흘러감에 대한 슬픔을 사변적으로 표현한 시는 다음에 보기를 든 여류 시인 이청조(李淸照 : 1081?~1150?)의 「완계사(浣溪沙)」라는 사(詞)에 나타난다.[46]

樓上晴天碧四垂,
樓前芳草接天涯.
勸君莫上最高梯.

---

46) 이 시가 周邦彦의 作이란 설도 있다. 그러나 이 시에 나타난 감상과 감각이 여성적인 것으로 보아 이 시가 여류 시인 李淸照의 것으로 생각된다[27].

新筍已成堂下竹,
落花都入燕巢泥.
忍聽林表杜鵑啼.[47]

지붕 위 맑은 하늘 온통 파아랗고,
집 앞에 우거진 풀 지평선 멀리 이었도다.
그대여, 권하노니 다락 높이 오르지 말기를!

새 죽순은 벌써 마루 앞에 대가 되었고,
떨어지는 꽃은 모두 제비집 진흙에 들어갔구나.
어이 들으랴? 저 숲에 두견새 우는 소리를.

　여기에 표현된 정서와 그것을 표현하는 방법은 매우 간결하다.
제 1 절에서 지평선 저 끝까지 이어진 잡초가 더부룩이 자랐음은
먼저 봄이 지나감을 암시하고 있다. 동시에 그것은 또한 「초사
(楚辭)」중에 '王孫遊兮不歸, 芳草生兮萋萋(왕손은 떠나 돌아오
지 아니하고, 방초는 돋아 푸르렀도다)'[48]라는 양구(兩句)와 문맥
적 연상을 통해서 떠나간 님에 대한 기다림을 나타낸다. 이것이
그 다음 줄에서 이 여류 시인이 그 자신에게 멀리 내다보기 위해

---

47) 『詞綜』, 前出 卷 25, p. 3a.

　All over the roof hangs the blue sunny sky;
　Before the door, the fragrant herbs adjoining the horizon lie.
　O do not ascend to the top of the staircase high!

　The new shoots have grown into bamboos beneath the steps;
　The fallen flowers have all gone into the swallow's nests near by.
　——How can one bear to hear beyond the woods the cuckoo's cry?

48) 「招隱士」元刊本影印本, 『楚辭集注』 冊 3, p. 93.

서 다락에 올라가지 말라고 경고한 이유가 되겠다. 왜냐하면 만약 그가 먼 지평선을 바라볼 수 있다 하더라도 그가 볼 수 있는 것은 오직 무성한 수풀뿐이요, 떠나간 님의 자취는 보이지 않기 때문이다.

제2절에서 지나가는 봄에 대한 암시는 죽순(竹筍)의 자람, 떨어지는 꽃잎이 제비집을 짓는 데 사용됨, 두견새의 울음 등을 등장시킴으로써 이어진다. 이 모든 것은 이 여류 시인의 젊음과 아름다움도 또한 이 봄과 같이 사라져 가리라는 암시를 함으로써 이미 제1절에도 나타났지만 갈망의 주시(注視)는 더 심화된다. 한걸음 더 나아가 두견은 옛날 촉(蜀)나라 망제(望帝)가 대신(大臣)의 아내와 사랑에 빠졌다가 그가 죽은 다음에 이 새로 변형되었다는 전설 때문에 불행한 사랑을 연상시킨다. 끝으로 이 두견새의 울음은 '불여귀(不如歸)'〔pu ju kuei : 돌아감만 같지 못하다〕라는 단어와 같은 음향을 나타내며, 그래서 여기서는 이 여류 시인을 두고 간 님에 대한 항변이 되기도 한다.

앞에 인용한 두 수의 시는 서구 독자들에게는 감상적인 자기번민 이상의 표현을 넘지 못할 것이나, 이 시들은 대부분의 중국 지식인들이 영혼불멸에 대한 확신을 갖지 못했다는 사실을 기억한다면, 변명은 되지 못하나마 조금 납득이 되기는 할 것이다. 진정한 도가들은 개인적인 부활보다는 차라리 자연의 무궁한 변천 속으로 돌아가는 것을 추구했고, 불교도들은 모든 의식의 정지를 지향했으며, 유교도들은 생명의 사후 문제에 대해서는 언급한 바가 거의 없다(조상 숭배에 대한 유가들의 주장은 추모의 외적인 표현을 의미하며, 종교적 의식에서라기보다는 하나의 도덕적 의무로 가끔 실행된 것이기 때문에 생명의 사후에 대한 신념에 반드시 적용할 수는 없다).

도교나 불교에서 위로를 찾을 수 없거나, 모두가 다같이 죽어야 한다는 숙명에 자신을 조용히 내맡기는 시인들은 시간이 지나 감을 슬퍼할 수밖엔 없고 따라서 그 피할 수 없는 종말이 가까워 옴을 겁내는 것이다. 그러나 충분히 역설적으로 이 생명은 유한 하고 보잘것없다는 이유 때문에 그것은 무엇보다도 진귀하고 가 치가 있는 것같이 보인다.

인생의 무상함을 한탄하면서 중국 시인들은 동시에 그것이 지 속되는 동안에 그것을 가장 값있게 만들려고 결심한다. 부분적으 로는 이러한 태도가 바로 앞에 인용한 시에서 보이는 바와 같이 자연에 대한 이상한 감수성과 미세한 관찰을 낳는 이유가 되는 것이다.

歷 史

중국시에서 우리들은 시간 속에서 개인적인 존재의 예민한 인 식을 발견할 뿐만 아니라 역사에 대한 강렬한 인식을 엿볼 수 있 는데, 무엇보다 만약 그 자신들이 일시적 존재라는 것에 대한 국 가적 공동의식의 기록이 아니고서는 역사란 무엇일까?

대체로 중국 시인들은 개인의 생활에 대하여 그들이 느꼈던 방 법과 비슷하게 역사에 대해서도 많은 것을 느끼고 있다. 그들은 명백히 자연의 영원한 형태와 왕조의 흥망을 대조하고 있다. 그 들은 영웅적 행동과 왕자의 노력이 무용함에 탄식하고 전쟁이나 옛날 사라진 미(美), '옛날의 눈(雪)'[les neiges d'antan : Fran çois Villon,「지난날 미희(美姫)를 노래함」중 한 구절. 옛날 미 인을 사라진 눈(雪)에 비유]에 눈물짓는다. 이러한 감정을 나타 내는 시들을 보통 회고시(懷古詩)라고 이름 붙인다. 이런 시는 보통 하나의 모럴을 지적하거나 혹은 현재의 정치적 사건에 대한 평론을 위한 구실로서 어떤 역사적인 사건을 인용하는 소위 '영

사시(詠史詩)'와는 다르다. 다음에 인용하는 이백(李白)의 사언절
구(四言絶句) '월중회고(越中懷古)'는 전형적인 회고시이다.

越王句踐破吳歸, 義士還鄕盡錦衣.
宮女如花滿春殿, 只今唯有鷓鴣飛.[49]

월왕 구천이 오나라를 파하고 돌아올제,
늠름한 병정 다 금의로 환향하더라.
궁녀들 꽃같이 봄날 궁전에 가득하더니,
지금은 다만 자고새 날고 있을 뿐.

우리들은 더욱 많은 본보기를 들 수 있겠으나 아마 이 하나로
서도 충분할 것이다. 이러한 시들은 인간의 노력이 헛됨을, 과거
의 영광을 오늘날의 그 폐허와 대조시켜 강조하는 식으로, 비슷
한 수법으로 비슷한 감정을 표현하려는 경향이 있다. 물론 이러
한 종류의 시들도 결코 획일적인 것은 못되어, 어떤 것은 우연히
도 서구시와 비슷한 예도 있다. 그러나 서구 시인들은 신(神)의
영구한 힘과는 대조적으로 인간의 성취의 미약함을 도덕적인 문
제로 말하고 있으나, 중국 시인들은 보통 이에 대해서 영탄함에
만족하는데, 그런 점에 있어서는 차이가 있다. 하지만 일부 불가
지론적(不可知論的) 서구 시인들은 매우 중국적 태도에 접근하고

---

49) 前揭書, 冊 5, p. 93.
   Viewing an Ancient Site in Yueh
   After conquering Wu, the King of Yueh returned in triumph:
   All his chivalrous warriors were clad in silk on coming home;
   The Court ladies, like blossoms, filled the palace in spring,
   Where now only a few partridges are flying about.

있다.

셸리〔Shelley : 1792~1822, 영국의 서정 시인〕의 오지만디아스〔*Ozymandias* : 이집트 사막 가운데 폐허가 된 거상(巨像). 여기에 가탁(假託)하여 폭위(暴威)의 공허함을 읊음. 李在浩 역, 『浪漫主義 英詩』, p. 266 참조〕는 놀랍게도 '회고시'와 통하며, 하우스먼〔Housman : 1859~1936, 영국의 시인〕의 웬록산 등성이〔*Wenlock Edge* : 영국 서부에 있는 산맥 이름, 정복자 로마인의 유적이 서 있어 인간과 운명의 갈등을 노래함〕의 그 전형적 마지막 부분도 그렇다.

To-day the Roman and his trouble
Are ashes under Uricon.

오늘날 로마인과 그의 수고도
유리콘〔Uricon : 영국의 옛 지명. 로마인의 요새가 있던 곳〕
아래 재가 되었나니.

閑

'한(閑)'이란 말을 여기서 시험삼아 'leisure'로 옮기고 있는데, 이 말은 가끔 'idleness(게으름)'로도 또한 번역된다. 그러나 시에 사용될 때 그것은 나쁜 함축을 띠고 있는 것이 아니라 꼭 아무것도 하고 있지 않는 것 이상의 뜻을 가질 수도 있다. 곧 현실적인 관심과 욕망으로부터 마음을 자유롭게 가지고 그 자신과 자연이 함께 평화스러운 상태임을 나타내는 것이다. 아마 '평화 속에 있음(being in peace)'이 더 적절한 번역이 될 것이다. 이것은 왕유(王維)의 시 중에서는 중요한 단어의 하나인데, 다음에 인용하는 그의 시의 대구(對句)들은 좋은 본보기가 될 것이다.

寂寥天地暮, 心與廣川閑.[50)]

In silence heaven and earth are growing dusk;
My mind, with the broad stream, lies *in peace*

조용히 천지는 저무는데,
마음은 넓은 냇물과 더불어 한가롭도다.

我心素已閑, 清川澹如此.[51)]

My mind, ever *peaceful*, is made more so
By the clear stream that lies so calm.

나의 마음은 본래 한가로운데,
맑은 냇물은 이토록 조용하도다.

清川帶長薄, 車馬去閑閑.[52)]

The clear stream washes the tall thicket;
Carriages and horses pass by *in peace*.

맑은 시냇물은 긴 덩굴을 적시는데,

---

50) 「登河北城樓作」, 前揭書 卷 9, p. 2a.
51) 「青溪」, 上同 卷 3, p. 4a.
52) 「歸嵩山作」, 上同 卷 7, p. 6b.

수레와 말은 한가롭게 지나가누나.

人閒桂花落, 夜靜春山空.[53]

Man *in peace*, cassia flowers fall;
Night quiet, spring hill is empty.

사람은 한가한데 계화는 떨어지고,
밤은 고요한데 봄 동산은 비었도다.

　이러한 구절들로부터 이 시인은 얼마나 그의 마음이 공포와 욕
망으로부터 떠났으며 그를 둘러싼 사물들과 그의 마음이 얼마나
일치하고 있는가? 왕래가 잦은 길 옆의 큰 강과 떨어지는 꽃들,
모든 것이 그 자신의 마음과 같이 그렇게 조용하고 평화스럽게만
보인다.
　거기에는 그 시인의 나태함에 대한 후회의 감정도 없고, 더구
나 다른 많은 중국시들에서와 같이 강물은 흘러가서 돌아오지 않
고, 꽃은 떨어져 버린다는 슬픈 암시조차 없다. 왕유는 정말 ‘한
(閒)’을 사랑과 야망과 시까지 버림으로써 키츠가 예찬했던 일종
의 나태〔indolence : 소극적 능력, 곧 negative capability를 말
함. 그의 서한문 가운데 사실과 이유를 성급히 추구하지 않고, 불
확정과 신비와 의혹의 상태에 머물 수 있는 능력을 가리킴〕보다
는 더 고차적이고 더 적극적인 마음의 상태, 즉 철학적이고 미학
적인 사고의 경지에까지 끌어올렸다.
　그러나 간혹 어떤 중국 시인들의 작품에는 ‘閒’에 이러한 철학

---

53)「皇甫嶽雲谿雜題五首·鳥鳴澗」, 前同 卷 13, p. 2a.

적 중요성은 없다. 오히려 그것은 막연하고 게으르고 애매한 생각에 잠긴 마음의 상태, 즉 'ennui(無聊)'와 같은 것을 의미한다. 예를 들면 풍연사(馮延巳)의 사(詞) 「접련화(蝶戀花)」에서의 '한정(閒情)'에는 철학적 명상은 없다.

> 誰道閒情抛棄久?
> 每到春來惆悵還依舊.
> 日日花前常病酒.
> 敢辭鏡裡朱顏瘦?
>
> 河畔靑蕪堤上柳,
> 爲問新愁何事年年有?
> 獨立小橋風滿袖.
> 平林新月人歸後.[54]

> 누가 한정(閒情)을 버린 지 오래 되었다 하는가?
> 봄이 올 때마다 슬픔은 아직도 옛날 같구나.
> 나날이 꽃 앞에 늘 술 마셔 병들었구나.

---

54) 『詞綜』, 前出 卷 3, p. 7a.

> Who says that this idle feeling has long been left aside?
> Whenever spring comes, my melancholy returns as before.
> Every day, before the flowers, I'm ill with too much drinking.
> Yet dare I refuse to let my image in the mirror grow thin?
>
> O you green grass by the river and willows on the dam,
> Pray tell me : why does new sorrow arise with each year?
> Alone on a little bridge I stand, my sleeves filled with wind;
> The new moon rises above the woods and everyone else is gone.

거울 속에 고운 얼굴 시들어짐을 어이 마다하랴?

강가에는 푸른 숲, 언덕에는 버드나무,
묻노니, 새로운 슬픔 무슨 일로 해마다 생겨나는가?
작은 다리 위에 홀로 섰으니, 바람 소매를 채우누나.
숲 속에 새 달이 뜨니, 사람들 돌아간 뒤로구나.

　어떤 주석가들은 남당(南唐) 왕국의 재상(宰相)이었던 이 시인
이 자기 나라에 대한 근심을 이 시로 풍자했다고 우리들에게 설
명할지도 모른다[28]. 이것은 나에게는 조금 억지로 보인다. 정
말 중국의 비평가들은 어떤 시에 대해서나 너무나 풍자적인 해석
에 쉽게 기울어지고 있다.
　단순히 하나의 서정시로서 이 시를 본다면 이 시인은 이름 없
고, 지위 없음과 아울러, '한정(閒情)'——무료하고, 무기력하고,
'이유 없이 슬퍼지는(deuil sans raison)' 느낌으로 고민하고 있
다. 그것을 묘사하기 위하여 그는 그 자신이 죽도록(또는 그가 그
렇게 생각하듯이) 술을 들이켜고 있다. 이와 같이 창백해지는 데
서 그는 자학적인 기쁨을 찾고 있다(그런데 어느 누가 자신이 창
백해지는 데서 이러한 자학적인 기쁨을 향락하고 있는 그 시인을
비난할 수 있으랴?). 그리고 그는 그것을 이렇게 하는 것이 하나
의 도덕적 의무라고까지 생각한다('敢辭——어이 마다하랴?').
　19세기 말기에 유럽의 데카당을 연상케 하는 이런 궤변적인 정
감적 태도는 이 언어 속에서는 보다 덜 궤변적일 수 있다. 여러
가지 중에서 이 시인은 그 자신이 아니라, 거울 속에서 말라 들어
가는 그의 영상을 취함으로써 어떻게 서술하고 있는가 하는 점에
주의하라. 이러한 시는 간결하고 포착하기 어려운 감정을 사로잡
으려 하고, 고도로 문명되고 귀족적이며, (틀림없이!) 한가한 환

경 속에만 존재할 수 있는 복잡하고 규정짓기 어려운 정서를 캐 내려 하고 있다. 여기에 '유한(有閒)'은 '유한(有閒) 마담(A lady of leisure)'의 한(閒 : leisure)과 같은 사회적·문화적 함축 의 모든 것을 포함하고 있다. 동시에 그것은 정중한 우울감(憂鬱 感)을 띠기도 하는데, 그것은 '공허한 나날을 노래하는 안일한 가 수들'[idle singers of an empty day : 영국의 시인 William Mo- ris의 시 「An Apology」의 한 구절]의 천박함과는 다른 것이다.

鄕 愁

비록 번역을 통해서라도 중국시를 어느 정도 읽은 사람은 향수 에 대한 시들이 많음에 주의를 기울이지 않을 수 없을 것이다. 중 국 시인들은 언제나 그들의 유랑을 슬퍼하고, 귀향을 그리는 듯 하다. 이런 점은 서구 독자들에게는 다소 감상적인 것같이 보일 지 모른다.

그러나 중국의 광대함과, 당시에 존재했던 교통 수단의 불편함 과, 주요 도시들에서의 고도로 발달된 생활과 시골 먼 지역에서 의 어려운 생활 조건들 사이의 심각한 대조와, 선대부터 살아온 고향과 떼어 놓을 수 없는 깊은 관련을 짓고 있는 중국 전통 사 회의 가족 관념의 중요성 같은 것을 우리는 고려하지 않으면 안 된다. 더구나 농민둘이고, 내륙민들의 나라이기 때문에 중국인들 은 대체로 여행벽(Wanderlust)이 주목할 만하게 결여되어 있다. 그러므로 향수라는 것이 일상적인, 그런 이유로 습관적인, 중국시 의 소재가 될 수밖에 없다는 것은 이상한 일이 아니다. 한번 그것 이 습관적 소재로 된 이상 어떤 시인들이나 시 애호가들이 매우 편안한 환경 속에서나 집에서 불과 수백 마일밖에 떨어지지 않는 곳에 살면서도 별다른 이유 없이 향수에 찬 시를 쓴다는 것이 아주 자연스러운 일같이 되어 버렸다. 그러나 중국에 있어서 이러한 습관적인 향수시(鄕愁詩)의 존재는 순수하게 객수(客愁)를 표현하는 시들을 무효화하지는 않았다.

이러한 소재로 된 시들의 많은 본보기들을 나열하는 것은 매우 쉬운 일일 것이다. 여러 구절이 곧 떠오르지만 그 중 이백의 유명한,

擧頭望明月, 低頭思故鄕.[55]

고개를 들어 밝은 달을 쳐다보고,
고개를 숙여 고향을 생각하노라.

따위가 있다. 좀더 재미있게 설명하기 위해서 나는 객수에 대한 직접적인 표현이 아니고 그 순간의 기쁨을 향수와 대조시키는 시를 예로 들고자 한다.

첫째 시는 온정균(溫庭筠)의 「경루자(更漏子)」란 사(詞)인데, 그의 같은 곡(曲)의 다른 사(詞)는 앞에서(p. 86)에 이미 한번 인용되었다.

背江樓,
臨海月,
城上角聲嗚咽.
堤柳動,
島煙昏,

---

55)「靜夜思」, 前揭書 冊 2, p. 91.
Raising my head, I look at the bright moon;
Bending my head, I think of my old home.

兩行征雁分.

京口路,
歸帆渡,
正是芳菲欲度.
銀燭盡,
玉繩低,
一聲村落鷄.[56]

강 옆 누대,
바다에 비친 달,
성(城) 위엔 호루라기 소리 울고,
제방 위 버들 나부끼고,
섬 연기 어두운데,
두 갈래 날아온 기러기 나뉘어지다.

---

56)「花間集」, 前出 p. 6.
   The tower stands by the river,
   The moon shines on the sea,
   Upon the city-wall a horn is sobbing soft.
   The willows wave on the dam,
   The islands are dim with mist,
   Two lines of travelling wild geese fly apart.

   By the Hsi-ling road
   Passes the homeward sail:
   It is the time when flowers and herbs begin to fade.
   The silver candle exhausted,
   The Jade Rope hanging low,
   From the village comes the cock's crow.

경구(京口) 길
　돌아가는 배 뜨고,
꽃과 풀 바야흐로 시들 때로고,
　은촛대(銀燭臺) 불이 지고,
　옥승(玉繩)도 낮게 걸렸는데,
온 마을 닭 우는 소리.

이 사(詞)에서 향수에 대한 감정은 직접적인 진술이 아니라 상상과 연상을 빌려서 적고 있다. 제1절에서 제3행의 구슬픈 호각 소리는 어떤 변방 도시의 보초병을 암시하며, 제4행에서 버드나무는 내가 앞에서도 지적했듯이(p. 33) 이별을 연상시키며, 제6행에서 날아온 기러기는 가끔 먼 여행이나 유랑의 상징으로 쓰인다.

제2절에서 누군가를 고향으로 싣고 가는 배는 이 작자 자신의 집 떠난 처지와 대조되며, 꽃과 풀이 시들어 감은 봄이 지나감을 가리킴으로써 슬픈 감정을 돋우어 주고 있고, 마지막 3행에서 꺼지는 등불 나지막히 걸려 있는 별빛(옥승은 별자리의 이름이다)과 새벽닭의 울음은 모두 잠 못 이루는 밤을 암시한다.

두번째 본보기는 위장(韋莊)의 「보살만(菩薩蠻)」이란 사(詞)인데, 나는 그것을 앞에서(p. 62) 한번 인용하기도 했다. 여기서 나는 그 시의 역문을 되풀이해 보겠다.

사람 사람마다 다 강남이 좋다 하나,
귀양살이엔 한갓 강남에서 늙기 알맞을 뿐.
봄 물은 하늘보다 푸른데,
그림배 위에서 빗소리 들으며 조누나.

술 항아리 곁에 있는 여인 달인 양하며,
흰 손목은 엉킨 서릿눈과 같구나.
늙지 않았으니 고향으로 돌려보내지 마라!
돌아간다면 가슴이 찢어지겠지.

이 시를 설명하자면, 이 시인은 황소[黃巢 : 875～884, 당나라 말기의 농민반란자]의 난 중에 중국 북방에 있는 수도 장안(長安) 근처에 있는 그의 고향을 버리고, 산수가 아름답고 미녀가 많기로 이름난 양자강 남쪽에 있는 어느 지방에서 피난하고 있었다. 고향으로 돌아갈 것을 열망하지만 시인은 동시에 자기 앞에 있는 풍경과 '달덩이 같은' 아가씨에게 매혹되었다. 그래서 그의 이러한 복잡한 정서들이 하나의 긴장(tension)[29]을 창조했는데, 만약 그렇지 않았더라면 간단하고 솔직한 시에 그치고 말았을 것이다.

사 랑

일부 서양 번역가들은 중국시에서 남자와 여자 사이의 사랑을 상당히 과소 평가하고 남자들 사이의 우정의 중요성을 과대 평가하고 있음을 나는 본다. 정말 영국 시인처럼 기소(起訴)까지야 되지 않는다 하더라도[1895년 Oscar Wilde가 남색(男色) 사건으로 유죄를 받아 투옥된 사실을 두고 말함] 족히 심각한 혼란을 일으킬 만한 용어들로 쓴, 남자가 남자 친구에게 애정을 공언하는 한시(漢詩)들이 많다.

또한 옛날 중국에 있어서는 결혼이라는 것은 양친에 의해서 결정되었기 때문에 어떤 사람의 동정, 이해나 애정에 대한 요구는 가끔 그 친구들에게 보낸 화답(和答)에서 발견되고 있음도 사실이다. 그럼에도 불구하고 중국에서는 많은 남성들이 꼭 그들의 부인이 아니라 할지라도 여인들에 대한 진정한 사랑을 느끼기도 했으며, 허다한 애정시들이 남아 있다. 『시경(詩經)』은 애정시로 가득 차 있으며 한(漢)과 육조(六朝)의 민요집도 그러하다. 애정시는 후기에도 사라지지 않았는데, 원(元)·명(明) 대의 극시(劇詩)는 말할 것도 없고 이상은(李商隱)·온정균(溫庭筠)·유영(柳永 : 987?~1053?, 송나라 詞人)·황정견(黃庭堅 : 1045~1105, 송나라 詞人) 및 기타 대가(大家) 등 당(唐)·송(宋) 시인들의 작품에도 허다하다.

간단히 말하자면 서양시에 있어서와 같이 중국시에서도 사랑이라는 것은 필수 불가결한 소재의 하나이다. 그러나 사랑에 대한 중국 사람들의 개념이 서양 사람들과 다른 점(적어도 낭만적인 서양인들과)은 전자는 어떤 사람이 사랑에 빠졌을 때 사랑을 모든 도덕적 책임으로부터 절대적으로 해방될 수 있는 것과 같이 높이 생각하지는 않는다는 것이다. 형이상학파(形而上學派) 시인들[30] 중에 더러 그런 것같이 사랑을 보통 정신적인 결합의 외적인 표시로서 생각지도 않는다. 사랑에 대한 중국인의 태도는 정적이고 현실적이다. 사랑이란 삶에 있어서 하나의 필수적이고 가치 있는 경험으로서 중요한 위치를 차지하기는 하지만 다른 모든 것을 초월할 수는 없다는 것이다.

중국시는 처음 만날 때의 긴장, 애인에 대한 동경, 짝사랑의 고민, 참사랑에 대한 환희, 배신에 대한 분노, 이별에 대한 원한과 쓰라림, 마지막 사별 등 여러 가지 면으로 사랑을 노래한다. 중국시에 있어서 사랑은 심각할 수도 있고, 가벼울 수도 있고, 부드러울 수도 있고, 열정적일 수도 있고, 때로는 극히 선정적일 수도 있지만 아무튼 추상적(推想的 : Platonic)인 것은 거의 없다. 사랑에 대한 여러 가지 국면은 유명한 시극 『서상기(西廂記)』에

〔31〕 잘 표현되어 있으나, 그 단편을 여기에 인용하기는 힘들므로 나는 온정균(溫庭筠)의 「경루자(更漏子)」란 사(詞) 두 편을 여기에 더 인용하는 데 그치겠다.

金雀釵,
紅粉面,
花裡暫如相見.
知我意,
感君憐,
此情須問天.

香作穗,
蠟成淚,
還似兩人心意.
山枕膩,
衾寒錦,
覺來更漏殘.
. . . . .
玉爐香,
紅蠟淚,
偏照畫堂秋思.
眉翠薄,
鬢雲殘,
夜長衾枕寒.
梧桐樹,
三更雨,

不道離情正苦.

　一葉葉

　一聲聲

空階滴到明.[57]

---

57) 『花間集』 p. 6.

A golden pin on her hair,

Pink and white her face,

She came to meet me for a moment among the flowers.

'You understand my feelings——'

'I'm grateful for your pity——'

Heaven alone can witness this love of ours !

The incense burnt to ashes,

The candle dissolved in tears :

These are what our hearts are like, yours and mine !

My pillow lying smooth,

My silk coverlet cold,

I wake up when the night is almost gone.

· · · · ·

An incense-burner of jade,

A red candle in tears :

Why do they reflect autumn thoughts in the painted room ?

Her eyebrows losing their colour,

Her cloudy hair dishevelled,

Her pillow and quilt grow cold in the lengthy night.

Upon the *wu-t'ung* trees

The midnight rain is beating,

Indifferent to the bitter sorrow of parted lovers.

Leaf after leaf,

Drop after drop——

They fall on the empty steps till break of day.

  금비녀,
    연지 찍고 분 바른 얼굴,
꽃 사이로 살짝 만나러 오네.
    내 마음을 알게라──,
    그대의 동정에 감사하노라──.
우리의 이 마음 하늘은 알아 주리!

    향은 타서 재가 되고
    촛불은 눈물짓나니
우리 둘 마음과 뜻 같음이여!
    나의 베개는 부드러우나,
    나의 이불은 싸늘하구나,
다시 일어나니, 밤은 이미 다 갔도다.
· · · · · · · ·
    옥 향로,
    타는 촛불,
어이 화당(畵堂)의 가을 시름 비추는가?
    아리따운 눈썹 사라지고,
    구름 같은 머리 이지러졌도다.
밤은 긴데 이불만 싸늘하구나.

    오동나무에
    삼경(三更) 비는
이별이 이다지도 괴로운 줄을 아는 이 없도다.
    한잎 한잎,
    한 방울 한 방울──
빈 계단에 밤새도록 떨어지누나.

술에 의한 도취

다시 중국시의 어떤 독자들이나 다 알고 있듯이 중국시에는 마시고 취하게 되는 것에 대한 빼놓을 수 없는 기록들이 있다. 그런데 이 '醉'를 보통 'drunk'로 번역하지만 실제로 이것은 오히려 다른 함축과 연상을 지니고 있다.

이 말은 많은 서구인들이 술노래(drinking song)에서 보이듯이 매우 민감한 향락을 뜻하지도 않으며, 유쾌함과 연회 기분 같은 것을 암시하는 것도 아니다. '醉'자는 술병이 그림인 酉란 의부(意符)와 '끝낸다' 혹은 '한계에 도달한다'는 뜻을 가진 卒이란 음부(音符)로 구성되어 있다. AD 100년경의 언어학적 저술이며, 중국 어원학의 초석이 되는 『설문(說文)』에 따르면 이 음부도 또한 깊은 의미가 있을 뿐만 아니라, 이 복합문자는 '예의를 범함이 없이 그의 능력이 한계에 도달한다(卒其度量, 不至於亂也)'는 의미로 해석되고 있다.

우리가 이 설명을 그대로 받아들이지 않는다 하더라도 취함을 노래한 시들에서 그저 마시고 흥을 내거나 취한다는 것과 똑같은 뜻이 포함되어 있는 것이 아니라 그것은 오히려 일상적 몰두로부터 정신적 면으로 빠져들어가는 상태를 의미하고 있다. 물론 이와 같이 영어 단어들도 비유적으로 사용될 수가 있는데, '성공에 도취되다(drunk with success)' 혹은 '아름다움에 도취하다(intoxicated with beauty)'라고 쓸 수 있으나, 그것들은 '醉'와 똑같은 감정을 갖고 있는 것은 아니다. 그러므로 나는 이러한 단어들 중에 어떤 것을 쓰는 것도 적합치 않아서, 나는 '醉'를 '술에 의해 도취되다(rapt with wine)'로 번역하였다.

이상과 같이 말하면서 나는 중국인들이 결코 술에 빠지지 않는다고 이야기하지는 않았다. 중국인들이 실생활에 있어서 술에 빠졌건 안 빠졌건 그것은 별문제이고, 중국 시인들이 그들이 취했다고 쓸 적에 뜻하는 바는 전혀 다른 문제이다. 중국시에서 취했노라고 하는 것은 널리 습관처럼 되어 버린 것인데, 어떤 엘리자베스 시대의 14행(十四行) 시인이 그의 연인의 무자비함을 불평하는 것이 액면 그대로 받아들여지듯이, 어떤 중국 시인이 '취했노라'고 외치는 것이 문학적으로 현명한 것같이 인정되어진다. 이러한 습관은 적어도 아마 기원 1세기 전에 굴원(屈原)의 이름을 거짓 빌려 지은 「어부사(漁父辭)」——『초사(楚辭)』라는 시가집 속에 있음——까지 거슬러올라갈 것이다. 여기서 '온 세상이 다 취했으나, 나 홀로 깨었다(衆人皆醉, 我獨醒)'고 이 시인은 불평하고 있다. 뒤에 유령[劉伶: 위진 시대의 시인]과 같은 시인들은 윗글에서 시인과 세상의 위치를 뒤바꾸어서, 현재의 암담함과 자신의 개인적 번민으로부터 빠져나가는 상징으로써 '醉'를 추구했다[「酒德頌」이란 글을 보라]. 도잠(陶潛)의 유명한 음주시의 하나에서 이러한 도피자의 태도를 명확히 찾을 수 있다.

> 有客常同止, 趣捨邈異境.
> 一士長獨醉, 一夫終年醒.
> 醒醉還相笑, 發言各不領.
> 規規一何愚, 兀傲差若穎.
> 寄言酬中客, 日沒燭當秉.[58]

---

58) 「飮酒二十首」其十三, 前揭書 p. 32.
   Two travellers there are often seen together,
   Yet they have widely different tastes.
   One, a scholar, is often rapt with wine,
   The other, a plain man, sober all the year.
   The rapt and the sober laugh at each other, ⇨

두 나그네 늘 함께 있는데,
서로 뜻은 멀리 달랐네.
한 선비는 늘 홀로 취해 있고,
딴 사람은 한 해 동안 죽 깨어 있네.
깬 사람과 취한 사람 서로 비웃고
하는 소리 서로서로 듣지를 않네.
꼿꼿하며 어찌 이리 어리석은지!
오만하니 마치 조금 착한 척하네.
이르노니 취한 손아,
해지거던 꼭 촛불이나 잡고 있게나![밤새도록 놀자는 뜻]

비슷한 기분을 이백도 읊었다.

處世若大夢, 胡爲勞其生.
所以終日醉, 頹然臥前楹.
覺來盻庭前, 一鳥花間鳴.
借問此何時, 春風語流鶯.
感之欲歎息, 對酒還自傾.
浩歌待明月, 曲盡已忘情.[59]

⇨ And neither would listen to what the other says.
How foolish is he so rigid and proper !
The haughty one is the wiser of the two.
Take my advice, you that are flushed with wine.
When the sun sets, light your candles up !
59)「春日醉起言志」, 前揭書 册 5, p. 114.
Living in this world is a great dream, ⇨

세상에 산다는 일 꿈과 같은데
어찌 그 삶을 수고롭게 하랴?
그래서 종일 취해,
즐거운 듯 앞기둥 곁에 자네.
깨어나 정원을 바라보니
새 한 마리 꽃 사이서 울고 있네.
묻노니 이 어느 때뇨?
봄바람에 꾀꼬리 지저귀네.
느낌 있어 탄식하려다
술을 들어 대신 기울이네.
크게 노래 부르며 달 밝기 기다려
노래 끝나자, 모든 걸 잊네.

이 모든 것이 습관적인 주정뱅이의 사나운 노래들일까?

⇨ Why exert oneself to shorten one's life?
That is why I'm rapt with wine all day
And lie happily by the front pillars of the hall.
Waking up, I look at the courtyard:
A single bird is singing among the flowers.
Pray tell me, bird, what day is this?
—— The oriole keeps singing in the spring breeze.
Moved by this scene, I wish to sigh,
But pour out another cup of wine instead.
I sing aloud to wait for the bright moon;
My song over, all my feelings are gone.

제 2 편
시에 관한 중국인들의 전통적 견해

서 설

　중국시의 완정한 비평사를 쓰자면, 아마 이 책보다는 몇 배나 되는 양이 요구되고, 미묘한 개념과 정교한 기교에 관하여 장황하고도 복잡한 토론이 있어야 될 것이다. 그러므로 이러한 것은 이 책의 본편에서 다루려는 것은 아니다. 내가 쓰려고 하는 것은 중국에 있어서 가장 중요한 것으로 보이는 시에 관한 몇 가지 견해들만 설명해 보려 한다. 나는 여러 시대를 통틀어서 각각 다른 경향의 전개를 상세하게 추적하였다고 하기보다는 후세의 몇몇 비평가들에게 특별한 주의를 기울일 것이다. 그들은 가끔 선인들의 의견을 총괄하기도 하고, 그들의 저술 중에는 오랜 전통을 가진 어떤 사상 경향을 최고도로까지 발전시켰기 때문이다.

　나의 과업은 중국 재래의 비평가들이 그들의 시설(詩說)을 매우 계통적인 방법으로 설명한 것이 아니라, 오히려 그들의 견해를 시화(詩話 : 시 이야기)·필기(筆記 : 수필 노트 따위)·서간(書簡)·어록(語錄)·총집(總集 : 2인 이상의 글을 모은 책)이나, 그들 자신이나 남의 문집의 서문 등에 흩어 두었기 때문에 매우 어

렵게 이루어졌다. 이 흩어진 작품들의 약간을 근대 중국 문학사
가들이 다소간 수집하기는 했으나, 그들도 그 속에 포함된 생각
을 크게 천명해 내지는 못했다. 무엇보다 대부분의 비평가들은
그들의 용어를 명확히 규정하려거나 심지어는 그들 이론의 열쇠
가 되는 말까지도 규정하려고 하지 않았다. 우리가 이러한 용어
들을 중국어가 아닌 다른 용어로 논의하려 할 때, 번역이란 것은
해석하는 것이고, 또 정의하는 것도 되기 때문에 어떻게 그런 말
을 번역하는가 하는 문제는 언뜻 보기에는 거의 해결할 수 없을
듯이 보인다. 이러한 모든 용어들을 규정해 보려는 직접적인 노
력 대신에 나는 시에 관하여 두 가지 질문을 제기하고, 여러 비평
가들의 비평으로부터 그들이 어떻게 대답하려 했는가 하는 점을
찾아내려 함으로써 이 문제를 다른 각도에서 해결하려고 하였다.

그 첫째의 의문은 시란 무엇인가, 어떠해야만 하는가, 그리고
그 다음은 어떻게 시를 써야만 하는가, 혹은 더욱 구체적으로 시
작(詩作)에 있어서 무엇이 가장 큰 문제인가, 그런데 그것은 영
감인가, 정서인가, 기교인가, 아니면 그 외의 것인가 하는 것이
다. 독자들을 혼란시키거나 곤란케 하지 않게 하기 위하여 나는
나의 모든 자료들을 열거하거나, 한없는 인용문을 나열하지 않고,
나의 연구 결과를 종합하였다.

또한 그들 각 개인의 비평 속에서 찾을 수 있는 것보다도 이러
한 비평가들의 견해 가운데서 어느 정도 더욱 일치된 설명들을
제시하려고 하였다. 이렇게 함으로써 나는 가능한 한 공평하려고
애썼다. 만약 내가 아직도 그들의 생각의 어떤 점을 잘못 이해하
였거나 너무 간단히 취급했다면, 나는 선인들에게 용서를 빌어야
겠고 독자들에게도 관용을 빌 수밖에 없겠다.

제 1 장 도학적 관점(시 ; 도덕교육과 사회비평)

시란 무엇이냐는 의문에 대하여 가장 정통적인 유가(儒家)들은 그것은 근본적으로 도덕 교훈의 일종이라고 대답할 것이다. 그리고 도덕적 영향에 의한 정부가 유가를 정치적 이상으로 삼는 한, 시의 기능이란 또한 사회적·정치적 사건의 논평을 포함하고 있다고 하겠다. 비록 실제에 있어서 공자는 시에 대하여 아무 곳에서도 포괄적인 설명마저 가한 일이 없다.

우리가 알기로는 이 제목에 대한 그의 의견은 오직 그가 단순히 '시(詩)' 혹은 '시 300수(詩三百首)'로만 언급한 『시경(詩經)』에 관하여 말한 동떨어진 표현들 가운데에서 그 유래를 찾을 뿐인데, 이러한 견해를 견지하는 사람들은 자연 공자(孔子)를 그들의 전거(典據)로 인용한다.

그가 이와 같이 명백히 규정된 시관(詩觀)을 갖고 있었는지도 의문스럽고, 또 『시경』에 관한 그의 지적조차도 그런 말들이 나오게 된 환경에 따라 성격에 있어 변화해 온 것같이 보이기도 한다. 이러한 보류 조건에도 불구하고, 우리들은 아직도 이러한 지적들에서 공자의 시에 대한 대체적인 견해가 무엇이었나 하는 것을 추론해야겠다. 『논어(論語)』에 있는 아래와 같은 인용어는 특수한 구절에 대한 논평이 아니라 전체로서 『시경』에 관해서 말한 것을 나타내고 있다.

詩三百, 一言而蔽之曰 : '思無邪'──시경 300편을 한 마디로 덮어 말하면 '생각에 사특함이 없다'(爲政 第 2)
興於詩, 立於禮, 成於樂.──시에서 일어나고, 예에서 서고, 악에서 이룬다. (泰伯 第 8)

頌詩三百, 授之以政, 不達, 使於四方, 不能專對, 雖多, 亦奚以
爲?──시경 300편을 외우더라도 정사를 맡아서 통달하지
못하고, 사방에 사신으로 나가서도 대화를 도맡아하지 못한
다면, 비록 많이 안들 또한 무엇에 쓰겠는가? (子路 第13)
不學詩, 無以言.──시를 배우지 않으면, 대화할 수 없다.
(季氏 第16)
詩, 可以興, 可以觀, 可以群, 可以怨, 邇之事父, 遠之事君, 多
識於鳥獸草木之名.──시는 흥겹게 할 수 있고, 보게 할 수
있고, 무리짓게 할 수 있고, 원망하게 할 수 있다. 가까이는
어버이를 섬기게 하고, 멀리는 임금을 섬기게 할 수 있으며,
조수(鳥獸) 초목(草木)의 이름을 많이 알게도 한다. (陽貨
第17)

위에 인용한 어구들에서 공자는 『시경(詩經)』을 도덕적 영향을
발휘하거나 정서를 진작시키는 방법으로서만 생각한 것이 아니
라, 동시에 하나의 수사의 전형이나 일종의 지식의 보고로서까지
생각했다. 그의 시에 대한 관념은 그렇기 때문에 순전히 교훈적
인 것으로만은 보이지 않는다. 정말 이러한 말의 어떤 것은 시란
도덕적 교훈이라는 것보다는 다른 이론의 모태(母胎)가 되게 하
지 않았을까 싶기도 하다(pp. 128∼139 이하를 보라).
조금 뒤 공자의 제자 복상(卜商)──즉 자하(子夏 : BC 507
∼BC 400)의 작으로 알려진 「시경대서(詩經大序)」는 교훈적 교
리(敎理)에 더욱 철저한 서술을 가하였다.

득실(得失)을 바로잡고, 천지(天地)를 움직이며, 귀신을
감동시키는 것이 시보다 더한 것이 없다. 선왕(先王)이 이로
써 부부(夫婦)를 떳떳하게 하고, 효경(孝敬)을 이루게 하며,

인륜(人倫)을 두텁게 하며, 교화(敎化)를 아름답게 하며, 풍
속(風俗)을 개량시켰다.[1]

편차(遍差)를 가진 이러한 서술은 오랫동안 학자들과 비평가들
에 의하여 단조한 규율로서 반복되었다. 시인들도 또한 그들이
그것을 실행에 옮기기 위하여 행동을 하든지 않든지 간에 이러한
교리를 입을 모아 찬송한다. 예를 들면 두보(杜甫)는 그의 젊은
야망은 그의 나라를 요·순(堯·舜)과 같은 전통적인 성현들의 나
라로 만들며, 사람들의 도덕을 일층 더 순화시켜야만 한다는 것
을 긴 시로 썼다[32].

자기 중심적인 이백(李白)까지도 한말(漢末) 이후 시의 한심한
퇴폐를 개탄하고, 공자의 족적(足跡)을 따라 『시경(詩經)』의 전
통을 부활시켜야 한다는 희망에 전심하기도 하였다[33]. 그러나
백거이(白居易)는 이백과 두보의 시 가운데 오히려 백성의 질곡
(桎梏)을 서술하고, 도의(道義)를 말한 부분이 적다고 슬퍼하였
다[34]. 이러한 경건한 애상(哀傷)에 관한 발언에 대하여 더욱
많은 실례들을 제시한다는 것은 어리석은 일인 것이다. 그래서
그 대신 나는 간단히 교훈적 견해를 주장한 사람들에 의해서 성
립된 몇 가지 요점을 요약해 보고자 한다.

첫째, 시란 개인의 덕성(德性)에 영향을 끼치는 도구로 생각한
다. 전형적인 교훈적 비평가인 심덕잠(沈德潛 : 1673~1769)의
말을 빌릴 것 같으면, '시란 사람의 천성과 정서를 조정하고, 인
간 관계를 향상시킬 수 있어야 한다(詩之爲道, 可以理性情, 善倫

---

1) 『毛詩』, 前出 p. 1. 正得失, 動天地, 感鬼神, 莫近於詩, 先王以是經夫婦,
   成孝敬, 厚人倫, 美敎化, 移風俗.

物).'[2] 음악과 같이 시란 한 사람의 도덕적 품성을 공자의 이상인 '중용(中庸)'에 이르도록 하는 절제적 영향을 갖고 있는 것으로 생각한다. 그러므로 시란 『시경(詩經)』에 보이는 바와 같이 '溫柔敦厚'해야 한다. 공자에 의하여 '樂而不淫, 哀而不傷'하다고 칭송된 이 『사화집(詞華集)』 첫머리에 있는 시는 모든 시의 이상으로서 교훈적 비평가들에게 추켜올려졌다.

둘째, 시란 정부에 대한 백성들의 감정을 반영해야 하고, 사회악을 고발해야 한다는 것이다. 『한서 예문지(漢書 藝文志)』에 따르면, 고대에는 임금이 백성들의 공론을 알기 위하여 백성들로부터 가요(歌謠)를 수집하는 데 관리들을 보냈다고 한다. 고대에 이러한 여론 조사가 실지로 행해졌는지는 의문스럽지만 그런 것이 있었을지도 모른다는 가상은 교훈적 비평가들에게 시의 근본 기능은 정치와 사회 비평을 포함해야 한다는 증거로서 사용되었다. 그러나 여기에도 또한 시인은 '반항함이 없이 불만을 표시하도록〔怨誹而不亂 : 『史記』「屈原傳」에서 『詩經』「小雅篇」을 평한 말〕' 세련되어야 한다. 시인은 반역을 충동함이 없이 통치자가 그의 소행을 수정하도록 움직이게 하려는 희망 속에서 백성들의 질곡에 통치자가 주의를 기울이도록 해야 한다.

이러한 목적을 달성하기 위하여 시인은 공개적으로 정부를 공격하기보다는 풍유(諷諭)와 우언(寓言)을 사용해야만 한다. 이러한 것을 '풍간(諷諫)'이라 한다. 유가 비평가들은 대부분의 시들, 『시경(詩經)』과 다른 고대 『사화집(詞華集)』에 있는 연애시들조차도 이러한 기능을 가진 것과 같이 나타내려고 우의적(寓意的)으로 해독하였다.

교훈적 비평가에 의하여 거론된 또 다른 신념은 개인적 도덕과

---

2) 『說詩晬語』, 四部備要本, p. 1a.〔35〕

연관된 공공적 사건에 관계되는 시는 '雅'해야 한다는 것이다. '우아하다', '정치하다'는 뜻으로 쓰여 온 이 말은 원래 '정확하다'는 뜻을 갖고 있으며, 시의 이상으로서 '정확성'은 표현된 감상 (感想)과 표현 방법 양자에 관련되는 것 같다. 저속하고 정연치 못한 감정, 음란한 생각, 화사한 말들은 다 시 속에 '정확성'을 찾는 사람들에게는 타기(唾棄)할 만한 것이다.

시란 무엇이며, 어떠하여야 하는가 하는 의문에 관해서 우리는 좀 멀어졌다. 지금 우리는 어떻게 시를 써야만 하는가 하는 의문으로 되돌아가야겠다. 이 의문에 대답하기 위하여 교훈적 비평가들은 고대 시인들을 모방해야 할 것이라고 충고할 것이다. 심덕잠은 '고대 것을 모방하지 않는 시는 야체(野體 : 詩不學古, 謂之野體)'[3]라고 하였다. 우리는 고대 시인들을 모방하기 위하여 고인 (古人)들의 작품을 공부해야 한다.

공자는 『시경(詩經)』을 다른 작품들 중에서 수사학의 하나의 지침으로 생각하였다는 것을 이야기했는데, 세월이 흐르면서 공부해야 할 기본 작품의 수가 늘어나고, 시인이 되려고 하는 사람들이 읽어야 할 항목의 수는 꽝장히 많아졌다. 더욱이 사람들은 시 이외의 여러 부문의 것을 넓게 읽어야 하며, 그들의 시에서 그들의 학식을 과시해야만 했다.

심덕잠의 말을 다시 인용하면, '시에서 시적인 것을 사용하는 것은 진부한 것이다. 그것을 거칠고 뿌리없는 작품과는 다르게 만들 수 있는 것은 시에서 경서(經書)와 사서(史書), 그리고 철학서들을 인용할 때뿐이다(以詩入詩, 最是凡境, 經史諸子, 一經徵引, 都入詠歌, 方別於潢潦無源之學).'[4]라는 것이다.

---

3) 『說詩晬語』, p. 2b.

4) 『說詩晬語』, p. 2a.

작가들로 하여금 옛날 것을 모방할 수 있도록 돕는 방법은 운법(韻法)에 주의를 기울이는 것이다. 만약 혹자가 옛날 시인들이 쓴 것과 같은 운법을 쓸 수 있다면 그의 시는 적어도 그 모델을 모방하게 될 것이다. 이런 점에서 교훈적 비평가들은 주로 시를 문장 연습의 일종이라고 생각하는 또 다른 일파들과 상통되는 점이 있다. 이 점은 제 3 장에서 언급할 것이다.

조금 역설적으로 모방을 주장하는 교훈가들은 동시에 시에 있어서 인공(人工)과 과도한 수식(修飾)을 비난한다. 단순함이 그들의 이상이다. 이것은 부분적으로 초기의 시, 특히 한대(漢代) 이전의 시들은 체(體)가 간단하다는 데 기인하기도 하며, 부분적으로는 앞에 언급한 절조(節調)와 정확을 목표로 삼는 데 기인하기도 한다. 그러므로 육조(六朝 : 222~589)와 기타 시대의 시인들은 화려하고 인공적인 문체 때문에 비판을 받고 있다.

끝으로, 교훈적 비평가들은 그 문체보다도 테마를 더욱 중시한다. 예를 들면 백거이는 육조의 시인들을 그들의 문체가 아니라 우의적 목적이 없이 '풍(風)·설(雪)·화(花)·초(草)'와 같은 시시한 테마를 쓰고 있음을 비난했다.[5] 백거이와 다른 도의가(道義家)들은 천박한 테마들은 '풍간(諷諫)'하는 기능에 충만하도록 사용되어야 하며, 그것에 도덕적이며 정치적 심각성을 부여하지 않고 사용한다면 기피해야 될 것이라고 말하였다.

---

5)「與元九書」.〔36〕

제2장　개성주의적 관점(시 ; 자기 표현)

시가 주로 개인적 정서의 표현이라는 견해는 교훈주의자들의
견해보다 더 오래 되었다고 할 수는 없지만 적어도 비슷할 것이
다. 전설적인 성인 순(舜) 임금(BC 2255~BC 2205)은 '시란
마음에 바라는 바를 말로 표현한 것이며, 노래란 말을 가락에 맞
춘 것이다(詩, 言志. 歌, 永言.)'라고 했다. 앞에서 본 바와 같이
공자도 시는 정서를 진작시키는 것이라 하였다. 그리고 『시경(詩
經)』 대서(大序)에서 우리는 앞 장에서 인용한 교훈적 교리의 서
술에 다음과 같은 말을 볼 수 있다.

　　시란 것은 마음이 흘러가는 바를 적은 것이다. 마음 속에
　있으면 '지(志)'라고 하고, 말로 표현되면 시가 된다. 정(情)
　이 마음 속에서 움직일 때, 시인은 그것을 말로 표현한다. 말
　로서도 부족하면 차탄(嗟歎)하고, 차탄해도 부족하면 그것을
　길게 노래한다. 길게 노래해도 부족하기 때문에 모르는 사이
　에 손으로 발로 춤추게 된다.[6]

이렇게 두 가지 견해들은——교훈적인 것과(또 적절한 용어를
몰라서 붙인) 개성적인 것——시에 관한 초기 유가(儒家)의 이
론 속에 평행을 이루고 있다. 때때로 후기의 비평가들은 이 양자
중에서 어느 편을 택하기가 힘들었거나, 양자를 조화시키려고 하

---

6) 『毛詩』, 前出 p. 1.
　詩者, 志之所之也. 在心爲志, 發言爲詩. 情動於中, 而形於言. 言之不足,
　故嗟歎之. 嗟歎之不足, 故永歌之. 永歌之不足, 不知手之舞之, 足之蹈之
　也.

기도 했다. 중국 문학사에서 가장 중요한 비평가의 한 사람인 6
세기경의 유협(劉勰 : 465~521)은 이 두 가지 견해를 조화시키
려 했던 한 본보기가 되겠다. 그의 걸작 『문심조룡(文心雕龍)』에
서 그는 다음과 같이 말했다.

> 대순(大舜)은 말하였다. '시는 마음 속의 뜻을 말로 표현
> 한 것이며, 노래란 말을 길게 뽑은 것이다.' 그 성현이 말한
> 이 표현은 분명히 시의 성격을 설명한 것이다. 그러므로 마
> 음 속에 들어 있는 것은 '뜻'이요, 말로써 표현될 때 그것은
> '시'이다.[7]

이것은 물론 시는 마음의 표현이라는 견해를 재차 진술한 것에
불과하다. 그러나 그는 다음과 같이 계속한다.

> 시란 '가진다(持)'는 것을 뜻한다. 다시 말하면 그것은 사
> 람의 정과 성을 가진다는 것이다. 『시경(詩經)』 300편은 한
> 말로 하면 '사무사(思無邪)'이다. '시(詩)'를 '지(持)'로 한
> 해석은 확실한 증거가 있다.[8]

---

7) 「明詩篇」, 黃叔琳注, 李詳補注, 楊明照校注拾遺, 上海, 古典文學出版社,
   1958, p. 34.[37] 大舜云 : '詩, 言志. 歌, 永言' 聖謨所析, 義已明矣. 是以,
   在心爲志, 發言爲詩.
8) 「明詩篇」, 上同. 詩者, 持也. 持人情性. 三百之蔽, 義歸無邪. 持之爲訓, 有
   符焉爾. : 〔'持之爲訓, 有符焉爾'에 관한 원서의 해석은 '만약 혹자가 이것
   을 훈계로 삼는다면 적합한 효과를 얻게 될 것이다(If one keeps this a
   motto, it will have its proper effect).'로 되어 있으나, 같은 저자의 『중국
   의 문학 이론』(拙譯本 참고)에서는 위와 같이 고쳐 썼으므로(The inter-
   pretation of "poetry" as "hold" finds here its corroboration), 후자를 따
   른다.〕

여기서 그는 시(詩)와 지(持)란 말을 쓰고, 시란 우리들로 하
여금 우리들의 본성과 정서를 표현케 한다는 것과 시가 평형된
상태(혹은 그 지적이 명확하지는 못하나마 아마 그들을 그들이
타고난 상태대로 보존하는) 속에 우리의 정서와 본성을 유지케
한다는 생각을 갖도록 애쓰고 있다. 그는 더 나아가 시에 있어서
'사무사(思無邪)'란 구절을 우리들의 도덕적 이상으로 우리들이
지키(持)게끔(아직도 이 말을 되뇌이고 있다!) 하는 말로써 이
문제를 혼란시키고 있다. 이런 방법으로 여기서 그는 좀 천진하
게 이 두 견해 사이에 타협이 나타나도록 바라고 있다. 그러나 그
는 이윽고 개성주의적 견해로 되돌아가고 있다.

　　　사람은 일곱 개의 정서로 태어난다. 그런데 그것은 외물
　　(外物)에 반응하여 움직인다. 외물에 의하여 움직이게 된다
　　는 것과 인간의 마음 속의 희망을 노래한다는 것은 아주 자
　　연스러운 것이다.[9]

지금 그는 교훈적 견해와 개성주의적 견해를 조화시키려는 노
력에 실패한 뒤에 완전히 한 바퀴 돌고 나서 그가 출발한 지점으
로 되돌아온 것같이 보인다. 비록 그는 그가 할 수 있는 최선의
것으로 교훈적 요소를 들여오는 것이 바람직한 것으로 생각했지
만, 『문심조룡(文心雕龍)』의 다른 편에서 그는 시에 있어서 순수
정서의 중요성을 강조하고, 아름다운 작품을 쓰고 있는 사람들을
비난하였기 때문에 마음 속에 있어서 그는 정말 개성주의적 견해
에 기울어지고 있음이 드러난다.

---

9) 「明詩篇」, 前同. 人稟七情, 應物斯感. 感物吟志, 莫非自然.

옛날, 『시경(詩經)』안에 있는 시를 지은 시인들은 정(情)에서 우러나와 글을 지었다. 그러나 부(賦)와 송(頌)을 지은 시인들은 글을 위해서 정을 조작해 냈다. 왜 그런가?『시경(詩經)』은 마음에 품은 뜻과 깊이 쌓인 슬픔이 우러나온 것이다. 그것은 그 통치자들에게 풍간(諷諫)하기 위해서 시인들의 정서와 본성을 표현하였다. 이것이 바로 '정 때문에 글을 짓는다'는 것이다. 한편 제자(諸子)의 무리들은 마음에 울적함도 없으면서 명성을 얻고, 찬사를 구하기 위하여 지나치게 그들의 재능을 과시하고, 그들의 글을 수식한다. 이것이 바로 '글을 위해서 정을 만들어 낸다'는 것이다. 그러므로 정에서 우러나와 쓴 글은 사람에게 긴요하면서도 절실하고, 쓰기 위해서 쓴 글은 수식에 치우치고 지나치다.[10]

이것은 비록 여기서 그가 도의적 요소를 끌어들이는 것이 필요하다는 것을 발견할지라도 어떻게 시인의 정서와 본성의 표현이 그 통치자에 대한 풍간이 될 것인가 함을 보이는 것은 어렵기 때문에 도의적 요소는 오히려 그의 모든 요소를 힘들게 만든다고 말할 수 있다.

다른 비평가들은 더욱 한쪽 편에 치우치고 있다. 그들은 극단적인 교훈주의자 편에 치우치든가 아니면 그 반대편에 섰다. 이 두 반대파 사이의 논쟁의 초점은, 내가 잠정적으로 heart's wishes로 해석한 志(志)자의 해석에 있다. 이 글자는 음부(音符)인 之(止 : 가다)와 의부(意符)인 心(心 : 心情 혹은 心意)으로 되어

10)「情采篇」, 前同 pp. 216 ～ 217. 昔詩人什篇, 爲情而造文. 辭人賦頌, 爲文而造情, 何以明其然? 蓋風雅之興, 志思蓄憤, 而吟詠情性, 以諫其上. 此爲情而造文也, 諸子之徒, 心非鬱陶, 苟馳夸飾, 鬻聲釣世, 此爲文而造情也. 故爲情者, 要約而寫眞. 爲文者, 淫麗而煩濫.

있다. 도덕가들에게 있어서 '心'은 심의(心意 : mind)를 뜻하며, '心之所之'는 의지(意志)·지향(志向) 혹은 그대로 이상(理想)을 뜻한다. 송대의 성리학자들은 '志'를 도덕적 이상과 일치시킨다〔38〕. 이래서 시는 사람의 도덕적 이상과 정신적 취향의 표현이 된다. 개성주의자들에게 '心'은 심정(heart)이요, '心之所之'는 정회(情懷)·정욕(情欲)·정서(情緖)와 비견될 것이다. 그래서 시는 마음의 표현이 된다. 이 두 상반되는 개념은 다음과 같은 공식 속에 요약될 것이다.

이 교훈적 개념은 다음과 같이 된다.

詩＝志의 표현

志＝心＋屮(가다)

心＝心意

∴志＝志向·意志·理想

詩＝志向·意志·理想의 表現

이 개성적 개념은 다음과 같이 된다.

詩＝志의 표현

志＝心＋屮(가다)

心＝心情

∴志＝情懷·情欲·情緖

詩＝情懷·情欲·情緖의 表現

이 두 모순된 개념 중에서 후자는 더욱 합당한 것같이 보인다. '志'란 말이 다른 문맥에서는 의지·야망·이상을 뜻한다는 것과 '心'이란 말이 가끔 심정(heart)보다는 오히려 심의를 뜻한다는 것은 사실이지만, '詩는 志를 나타낸다.'는 문구는 바로 '情이 안에서 움직일 때(情動於中)'란 말 바로 다음에 따르기 때문에 위에서 인용한 『시경(詩經)』「大序」가운데 문구에서 자하(子夏)는 ――누가 그것을 썼건 간에――심의나 이상이 아니라, 심정과 정서로 쓰고 있다는 것은 명백하다. 고대 성현이 한 말로 생각하기 때문에 버릴 수 없는 '시(詩)는 지(志)를 표현한다.'는 말을 놓고 시는 도의 교육에 관련되는 것이란 교리를 따르게 하기 위하여 지(志)의 뜻을 자유롭게 부회하는 도덕가들이 있을 수 있다.

도덕가들과 개성주의자들의 또 다른 점은 시와 사람의 정(情緖)과 성(本性)과의 관계에 있다. 도덕가들은 시라는 것이 인간의 성정(性情)과 관계된다고 생각하기는 하지만, 그것에 관한 시의 '공효(功効)'를 강조한다. 그렇게 함으로써 시란 인격에 대해 도덕적 영향력을 휘두를 수 있어야 한다는 교리를 그대로 유보할 수 있다. 한편 개성주의자들은 이렇게 표시되는 정서와 천성이 도덕적으로 고양되든 않든 간에 시에 있어서 정과 성의 표현을 중시한다.

개성주의자들 가운데 김성탄(金聖嘆 :?〜1661)과 원매(袁枚 : 1716〜1797)가 눈에 띈다. 시란 무엇인가라는 의문에 관하여 김성탄의 대답은 단순하다.

시란 별것이 아니다. 그것은 다만 마음 속에 맺히고 혀끝에 맴돌고 있는 것, 기어코 내뱉지 않고는 직성이 풀리지 않을 '한마디'일 뿐이다. 일생 동안 충분히 공부해 온 만권서(萬卷書)를 이용하는 학자들은 이러한 말들을 형식 속에 잘라 넣으며, 그것들을 우아하게 수식한다. 시가 형식과 우아함을 가진 것은 학자들만이 할 수 있는 수법으로 돌려야 할 만한 것으로 그들이 자랑하는 것이다.

그러나 그것의 본질은 단순히 모든 사람들의 마음 속에 맺히고 혀끝에 맴돌고 있는 것, 기어코 내뱉지 않고는 직성이 풀리지 않을 '한마디'일 뿐이지 학자들만의 특수한 재주로

돌려야 할 만한 것은 아니다.[11]

원매(袁枚)의 대답도 비슷하다.

> 시란 사람의 성(性)과 정(情)을 표현하는 것이다. 그것은
> (시의 소재로) 자기 자신을 나타내면 족하다. 만약 그 말들
> 이 마음을 움직이고, 그 빛이 그 눈을 사로잡고, 그 맛이 그
> 입을 즐겁게 하고, 그 소리가 그 귀를 즐겁게 한다면, 그것은
> 훌륭한 시이다.[12]

이 인용문들에서 비록 그 근본 외양은 같은 것일지라도 시에
관한 김성탄의 개념과 원매의 개념 사이에는 약간의 차이가 있
다. 첫째, 김성탄에게 있어서 시는 모든 인간이 향유하는 정의 표
현이나, 원매에게 있어서 그것은 시인의 전일(專一)한 개성의 표
현이다. 둘째, 전자는 정서를 시에 있어서 무상(無上)의 것으로
받아들이는 것으로 만족하였지만, 후자는 동시에 시에 있어서 미
학적이고 감각적인 점을 강조하였다. 그것은 원매가 성(性)·정
(情)에 부가하여 천성적인 감수성(感受性 : 性靈)이라고 부르짖는
것을 제창하는 이유이다.

원매는 '시인은 어린아이의 자연스런 감정을 유지하고 있으면

---

11)「與家伯長文昌」, 沈啓无編,『近代散文抄』, 香港天虹出版社, 1957, p.
    290. 詩非異物, 只是人人心頭舌尖所萬不獲已, 必欲脫出之一句話耳. 儒者
    則又特以生平爛讀之萬卷, 因而與之裁之成章, 潤之成文者也. 夫詩之有章
    有文也, 此固儒者所矜爲獨能也. 若其原本, 不過只是人人心頭舌尖萬不獲
    已, 而必欲出之一句說話, 則非儒者之所得矜爲獨能也.
12)『隨園詩話補遺』, 卷 1,『隨園三十六種』所收, p. 1a.〔39〕詩者人之性情
    也. 近取諸身而足矣. 其言動心, 其色奪目, 其味適口, 其音悅耳, 便是佳詩.

서 시인이란 동심을 잃지 않은 사람이다.'[13]라고 하여 성령이란
개념을 나타내고 있다. 그와 동시에 그 천성(天性)에 뿌리박힌 감
수성의 높은 수준을 유지해야 하는 것을 의미한다. 시인과 똑같이
강렬한 천부적 감정을 갖고 있는 다른 사람들 사이에 차이를 만
들어 주는 것은 시인의 감성(靈)이며, 한 시인과 다른 시인 사이
의 구분을 짓게 만드는 것은 그의 천성(性)의 일부를 형성하는 감
성의 일종이다. 여기 있어서, 원매는 김성탄보다는 더욱 뛰어난
식별력과 통찰력을 보인다. 김성탄은 다만 시작(詩作)에서 충격을
주는 것이 무엇인가를 인정할 뿐이나, 원매는 정서와 함께 개인적
감성이 필요하다는 것을 확인하였다.
  어떻게 시를 써야 하는가에 대하여 양 비평가는 기교, 교양, 혹
은 모방보다도 오히려 자발적인 감정에 의지할 것을 충고한다. 김
성탄은 다음과 같이 말한다.

  시에 있어서 자구(字句)의 수는 한정될 수 있을까? 시란
누구든지, 심지어는 부녀와 아이들까지도 아침이든 밤중이든
토로할 수 있는 마음의 절규이다. 여기 새로 태어난 어린애
가 있다고 치자. 그는 아직 눈을 돌리지도 못하고, 주먹을 펼
수도 없다. 그러나 그는 그의 팔을 펴고, 그의 다리를 틀면서
입으로는 소리를 낸다. 내가 그것을 조심스럽게 볼 때 나는
이것이 정말 시임을 발견한다.
  세상에 마음을 움직이지 않고 입으로 소리를 낼 사람은 없
을 것이며, 마음이 움직이는 데도 가만히 있을 사람도 없을
것이다. 마음이 움직여 입으로 나오는 것이 곧 시이다. 그렇
기 때문에 자하(子夏)는 '在心爲志, 發言爲詩'라고 하였다. 그

---

13) 前同書 卷 3, p. 4a.

런 까닭에 志라는 자는 之자와 心자로 되었으니, 마음이 이르는 바를 뜻하고, 詩라는 자는 言자와 之자로 되었으니, 말이 이르는 바를 뜻한다. 마음이 쏠리는 곳에 뜻이 이루어지고, 말이 있으면 시가 형성된다. 그런 까닭에 입에서부터 소리가 나오지 않고 시가 되는 법은 없다.

당인(唐人)들은 운율을 형성하고, 모든 사람이 5음절, 7음절씩 쓰도록 했다. 그러나 만약 매 구가 8행씩, 매 행이 5언, 7언씩으로만 되어야 한다면, 어떻게 그것이 시라고 불릴 수 있겠는가? 사실 나는 당대(唐代)의 율시도 세상 모든 사람들이 입에서 토하는 것 이상 다른 것이 아니란 사실을 안다. 나는 어떻게 이것을 아는가? 나는 그들의 시를 분석해 본 뒤에 이것을 알게 되었다.[14]

어떤 오해를 피하기 위해서, 김성탄이 논평하고 있는 그 모방자들같이 당(唐) 시인들이 그렇지 않았을 것이라는 점을 지적해야만 하겠다. 비록 그는 당대(唐代)의 시인들이 율시의 규칙을 만들어 낸 것을 비난하기는 하였지만, 그는 그들이 운율보다는 자연스런 정서를 표현하는 데 성공하였다고 보았다. 김성탄이 비

---

14)「與許靑嶼之漸」, 前揭書 p. 292. 詩如何可限字句? 詩者人之心頭忽然之一聲耳. 不問婦人孺子, 晨朝夜半, 莫不有動之. 今有新生之孩, 其目未之能眴也, 其拳未之能舒也, 而手支足屈 口中啞然, 弟熟視之, 此固詩也. 天下未有不動於心, 而其口有聲者也, 又旣有動於心, 而其口無聲者也. 動於心, 聲於口, 謂之詩. 故子夏曰,「在心爲志, 發言爲詩.」故志之爲字, 從之從心, 謂心之所之也. 詩之爲字, 從言從之, 謂言之所之也. 心之所之, 謂之志焉, 言之所之, 斯有詩焉. 故詩者, 未有多於口中之一聲之外者也. 唐之人撰律而勒令天下之人, 必就其五言八句, 或七言八句. 若果篇必八句, 句必五言七言, 斯豈又得稱詩乎哉? 弟固知唐律詩, 乃斷斷不出天下人人口中之一聲. 弟何以知之? 弟與之分解而後知之.

난한 것은 정서를 표현하려고 하지 않고, 다만 시작법에 있어서
당대 시인들을 모방하려고 하였던 사람들이다. 비슷하게 원매는
다음과 같이 말한다.

> 시란 사람의 천성과 정서를 표현하는 것이다. ……어떻게
> 1, 2운(韻)으로 제한을 받는다면 시가 될 수 있을 것인가?
> 당신이 천성과 정서를 갖고 있다면, 당신은 곧 격률(格律)
> 을 갖게 될 것이다. 격률이란 성정(性情) 밖에 있는 것이 아
> 니다.[15]

양 비평가는 다 시인 쪽에 있어서는 성실성을, 독자 쪽으로는
정서적 반향을 강조하고 있다. 김성탄은 다음과 같이 말한다.

> 시작(詩作)에 있어서 마음 속에 성실하게 느끼는 것이 무
> 엇인가, 마음 속으로 타인과 같이 느끼는 것이 무엇인가를
> 정확히 표현해야 한다. 시인의 필단(筆端)에 응하여 눈물을
> 흘릴 수 있는 것은 시가 마음 속에 성실하게 느끼는 것을 표
> 현하기 때문이고, 독자들을 표현에 따라 울릴 수 있는 것은
> 마음 속에 다른 사람과 함께 느낄 수 있는 것을 표현하기 때
> 문이다. 지금 만약 다만 (律詩 중) 4행만 쓴다면, 마음 속에
> 성실하게 느낄 수 있는 것, 혹은 마음 속에 다른 사람과 함
> 께 느낄 수 있는 것이 있을까? 만약 당 시인들이 그들의 시
> 에서 또한 넉 줄씩 쓰는 것이 고작이었다면, 우리들은 지금

---

15) 『隨園詩話補遺』卷 1, 前同 p. 2a. 詩寫性情……何得以一二韻約束爲
之? 有性情便有格律, 格律不在性情之外.

그것을 읽으면서 어떻게 눈물을 흘릴 수 있겠는가?[16]

이와 같이 원매도 정에 의하여 움직여지지 않고 쓸 때, 쓰기 위하여 시를 쓰는 것을 비난하였다.

　　나는 시가 나의 정을 표시하는 것이라는 주력원(周櫟園)의
시에 대한 지적을 가장 좋아한다. 그러므로 만약 내가 쓰고
싶어할 때는 쓰고, 그렇지 않으면 나는 쓰지 않는다. 나로 하
여금 꼭 시를 쓰게 강요하고 독촉할 사람은 아무도 없다.[17]

순수한 정서 없이 쓰는 것에 대한 그의 비난에 곁들여서, 원매
는 중국 시인들 가운데 흔히 범하는 고사(故事)의 과도한 사용을
특별히 싫어한다. 그는 제 4 장에서 이야기할 왕사진(王士禛)이
'정보다는 스타일의 정교함에 더욱 관심을 가진 것(主修飾不主性
情)'[18]을 비판하였다.

　　그가 가는 어디에서나 그는 시를 썼고, 모든 시에는 고사
(故事)가 있다. 이로 본다면, 그의 정서는 순수한 것이 아니

---

16) 「答沈匡來元鼎」, 前同書 p. 294.〔40〕作詩, 須說其心中之所誠然者, 須
　　說其心中之所同然者. 說心中之所誠然, 故能應筆滴淚. 說心中之所同然,
　　故能使讀我詩者, 應聲滴淚也. 今如作中四句詩, 此爲心中之所誠然者乎?
　　此爲心中之所同然者乎? 若唐律詩, 亦只作得中之四句, 則何故今日讀之,
　　猶能應聲滴淚乎?
17) 『隨園詩話』卷 3, 上同 p. 3b. 最愛周櫟園之論詩曰 : 詩以言我情也. 故
　　我欲爲則爲之, 我不欲爲則不爲. 原未嘗有人勉强之, 督責之而使之必爲詩
　　也.
18) 上同, 卷 3.

라는 것을 알 수 있다.[19]

한 번 더 그는 말한다.

　많은 고사를 알면서, 그것을 구사하지 않는 사람은 힘과
영향력을 갖고 있지만 그것을 쓰지 않는 사람과 같다.[20]

　이 인용문은 서구 독자들에게는 원칙적이거나 놀랄 만한 것으
로 들리지는 않을지 모르나, 그들의 역사적 문맥에서 본다면 그
들은 독립되고 용감스런 의견을 나타낸 것이다. 그들은 도덕적인
선전이나, 학문 연습의 형식이 아닌 자기 표현의 방식으로서 시
의 참신한 이해를 보여 준다.

---

19)『隨園詩話』卷 3, 前同 p. 6b. 觀其到一處必有詩, 詩中必有用典, 可
　　以想見其喜怒哀樂之不眞矣.
20)『隨園詩話』卷 1, p. 8b. 人有典而不用, 猶之有權勢而不逞也.

제 3 장   기교적 관점(시 ; 문학수련)

공자가 시를 다른 풀이와 함께 어휘와 변사(辯辭)에 도움이 되는 것으로 생각했다는 것은 주의할 만한 일이다(p. 123을 보라). 이것은 시란 주로 책상 위의 학문과 순전한 수사적 독창 재능──바꾸어 말하면 기교가 최상급에 속하는 문학 연습의 일종으로 생각된다는 견해의 근원으로 생각될 수도 있다. 시에 대한 이러한 견해는 언제나 명백히 공언한 것은 못 되었으나, 가끔 실제적으로 해석되기는 했다.

예를 들면 한대(漢代)의 길고도 현학적 설명문인 부(賦)는 일반적으로 어떤 정서나 도덕적 이상을 나타내기보다는 그들의 박학을 과시하는 데 더욱 열중하였고, 송대(宋代) 이래 많은 문인들은 심각한 도덕적 동기나 강렬한 정서적 격려에 자극받음이 없이 시를 써 왔다. 그들에게 있어서 고체(古體)로 시를 쓴다는 것은 영국 신사들에게 있어서 라틴어로 시를 쓰는 것이 교양의 표시와 같이 되었듯이, 하나의 우아한 소일거리도 되고 교양을 증명하는 방법도 되었다.

문인들은 정규적으로 모임을 갖고 주어진 제목을 가지고 시를 지으며, 같은 운율과 압운을 가지고 서로 화답한다. 이러한 연습이 자발적인 독창적 작품을 이끌어 내기는 어렵다는 것은 명백한 일이다. 이것이 바로 원매(袁枚)와 왕사진(王士禎)이 시에 화답하는 것을 반대한 이유이다. 그러나 그러한 연습은 오늘날 중국의 연로한 문인들 사이에서 아직도 사라지지 않고 있다.

시를 어떻게 쓰는가 하는 의문에 대하여 기교적 견해의 지지자들에게 어떠한 대답을 얻을 수 있을까 추측해 보는 일은 어렵지 않다. 그들은 상대 시인들을 모방하고 시작법의 기교를 체득할

것을 제창한다. 기교파들이 기교에 크게 몰두하는 것을 제쳐 둔
다면, 도덕파들도 또한 우리가 본 바와 같은 견해를 갖고 있으나
이 두 파 사이에는 또 다른 차이가 있다. 무엇보다도 도덕가들은
간결한 말의 한 모델로서 매우 고대의 시(漢과 上古의 작품)들을
추켜세우고 있으나 기교파들은 보통 후기의 시인들, 특히 당대
(唐代)의 시인들을 모방한다. 예를 들면 송대에 와서 여러 시파
가 형성되었는데 각자는 당대의 특수한 시인을 모방하는 작업에
진력하였다.

　향산파(香山派)는 백거이(白居易)를, 서곤파(西崑派)는 이상은
(李商隱)을, 만당파(晚唐派)는 가도(賈島)를, 창려파(昌黎派)는
한유(韓愈)를 모방했다〔41〕. 결과적으로 교훈적 교리의 추종자들
은 간결을 위주로 하였으나 기교파들은 가끔 매우 복잡하고 모호
한 체(體)를 좇았다.

　기교적 견해의 지지자들 중에도 전대 시인들의 모방과 시작법
의 기교 사이에는 강조의 차이가 있다. 혹자는 모방을 아주 중요
한 것으로 생각하나, 다른 사람들은 시작법의 기법에 더 많은 주
의를 기울인다. 송(宋)나라 때 시인 황정견(黃庭堅 : 1045~
1105)은 중요한 모방가에 속할 것이다. 그는 주로 도잠(陶潛)과
두보(杜甫) 두 시인을 모방했는데, 그는 솔직하게 모방의 필요성
을 인정하였다.

　　시상(詩想)은 무진한 것이나 사람의 재능은 한정되어 있
　　다. 한정된 재능으로 무진한 시상을 좇는다는 것은 도잠과
　　두보조차도 감당할 수 없는 일이다.[21]

---

21) 惠洪의 『冷齋夜話』〔叢書集成〕 p. 5에서 인용. 詩意無窮而人才有限, 以
　　有限之才, 追無窮之意, 雖陶淵明, 少陵, 不得工也.

그러므로 좀 낮은 재사(才士)들에게 모방이란 유일하게 할 수 있는 총명한 일이다. 황정견은 '환골(換骨)'과 '탈태(奪胎)'라는 두 가지 모방 방식을 발전시켰다. 전자는 다른 말을 씀으로써 생각을 모방하는 것을 뜻하고, 후자는 어떤 다소 다른 생각을 씀으로써 말을 모방하는 것을 뜻한다. 바꾸어 쓰면 전자는 옛날 술을 새 부대에 넣는 것이고, 후자는 새 술을 헌 부대에 넣는 것이다. 그래서 모방은 예술의 지위로까지 올려졌다. 그 원리는 옹호되기 어려우나 그 결과는 가끔 아주 놀라운 것으로 나타난다.

모방에 관하여 시형(詩形)과 시작법(詩作法)을 중요하게 끌어넣은 비평가는 명대(明代)의 이동양(李東陽 : 1447~1516)이다. 그는 다음과 같이 말한다.

> 시작(詩作)에 있어서 작자는 완전한 눈과 완전한 귀를 가져야 한다. 이 눈은 시형(詩形)에 관련되고, 이 귀는 소리에 관련된다.[22]

그에게 있어서 시형과 운율은 시에 있어서 존재 이유가 있는 것이다.

> 시를 산문과 구별토록 만드는 것은 그것이 조절된 소리를 갖고 있고, 낭송될 수 있다는 것이다.[23]

그는 매 시형을 다른 시형과 구별하는 것은 필요하다고 주장한다.

---

22) 『懷麓堂詩話』, 郭紹虞, 『中國文學批評史』 2 版, 下冊, 1948, p. 173에서 재인용[42]. 詩必有具眼, 亦必有具耳, 眼主格, 耳主聲.
23) 『懷麓堂集文稿五』, 『滄洲詩集』 序. 蓋其所謂有異於文者, 以其有聲律諷詠.

고시(古詩)와 율시(律詩)는 체(體)가 다르다. 각기 그것
이 격(格)에 맞는가 함을 고려하기 전에 그것 자체의 체로
써야 한다. 가끔 율시로도 고시의 필치를 쓸 수 있지만, 아무
도 고시에 율시의 가락을 넣으려는 생각은 할 수 없다.[24]

그리고 그는 두보와 같은 시인들에게 놀라는 것은 그들의 사상
이나 감정이 아니라, 그들의 음조(音調)와 휴지(休止)의 정교한
처리, 품사나 동사의 적절한 사용 때문이라고 생각한다. 이 점에
있어서는 그뿐만 아니라, 주춘(周春 : 1729~1815)이란 청대(淸
代) 학자는 『두시쌍성첩운보괄략(杜詩雙聲疊韻譜括略)』〔叢書集
成〕을 만드는 데 수년을 바쳤는데, 즐겨서 한 이런 일〔a labour
of love——『新約』에 나오는 말〕은, 대수롭지 않게 여기는 사람
들에게는 일 좋아한 짓(a love of labour)으로 밖에는 보이지 않
을 것이고, 이런 일은 셰익스피어의 무운시(無韻詩 : blank vers-
es)에서 '여성 종지(女性終止 : feminine ending)'의 숫자를 계산
한 어떤 서방 학자의 수고를 생각나게도 한다〔43〕.
한편 이동양(李東陽)은 기교파의 다른 비평가들과는 구별되는
입장을 취하고 있다. 그는 모방을 반대한다. 그에 따르면 시인은
넓게 읽고, 그의 지식을 조화되고 절주(節奏) 있는 말이 되게 해
야 한다. 만약 그렇게 되면 시는 낭송되고, 가창될 수 있으며, 당
대인에게도 영합되고, 후세인에게도 기억될 것이다〔44〕. 시가 운
율적인 한은 어떤 특정한 시파나 시기를 모방할 필요는 없다. 다
른 말로 하면 시는 다름 아닌 음악적인 언어로 쓰인 지식일 뿐이
다.

---

24) 前同, 郭紹虞, 『中國文學批評史』 下册, p. 175. 古詩與律不同體, 必各用
　　其體, 乃爲合格. 然律猶可間出古意, 古不可涉律調.

이 대부분의 기교파 비평가들에게 있어서 모방이란 기술상 완정한 결작에 도달하는 한 방법으로 생각되기 때문에 매우 중요한 것이다. 명대의 또 다른 비평가로 비슷한 이름을 가진 이몽양(李夢陽 : 1472~1528)은 다음과 같이 말한다.

> 시를 쓰는 데 있어서는 두보를 본받아야 한다. 그의 시는 컴퍼스를 들일 필요없는 완전한 원과 같고, 자를 들일 필요 없는 완전한 사방형(四方形)과 같다.[25]

그것은 두보가 그의 시에서 그렇게 완정하게 운율을 완전히 동화시켰기 때문이며, 그를 본받는다면 작시법의 모든 규칙을 실제로 배울 수 있다. 이러한 것이 이몽양의 말의 함의(含意)일 것이다. 그는 다른 곳에 비슷한 생각을 되풀이했다.

> 마치 네모와 원을 목수의 컴퍼스와 곡자로 그린 듯이 글은 방법과 규칙을 가지고 있어야 한다. 그래야만 음악의 규칙에도 들어맞을 수 있고 조화될 수도 있다. 고인(古人)들은 규칙을 사용했는데, 그것은 그들에 의하여 발견된 것이 아니라, 정말 자연에 의하여 창조된 것이다. 지금 우리들이 고인들을 모방할 때, 우리들은 그들을 모방하는 것이 아니라 사실은 사물의 자연법칙을 모방하는 것이다.[26]

---

25)『空同集』卷 61, pp. 11b~12a.『中國文學批評史』下册, p. 186.〔45〕作詩心須學杜, 詩至杜子美, 如至圓不能加規, 至方不能加矩矣.

26)『空同集』卷 61, pp. 11b~12a.『中國文學批評史』下册, p. 187에서 재인용. 文必有法式, 然後中諸音度, 如方圓之於規矩. 古人用之, 非自作之, 實天生之也. 今人法式古人, 非法式古人也, 實物之自則也.

이것은 모방에 대한 교묘하고 그럴듯한 변명이 될 것이다. 왜
냐하면 그것은 모방과 운율을 일치시키고 있기 때문이다. 그런데
이 운율은 바꾸어 말하면 리듬과 유포니의 자연법칙과 일치한다
는 것이다.

이러한 생각은 『시법론(詩法論)』의 저자인 후대의 비평가 옹방
강(翁方綱 : 1733~1818)의 호응을 받았다.

> 시법(詩法)의 근본 원칙들은 스스로 생각난 것이 아니다.
> 그것들은 바다로 흘러가는 강물과 같기 때문에, 우리는 그
> 근원을 고인(古人)에게로 거슬러 올라가야 한다. 구조적 법
> 칙들에 관한 주요 견해들에서부터 낱말의 문법적 성질, 한
> 음절의 성조, 연속, 변화와 발전점 따위 세목에 이르기까지
> 시작(詩作) 방법상 무수히 복잡한 용법——이 모든 것은 고
> 대인들로부터 배워야 한다. 그렇기 때문에 모든 것은 법칙에
> 따르고 음악의 법칙과 공명을 이룰 수 있고, 가장 경미한 것
> 에까지도 자기 마음대로 되지 않는다는 것을 알 수 있다.[27]

이러한 완고한 태도는 그의 논문 「신운론(神韻論)」에도 보이는
데, 거기서 그는 다음 장에서 우리들이 논의할 왕사진(王士禛)에
의해서 발전된 설인 '신운(神韻)'에 대한 해독제로서 '기리설(肌
理說)'[46]을 발전시켰다. 옹방강은 다른 비평가들이 '신운'이라
일컫는 것이 시에 있어 실제로는 '기리(肌理)'이며, 무엇보다도

---

27) 『復初齋文集』 卷 8, p.1a~b. 『中國文學批評史』 下册, p. 633에서 재
인용. 夫惟法之立本者, 不自我始之, 則先河後海, 或原或委, 必求諸古人
也. 夫惟法之盡變者, 大而始終條理, 細而一字之虛實單雙, 一音之低吊尺
黍, 其前後接筍乘乘承轉換開合正變, 必求諸古人也, 乃知其悉準諸繩墨規矩,
悉校諸六律五聲, 而我不得絲毫以己意與焉.

말의 결(짜임새) 속에서 시적 우수성을 찾아보아야 할 것이라고
주장한다.

> 만약 그것을 기리(肌理) 속에서 추구할 줄 안다면, 언제나
> 그 규칙과 표준을 정확히 따르지 못함을 겁낼 것은 없다. 그
> 런데 왜 사람들은 하필 '신운(神韻)'에 대해서만 말해야 하
> 는가?[28]

이것은 기교파의 견해를 그 논리적 결론으로 이끌었기 때문이
라고 생각된다.

---

28) 前同, 卷 8 p. 9a∼b.「神韻論」下篇,『中國文學批評史』下册 p. 629
    에서 재인용. 知於肌理求之, 則刻刻惟規矩縠率之弗若是懼, 又奚必其言
    神韻哉?

제4장 직관적 관점(시 ; 관조)

송대 이래 시에 관해서 앞 장에서 언급한 견해들과는 다른 비평가들이 간혹 소수이긴 하지만, 중국시 비평에 있어서 뜻깊은 공헌을 하였다. 그들의 시에 대한 개념을 현대 용어로 말한다면, 시란 시인의 세계관의 구체화, 달리 말해서 시인의 의식을 통해 반영된 세계의 구체화라고 할 것이다. 이 비평파는 선(禪)──서구인들에게는 일본어 Zen으로 알려진──의 영향 밑에서 일어난 것이며, 그것에 대한 첫 주요 발언자는 13세기의 엄우(嚴羽)였다. 비록 그보다 앞서 다른 비평가들도 가끔 선이란 용어를 시에 적용하기는 했지만, 엄우가 선이란 용어를 시에 확실하게 적용한 처음 사람이 될 것이며, 후세 비평가들에게 가장 큰 영향을 준 사람의 하나가 될 것이다. 그러므로 시에 대한 엄우의 생각을 간략하게 설명함으로써 이야기를 시작하는 것이 좋겠다.

그의 견해로는 시인은 좌선하는 사람과 같이 마음의 고요한 명상을 얻도록 추구해야만 한다. 여기에 도달할 때, 사람은 시 속에서 인생과 자연의 정신(精神)을 포착할 희망을 얻을 수 있다.

엄우는 다음과 같이 말한다.

> 시의 최고 경지는 한 가지, 즉 '입신(入神)한다'는 데 있다. 만약 시가 이렇게 하는 데 성공한다면 그 정점에 도달할 것이며, 더할 나위가 없을 것이다.[29]

그가 '입신한다'고 한 말이 무엇을 뜻하는가? 내가 생각하기에

---

29) 『滄浪詩話』, 胡鑑注, 卷 1, p. 6a.〔47〕詩之極致有一曰入神. 詩而入神, 至矣盡矣, 蔑以加矣!

는 시에서 상상적으로 사물의 생명을 파고들며 그 정수와 그 정신을 구체화하는 것이라고 나는 생각한다. 바꾸어 말하면 시인은 그 자신의 개성을 주장하는 것이 아니라 그의 명상의 객체와 그 자신을 동일화할 수 있도록 '소극적 능력'[Negative Capability : 키츠의 말을 차용][48]을 떠맡아야 한다. 이것은 엄우가 시라는 것이 정서에 관련된 것이란 점을 인정하기는 하지만, 정서가 과도하게 노출되는 것을 막기 위해서이다.

　　그들(근대 시인들) 중 졸렬한 자들은 오직 아우성치고 으르렁거릴 뿐이며, 그것은(『시경』에 보이는 바와 같은) 아량 (雅量)의 원칙에 어긋나고 있다. 이러한 사람들은 시로 욕지거리를 하고 있다. 시가 이러한 상태로 타락할 때 이것은 정말 일종의 재난이라 할 수 있다.[30]

　그에게 있어서 이상적 시란 세계의 반영(反影)──형상(形象)──을 이루는 것이며 개인적인 정서와 의식적 예술품의 흔적을 떠나 자연을 모방하는 것이다. 그것은 공중의 메아리(空中之音), 물 속에 비친 달(水中之月), 혹은 거울에 비친 영상(鏡中之像)과 같아야 한다. 그래서 원래 불교도들에게 만물의 허망한 본질을 반영시키기 위하여 사용된 이러한 상징들은 그에게 있어서는 성질상 포착하기 어렵고, 정의하기 힘든 종류의 시의 설명이 되었다.

　교훈주의자들과는 정반대로, 엄우는 다음과 같이 주장한다.

---

30)『滄浪詩話』, 前出 p. 6b. 其末流甚者, 叫操怒張, 殊乖忠厚之風, 殆以罵詈爲詩. 詩而至此, 可謂一厄也.

시는 책과는 관련이 없는 별종의 재능을 내포하고 있다. 그것은 원리와도 관련없는 별종의 의미를 갖고 있다.[31]

그러므로 그는 시에 있어서 현학(衒學)과 모방을 비난한다.

근래 학자들은 기이하게 생각하며 시에 문자를 늘어놓고, 시에 학식을 늘어놓으며 시에 의논(議論)을 편다. 그들의 작품들이 정교하지 못한가? 그렇지는 않다. 고인(古人)들의 시와는 달라 독자들로 하여금 일창삼탄(一唱三嘆)케 할 수 있는 점이 결여되어 있다. 더구나 그들의 작품에는 영감(靈感)은 중시하지 않고 늘 고사(故事)를 사용해야만 한다. 그들이 쓰는 모든 말은 누구에게서 유래를 찾아야 하고, 그들이 쓰는 모든 운은 어느 선용자(先用者)가 있어야 한다. 우리가 그것을 처음부터 끝까지 반복해서 읽을 때 우리는 그들이 무엇을 목적으로 하는지 알 수 없다.[32]

위에 인용한 말들로 보아 엄우는 시를 도의적 교훈이나 문학적 연습이나, 더구나 자기 표현의 방법으로 생각한 것이 아니라 시인의 세계관의 구체화, 혹은 그것을 거꾸로 표현하면 시인의 의식을 통해 반영된 세계의 구체화로 생각하고 있다.

엄우의 영향을 받은 후세의 비평가로 나는 똑같은 성을 가진 왕부지(王夫之 : 1619~1692), 왕사진(王士禛 : 1634~1711), 왕

---

31)『滄浪詩話』, 前出 p. 6a. 夫詩有別材, 非關書也. 詩有別趣, 非關理也.

32) 上同. 近代諸公乃作奇特解會, 遂以文字爲詩, 以才學爲詩, 以議論爲詩. 夫豈不工, 終非古人之詩也, 蓋於一唱三歎之音, 有所歉焉. 且其作多務故事, 不問興致, 用字必有來歷, 押韻必有出處, 讀之反復終篇, 不知着到何處.

국유(王國維 : 1877~1927)를 들겠다. 이 세 사람 모두 시는 정
서(情緒 : 情)의 표현일 뿐만 아니라, 외경(外景 : 景)의 반영이란
데에 동의한다. 시 가운데 가장 좋은 것은 정(情)과 경(景)을 융
합한 효과를 나타내는 것이다.

왕부지에 의하면,

> 정(情)과 경(景)은 이름은 둘이지만, 실제로 그것은 분리
> 될 수 없다. 시를 묘하게 지을 수 있는 사람들은 양자를 자
> 연스럽게 결합시킬 수 있어 가장자리를 남기지 않는다. 정교
> 한 시는 정(情) 가운데 경(景)을 나타내고, 경 가운데 정을
> 나타낼 수 있다.[33]

라고 하고, 그는 더 나아가 다음과 같이 말한다.

> 정(情)과 경(景)이 비록 한 가지는 마음에 있고, 한 가지
> 는 사물에 있다는 차이가 있기는 하나, 실제로 그것들은 서
> 로 생겨나는 것이다.[34]

더 나아가 시에서 정서(情緒)와 외경(外景)을 일체화시키는 것
만으로는 부족하고, 시인은 또한 사물의 정신까지도 파악해야 한
다.

> 만약 누가 정(情)을 품고 그것을 전달할 수 있다면 누가

---

33) 「夕堂永日緒論」, p. 4b. 『王船山遺書』 所載〔49〕. 情景名爲二, 而實不可
　　離, 神於詩者, 妙合無垠, 巧者則有情中景, 景中情.
34) 「詩繹」, p. 5b. 『王船山遺書』 所載〔50〕. 情・景雖有在心・在物之分, 而
　　景生情, 情生景.

경(景)을 흔상(欣賞)하고, 마음이 움직인다면 누가 사물의 본성을 이해하고, 그 정신을 체득할 수 있다면 그는 자연스럽게 고무되고 생동하는 구절을 발견하게 될 것이며, 조작이 가해진 흔적을 찾을 수 없는 자연스러운 묘경(妙境)에 이를 것이다.[35]

신기(神氣 : 神)란 생각에 왕사진은 운(韻)을 덧붙였다. 그는 가끔 그것들을 함께 언급하는데, 이 두 마디는 정신적 조화라는 한 가지 뜻으로 취해진다. 그러나 나는 그것을 두 가지 것으로 생각한다. '신(神)'이란 사물의 정기를 뜻하고, '운(韻)'이란 시에 있어서 개인적 문체, 관용어, 운취(韻趣) 등으로 추측된다. 왕사진이 어떻게 이 두 마디를 이해했던가 하는 것은 다음 사실에서 볼 수 있다. 그의 『대경당시화(帶經堂詩話)』라는 시론집에는 우리가 앞서 본 엄우가 처음 사용한 '입신(入神)'이라는 제목이 붙은 1편(一篇)이 있다. 그런데 이 1편 속에 적힌 모든 말들은 '경(景)'에 관한 서술이다. 그래서 왕사진이 말한 '신(神)'이란 외부 사물의 정수를 포착하는 것을 뜻한다.

'운(韻)'에 대해서는 그가 송대의 시인이며 사가(詞家)이며 비평가인 강기(姜夔 : 1163?～1203?)가 한 말을 시인하면서 인용한 것을 보아, 우리는 그가 이 말을 시에 있어서 개인적 운취를 뜻하는 것으로 썼음을 알 수 있다.

　　음악의 24조의 각 음이 음악의 성격을 결정하는 그 자체의 음조를 가진 것같이 각 대가(大家)의 시는 그 자신의 운

---

35)「夕堂永日緒論」, 前出 p. 9a.〔51〕舍情而能達, 會景而生心, 體物而得神, 則自有靈通之句, 參化工之妙.

취를 갖고 있다. 모방자들은 비록 그들의 말이 대가(大家)의
것을 닮았을지라도 그 음조는 잃고 있다.[36)]

우리들은 더 나아가 다음 말들에서 왕사진이 시의 개별적 특성
의 중요성을 약간 강조하고 있음을 볼 수 있다.

> 도잠(陶潛)·사영운(謝靈運)·왕유(王維)·두보(杜甫)·위응
> 물(韋應物) 같은 옛날 시인들은 모두 후세에 시를 남겼다.
> 지금 우리들이 그들의 시를 그들의 생애와 비교할 때, 각자
> 의 시는 그들 자신과 똑같았음을 안다.[37)]

여기서 그는 개성주의자들과 조금 가까운 듯이 보이나, 그의
시에 대한 모든 접근은 전혀 다르다. 그는 원매와 같이 개성이나
사사(私私)의 감정을 표현하기보다는 오히려 개인적 격조——문
학적 개성(literary persona)에 도달하는 데 흥미를 가졌다. 우리
가 기억해야 할 일은 원매가 왕사진을 순수한 정서가 결여되었다
고 평한 점이다(p. 138 참조). 왕사진은 기본적으로 정서를 표현
하는 일에 능한했다고 말하는 것은 매우 진실한 말일 것이다. 그
의 이상은 개인적 감수성을 통해서 증류될 수 있도록 시 속에 생
활의 정신(神)이 구체화되어야 하며, 그래야만 그 시는 개성적
운취(韻趣 : 韻)를 띨 것이다.

---

36) 『漁洋詩話』卷 1, 上海影印本, 1928, p. 8b에 인용된 「白石道人詩說」
〔52〕. 一家之言, 自有一家風味, 如樂之二十四調, 各有韻聲, 乃是歸宿處.
撫仿者, 語雖似之, 韻則亡矣.
37) 『蠶尾文』卷 1, p. 13b. 『帶經堂集』所載, 如陶靖節·謝康樂·王右
丞·杜工部·韋蘇州之屬, 其詩具在. 嘗試以平生出處考之, 莫不名肖其
爲人.

‘정경(情景)’과 ‘신운(神韻)’이란 개념들로부터 왕국유는 시에
경계설(境界說)을 이끌어 내었다. 내가 ‘world’란 말로 번역한
‘경계’란 말은 불가(佛家)들의 용어로 ‘우주(sphere)’ 혹은 ‘정신
계(spiritual domain)’를 뜻하는 범어 ‘visaya’의 번역어이다.

왕국유가 이 말을 시에 적용한 최초의 사람은 아니나, 그는 그
것을 체계적으로 사용하고, 정의(定義) 같은 것을 내려 본 첫번
째 사람이었다.

> 경계(境界)는 경(境)과 물(物)에만 관계되는 것이 아니
> 라, 희 · 노 · 애 · 락 또한 사람의 마음 속의 한 경계를 형성
> 한다. 그러므로 진정한 경물(景物)과 진정한 감정을 적어 낼
> 수 있는 시는 ‘경계를 가졌다’고 말할 수 있고, 그렇지 못하
> 면 그것은 ‘경계를 갖지 못했다’고 할 것이다.[38]

이 ‘경계’란 분명히 정(情)과 경(景)의 융합이며, 이 개념은 지
금 새로운 용어를 쓰기는 했으나, 분명히 왕부지의 ‘정경(情景)’
에서 나온 것이다. 왕국유는 시에서 다만 ‘경계를 서술’하는 사람
과 ‘경계를 창조’하는 사람들을 구분하였다.

> 경계(境界)를 창조하는 시인들이 있는 한편 경계를 서술하
> 는 시인들이 있다. 여기에 이상주의와 현실주의 사이의 구분
> 이 생긴다. 그러나 한 위대한 시인에 의하여 창조된 세계란
> 언제나 자연과 조화되며, 그에 의하여 서술된 시들은 언제나

---

38) 『校注人間詞話』, 徐調孚校注, 北京中華書局, 1955, p. 3. 境非獨謂景物
也, 喜怒哀樂亦人心中之一境界. 故能寫眞景物眞感情者, 謂之有境界, 否
則謂之無境界.

이상에 접근하기 때문에 이 양자는 분리하기 힘들다.[39]

이 구분은 다음 제3편에서 논의할 예정이다. 그 동안 우리는 어떻게 시를 써야만 하는가 하는 의문으로 우리의 주의를 돌릴 수 있다.

이 의문에 대하여 엄우(嚴羽)는 영감과 직관적 이해(妙悟)에 의존해야 한다고 대답할 것이다. 그는 말하기를 당대(唐代) 주요 시인들의 위대성은 다만 인공의 흔적이 보이지 않는 그들의 흥취에 있다고 한다. 그는 더 나아가 말한다.

　　일반적으로 말해서 선도(禪道)는 묘오(妙悟)에 있다고 하는데 시도(詩道) 또한 같다. 예를 들면 맹호연(孟浩然)의 학식은 한유(韓愈)보다 훨씬 못하나, 그의 시는 한유보다 낫다. 이것은 그의 묘오에 대한 완전한 의존에 기인한다. 오직 묘오에 통해야만 자기의 진정한 자신이 있을 수 있고, 자기의 본색을 나타낼 수 있다. [40]

이러한 견해는 세 왕씨(王氏)에게도 계속되었는데, 이들은 또한 직관을 강조하고, 모방과 현학을 비난했다. 이미 본 바와 같이 왕부지(王夫之)는 시인이 사물의 정신을 포착할 수 있는 한, 그는 자연히 홍겹고 생동하는 시구를 찾게 될 것이라 주장하였다.

---

39) 『校注人間詞話』, 前出 p. 1. 有造境, 有寫境, 此理想與寫實二派之所由分. 然二者頗難分別. 因大詩人所造之境必合乎自然, 所寫之境亦必一鄰於理想故也.

40) 『滄浪詩話』 卷 1, 前出, p. 1a~b. 大抵禪道惟在妙悟, 詩道亦在妙悟. 且孟襄陽學力, 下韓退之遠甚, 而其詩獨出退之之上者, 一味妙悟而已. 惟妙悟乃爲當行, 乃爲本色.

그는 계속 다음과 같이 말한다.

　　한편 만약 혹자가 시구에서 다만 기교만 추구한다면, 그의
　　성정(性情)은 먼저 타락하기 시작할 것이며, 그의 시에는 생
　　명이 없어질 것이다.[41]

비슷하게 왕사진(王士禎)도 선가(禪家)에서 빌려온 또 다른 용
어 '돈오(頓悟)'라고 부르는 영감의 중요성을 강조하였다. 그에게
있어서 시라는 예술은 말로서는 전달되지 않고 묘오의 섬광 속에
서만 터득될 수 있는 비법이다. 시작과 다른 훈련 방식에 관한 다
음과 같은 고사를 적으면서, 그는 다음과 같이 말한다.

　　월나라 처녀가 구천(句踐)과 더불어 검술을 논할 때 말하
　　기를 '저는 그것을 누구에게서도 받지 않았습니다. 다만 제
　　자신이 홀연히 그것을 얻게 되었습니다.'하였다. 사마상여
　　(司馬相如)가 부작법(賦作法)에 관해서 물음을 받았을 때 대
　　답하기를 '부가(賦家)의 마음은 자기 마음 속에서 이룩되는
　　것이지, 말로 전달되는 것은 아니다.'하였다. 운문선사(雲門
　　禪師)는 그의 제자에게 말하기를 '너희들은 너희들 자신의
　　말을 기억하려 하지 않고 내 말을 기억하려 하는구나! 너희
　　들은 장차 나를 팔 작정이냐?'하였다. 이러한 말들은 모두
　　시인들이 재삼 음미할 만한 것이다.[42]

---

41) 王夫之, 前揭書『中國文學批評史』下冊, p. 538에서 재인용[53]. 若但於
　　句求巧, 則性情先爲外蕩, 生意索然矣.
42) 上同 p. 9b～9. 10a 또는『漁洋詩話』, 前出 卷 1, p. 8b. 越處女之與句
　　踐論劍術曰 :「妾非受於人也, 而忽自有之.」 司馬相如之答盛覽曰 :「賦家之
　　心, 得之於內, 不可得而傳.」 雲門禪師曰 :「汝等不記己語, 反記吾語, 異日⇒

이 구절의 함축을 구명하기는 어렵지 않다. 즉, 시작(詩作)은 단순한 연구만으로 터득할 수 있는 것은 아니라는 점과, 영감은 계기가 성숙되었을 때 얻게 된다는 것과, 단순한 모방은 소용이 없다는 것을 뜻한다.

그러나 왕사진(王士禎)과 이 파의 다른 비평가들은 이런 공부를 반대하는 것은 아니다. 그들이 권장하는 것은 시인은 자기의 학문을 완전히 동화할 것이며, 시에 있어서 그것을 뒤쫓는 흔적을 남겨서는 안 된다는 것이다. 그것은 엄우 자신이 '시라는 것은 책과 관련이 있는 것은 아니다.'라고 말해 놓고도, 덧붙이기를 '그러나 넓게 읽지 않으면 최상의 경지에 도달할 수 없다.'고 한 것을 보아도 알 수 있다.

그것은 또한 왕사진도 일반적으로 현학(衒學)을 반대하기는 하면서도 그 핵심이 불명확해지지 않는 한, 고사(故事)를 쓰는 것을 반대하지 않았다는 것을 보아도 알 수 있다. 우리가 본 바와 같이 원매(袁枚)는 왕사진이 고사를 너무 많이 쓰는 것을 반대하였으나, 왕씨의 이론과 실제 사이에는 정말 모순은 존재하지 않는다.

무엇보다도 개오(開悟)에 이르는 두 가지 방법 '돈오(頓悟)'와 '점수(漸修)'는 우리가 우리의 마음을 닦아 나가지 않고는 설령 그 계기가 온다고 하더라도 돈오할 준비가 되어 있지 못할 것이기 때문에 상호 예외적이라기보다는 오히려 상호 보완적이라 하겠다. 이것을 시에 적용시키더라도 사실은 같아진다.

무엇보다 읽고 쓰는 것을 배우지도 않고서, 훌륭한 시를 쓸 것을 기대할 수는 없다. 직관주의자들이 반대하는 것은 이러한 학

⇨ 稗販吾耶?」此數語皆爲詩家三昧者也.

식이 아니라 설익은 지식과 현학을 늘어놓고서 시라고 하는 것이
다. 그러므로 왕사진은 같은 운자(韻字)를 놓고 차운(次韻)하는
연습을 반대하였고, 비슷한 이유로 왕국유(王國維)는 도화(桃花)
대신 홍우(紅雨)와 같은 진부한 은유를 쓰는 것을 권장한 비평가
를 조롱하였다.[43]

　직관주의자들이 제기한 또 하나의 견해는 시는 직접 진술이나
기술이라기보다는 오히려 암시에 의하여 그 효과를 나타내도록
해야 한다는 것이다. 엄우는 말하기를 '원리에 얽매이지도 않고,
말의 그물에 빠지지도 않은 시가 최고이다(所謂不涉理路, 不落言
筌者, 上也──『滄浪詩話』「詩辯」)', 훌륭한 시란 '말은 끝나지
만 뜻은 끝이 없는 것(言有盡而意無窮──上同)'이라고 하였다.
그것은 시인은 크게 많은 현실적 사항들을 쌓아올리지 않더라도
일필로써 사물의 정신을 포착할 수 있도록 되어야 한다는 말이
다. 과도한 사실(寫實)을 싫어한 한 예로서 우리는 왕사진(王士
禛)이 어떤 당대(唐代) 시인들은 그들의 시 가운데 실지로 수마
일이나 밖에 떨어져 있는 강과 산을 하나로 합하여 등장시키기도
했으나, 이러한 것을 놓고 노리는 것은 실제 그 사실이 아니다.
그 순간의 영감이었다고 주장하는 점에 주목하여야 한다. [44]

　요약해서 말하면 직관파의 비평가들은 시에 대하여 공통되는
기본 개념을 갖고 있다. 그들이 그것을 '신운(神韻)'이라고 하든,
'정경(情景)'이라고 하든, '경계(境界)'라고 하든 그들은 시의 정
수는 감정의 내면 세계의 묵시인 동시에 시인의 마음을 통해서
반영된 외부 세계의 구체화에 있음에 동의하였다. 그들은 모두

---

43) 『校注人間詞話』, 前出 p. 21.〔54〕
44) 『池北偶談』, 上海, 商務印書館 p. 209. 또는 『帶經堂詩話』 卷 3, p. 26.
　　〔55〕

현학 모방과 기교에 사로잡히는 것을 비난하고 직관과 영감의 중
요성을 강조하였다. 어떤 면에 있어서 그들은 개성주의자들과도
일맥이 통하나, 그들의 기본 태도는 시인 자신의 개성을 표현하
는 데 만족하는 것이 아니라 세계에 대한 통찰을 부각하는 것을
추구하는 데 있다.

제 3 편
종합적 논의

제 1 장 세계와 언어의 탐색으로서의 시

전편에서 여러 중국 비평가들의 견해들을 설명하면서, 내 마음이 끌리는 곳과 공감이 가는 곳을 여기저기 어쩔 수 없이 노출시키기는 하였지만, 대체로 비판적인 논평을 가하는 것을 억제하였다. 지금은 비판적 입장에서 이러한 견해들을 고려하고, 나 자신의 부가적(附加的) 견해와 수정을 곁들여 가면서 그것들 가운데 결론을 이끌어 내는 것이 가능한가를 살펴볼 차례이다. 이렇게하는 데 아마 비평의 비평을 포함하여 모든 비평 분야에 있어, 비평가는 최후의 분석에서 주관적이지 않을 수 없으므로, 남의 비평을 비판하는 데 자기 자신의 어떤 확신과 관점을 개입시키지않을 수 없기 때문에 나는 사실 또한 비평가로서 나 자신의 입장을 밝혀야 하겠다.

그러나 독자가 그가 읽고 있는 비평가는 어디에 서 있는가, 또한 그 자신이 어디에 서 있는가를 알고 있는 한, 두 마음 사이의 상통(相通)은 이루어지고 그것은 결실을 맺을 수 있기 때문에 그가 동의하는가, 않는가는 큰 문제가 될 수 없다.

각 파의 중국 비평가들을 이야기할 때 밝혀 두어야 할 점은 서양 비평가들과 쉽사리 연관을 짓는다든가, 중국 비평가들에게 서양식 학파의 이름을 붙이려는 유혹을 물리쳐 왔다는 것이다. 내가 앞서 논의한 네 학파에 대해서 대개 '고전주의자(Classicists)·낭만주의자(Romanticists)·형식주의자(Formalists)·상징주의자(Symbolists)' 따위로 이름을 붙여 주기는 쉬우나, 그렇게 하는 것은 실수를 범하기가 쉽다.

첫째, 이 말 가운데 어떤 것은 보통 용법에 있어서 막연하기 짝이 없어서 필자에 따라서 함축과 연상이 다르고, 좋아하기도 하고 싫어하기도 한다. 정말 역사적 문맥에서 제한할 때는 그래도 이 말들은 어떤 한정된 뜻을 띨 수 있으나, 만약 우리가 그것을 중국 비평가들에게 적용한다면, 이 말들은 관련된 의미들을 모두 잃게 될 것이다.

둘째, 비록 내가 논의한 중국 비평가들이 어떤 서구 비평가들과 약간 가까운 점이 보인다 하더라도 그들은 또한 매우 다르다. 예를 들면 개성주의자들은 자기 표현을 강조하는 점에 있어서는 서구 낭만주의자들과 유사하나, 가끔 후자들이 전념한 정치적·도덕적 이상에 대한 접근은 보이지 않는다. 또 직관주의자들은 외부 세계와 내부 세계의 장벽을 허물어뜨리려는 시도에 있어서는 상징주의자들과 약간 접근되는 듯하나, 후자의 조사(措辭)의 기교와 청각적 효과에 대한 몰두는 그들을 중국 기교주의자들에 더 가깝게 한다. 그러므로 어떤 서구 용어를 구사하지 않고 도학파·개성파·기교파·직관파와 같은 유별난 명칭을 붙이는 것으로 만족하는 것이 더욱 안전하다. 비록 이들 중 어떤 것은 막연하고 다루는 데 어렵기는 하다.

지금부터 각 파를 차례로 생각해 보자.

① **도학파** : 서구에서 그들의 상대는 플라톤(Platon)에서〔56〕

오늘에 이르기까지 찾아내기 어렵지 않은데——시를 짓는 동기를 만들어 줄 수도 있고 시적 효과를 나타내게 할 수 있는 가능성이 있는 것과, 시 그 자체를 혼동하는 근본적인 착오를 범하고 있다. 도덕적・정치적・사회적 동기 때문에 혹자는 시를 쓰기도 하지만, 이러한 것만이 시인을 만드는 동기가 되는 것은 아니다. 사람들이 쓰고 싶은 것이 무엇이든 간에——그것이 도덕적 이상이든 사회적 만족이든 혹은 정치적 견해이든——말로써 그것을 써야만 하고 만약 말을 시적 형식 속에 담는 법을 체득치 못한다면 그 나머지는 아무 쓸모가 없다. 더구나 그의 동기가 무엇이든 시를 쓴다는 행위는 도덕적・정치적・사회적 행위가 아니라, 시인의 정서적・지적 역량을 포함한 개인적 창조 활동이다. 그러므로 시를 비문학적 기반에서 평한다는 것은 모순이다.

  비슷하게 시는 인간의 도덕 혹은 정치적 견해에 영향을 준다. 그러나 이러한 효능을 가지고 시의 가치를 판정할 수는 없다. 독자는 정치적・도덕적 혹은 개인적 견지에서 한 수의 시를 부정할 권리를 가지고 있다. 그렇지만 이와 같은 견지에서 그것이 나쁜 시라고 비난할 권리는 갖고 있지 않다. 주제에 따라 시의 문학적 가치를 판단한다는 것은 그림을 그 '제목'에 따라 판단하는 것과 같이 천진난만한 것이다. 이것은 어떤 그림을 아무리 잘못 그렸을지라도 마돈나나 부처를 그렸기 때문에 창녀나 거지를 그린 것보다는 낫다고 생각하는 것과 똑같은 것이다.

  간단히 말해서 도학가의 과오는 예술 작품에다 비예술적 척도를 적용하려는 것이다. 혹은 콜링우드[R.G. Collingwood : 1886 ~1943, 영국의 철학자・사학자]의 용어를 빌리면, 그들은 '마술(Magic)'과 '예술(Art)'을 혼동한다[정감을 나타내는 것을 '예술', 정감을 격동시켜 모종의 행위를 일으키는 것을 '마술'이라고 『예술의 원리』라는 저서에서 이야기하였음]. 물론 나는 가치상

비예술적 기준이 덜 중요하다는 것을 뜻하는 것은 아니고, 다만 그러한 것을 예술적 가치를 평가하는 데 적용시킬 수는 없다는 것이다. 문학적 가치를 평가하는 것이 문학 비평가의 임무이다. 그러므로 비평가는 이것들과 가치상 다른 체계를 관련시키는 일은 독자 자신들에게 맡겨 두어야 한다.

어떻게 시를 써야 하는가 하는 질문에 대한 도학가의 대답에 관해서는 기교파들과 매우 비슷한 점이 많으므로 우리는 후자를 논할 때에 함께 논하기로 하자.

② 개성파 : 시란 자기 표현의 한 형식이란 것을 인정하기는 하지만 시를 쓰게 하는 충격과 시 자체를 동일시함으로써 도덕가들이 범한 것과 똑같은 과오를 저지르는 경향이 있다. 그들은 마땅히 시인은 순수한 정서를 가져야 한다고 강조한다. 그러나 그들은 가끔 이러한 정서가 아무리 강하고 순수한 것이라 할지라도 시가 될 수 없다는 것을 알지 못하고 있다. 모든 사람은 시인이 될 가능성이 있다는 것은 사실이나, 김성탄(金聖嘆)이 말한 것처럼 모든 사람, 심지어 우는 어린아이까지 시인일 수 있다고 주장하는 것은 모순이 있다. 원매(袁枚)의 '성령(性靈 : 타고난 감수성)'으로는 아직 미흡하다. 보통 사람은 높은 감수성을 지녔더라도 시어로 그것을 표현할 능력이 없기 때문이다.

둘째, 그들은 모든 정서를 시로 표현할 가치가 있는지 고려해 본 것 같지 않다. 다시 말하면 그들은 그들의 경험에 비평적 태도를 적용치 않는다. 이러한 무분별한 태도는 실제로 원매 자신의 시에 있어서와 같이 피상적이고 일상적인 것에 흐르기 쉽다.

셋째, 그들의 시 개념은 너무 좁아 다만 정서와 개성의 표현에 국한되고 만다. 이것은 외부 세계에 대한 순수한 지적 반응과 시인이 대답할 여지를 남겨 두지 않는다.

끝으로 시를 어떻게 써야 하느냐는 의문에 대한 대답에 그들은 다시 정서에 너무나 많이 의존하고 있다. 시인이 자발적 감정을 갖는다는 것이 바람직한 일이기는 하나 적절한 시적 용어로 그것을 표현하지 못할 수도 있다. 혹자는 개성주의자들이 모방과 현학을 반대하는 것에 찬의를 표할 수도 있다. 그러나 언어에 대한 선천적 소질은 후천적 수사(修辭) 기술과 함께 필요한 것이기 때문에 자발적 감정이 자동적으로 자신의 시적 표현을 발견하게 되지는 않는다는 사실에 직면하게 될 것이다.

개성주의자들은 말의 중요함을 부인하지만, 기교주의자들은 사실상 모든 다른 것을 제외하면서까지 그들의 주의를 말과 시작법(詩作法)에 집중시킴으로써 또 다른 극단을 걷고 있다. 그들은 사물을 어떻게 말해야 하는가에 바쁘기 때문에 무엇을 말해야 하나 하는 것을 잊은 듯하다. 이것은 확실히 말[馬] 앞에 마차를 놓은 것과 같다.

③ **기교파와 도학파** : 고대 시인들이 다만 말을 실험해 본 뒤에야 우수해질 수 있었고, 또한 더 많은 실험이 끊임없이 필요하다는 것을 깨닫지도 않고, 모방에 너무나 많이 의존하고 있다. 그들은 고대 시인들을 모방하기를 희망하는 사람은 기껏해야 가짜 골동품밖에 만들지 못한다는 것을 알지 못한다. 또 예를 들면 어느 누구가 두보(杜甫)만큼 쓸 수 있다고 할지라도 그가 곧 두보는 아니기 때문에 두보의 목소리와 꼭 같은 소리를 낼 수는 없다는 단순한 이유 때문에 그것이 옳지 않다는 것을 모른다.

④ **직관파** : 나는 그들에게 가장 흥미를 느끼지만 그들의 이론에도 또한 개선할 점이 있다. 만약 우리가 경계(境界)란 개념을 다음에 기술할 만큼 더 크게 확대시켜 생각해 본다면 그 낱말은 매우 유용한 것이 될 것이다. 시란 개인의 감정에 제한된 것이 아니라는 인식은 그것을 이기적 속박으로부터 벗어나게 하기는 하나, 직관주의자들 가운데 일부는 시를 신비화(神祕化)하거나 정

미화(精微化)시키는 경향이 있기 때문에 멀리 접근하기 어려운 순수한 관조(觀照)의 세계만 구체화시키는 것이 드러난다. 이것은 또한 수정을 필요로 한다. 그들은 또한 혹자에게 시작(詩作)에 대해 충고하는 데도 신비와 몽롱 속에 탐닉하고 있다. 시적 천재의 천성이란 극도로 정의하기 힘들고 불명확한 것은 사실이나 시를 쓴다는 것을 신비스럽고 초자연적 활동인 것처럼 들리게 할 필요는 없다. 무엇보다 좋은 시를 쓰기 위하여 우리는 '직관', '영감' 혹은 우리가 그 무엇이라고 부르든지 말하자면 천부적 재능이 필요하기도 하지만, 이와 아울러 의식적 기술을 필요로 하기도 한다.

이렇게 비평가들의 각 파를 섭렵하였으므로, 나는 이제 나 자신의 시에 대한 견해를 펼쳐 나가고 싶은데 그 속에는 앞에 언급한 제(諸) 비평가들에게서 뽑은 요소도 있고, 나 자신의 숙고(熟考)에서 얻어진 요소도 있다.

먼저 우리는 시에 있어서 경계(境界)란 말의 정의를 재고해 보아야만 하겠다. 앞서 말한 바와 같이 왕국유(王國維)는 그것을 '정(情)'과 '경(景)'으로 구성된 것이라고 정의하였다[p. 153]. 이것은 분명히 중국이나 서구 등의 많은 시에 적용된다. 외경의 어떤 묘사 없이 정서(情緒)만 수반할 것을 추구하는 시는 희귀한 경우이긴 하나 다음 시들과 같이 일종의 장엄한 단조성(單調性)을 띤다.

셰익스피어의,

So long as men can breathe or eyes can see,
So long lives this, and this gives life to thee
———*Sonnet*, XVIII

인간이 숨을 쉬고, 눈이 있어 볼 수 있는 한,

이 시는 살고 그대에게 생명을 주리라.
〔박기열 역, 『16세기 영시』, p. 130에서 인용〕

혹은 에밀리 디킨슨〔Emily Dickinson : 1830~1886, 미국의 여류 시인〕의,

Parting is all we know of heaven
And all we need of hell——*My life Closed Twice Before Its Close*

이별은 우리가 아는 천국의 전부이고
또 우리가 필요로 하는 지옥의 전부이다.

혹은 기욤 아폴리네르〔Guillaume Apollinaire : 1880~1918, 프랑스의 시인〕의,

Vienne la nuit, sonne l'heure,
Les jours s'en vont, je demeure.——*Pont Mirabeau*

밤이여 오라, 종이여 울려라
세월은 흐르고 나는 남는다.
〔이재호 역, 『半獸神의 오후』, p. 28에서 인용〕

등이다. 그러나 셸리(Shelley)의 'I die, I faint, I fail(나는 죽는다! 나는 기절한다! 나는 기운 없다!——*The Indian Serenade*)'〔이재호 역, 『낭만주의 영시』, p. 268에서 인용〕 혹은 'O World! O Life! O Time!(오, 세계여! 오, 인생이여! 오, 시간이

여!——A Lament)'과 같이 순전한 감상에 빠져들기 쉽다.

한편 완전히 경(景)만 묘사하여 정(情)이 없는 시는 고작 묘한 운문은 될지 모르나 완전한 시라고 할 수는 없다. 허다한 중국의 '부(賦)'는 이러한 범주에 빠졌기 때문에 유협에게 비난을 들었다 〔p. 131〕. 그러므로 대부분의 시는 정서의 표현인 동시에 외경(外景)의 묘사라는 것이 명확해진다.

예를 들면 엘리엇〔T. S. Eliot : 1888~1965, 영국의 시인·평론가〕의 『서곡집(Preludes)』은 외견상으로는 도시 광경의 묘사이나 얼마나 효과적으로 그것들은 지루한 의기부진, 불쾌한 감정 등을 잘 나타내고 있는가? 거꾸로 명백히 정서적인 말들도 또한 경(景)을 묘사하는 것을 도울 수도 있다. 예를 들면,

That time of year thou mayst in me behold,
When yellow leaves, or none, or few, do hang
Upon those boughs which shake against the cold,
Bare ruin'd choirs where late the sweet birds sang.
——Shakespeare : Sonnet LXXIII

그대는 나에게서 이런 계절을 보리라
누런 잎이 몇 개 또는 하나 달려 있지 않고
가지가 추운 바람에 떨고 있는 계절을,
고운 새들이 노래했던 이젠 폐허가 된 성가당(聖歌堂)을.
〔박기열 역, 『16세기 영시』, p. 152에서 인용〕

같은 데서는 이 시인이 늙어 가는 것을 슬퍼함을 나타내기 위하여 이 시인이 사용한 상(像 : image)은 동시에 하나의 상상적 경(景)으로 그려져 있다. 그래서 한 수의 시 가운데 경(景)은 현

실적인 것일 필요가 없다. 즉, 시인이 그의 정(情)을 구체화하기
위해서 사용하는 상(像)들은 상상적인 것임에도 불구하고, 또한
그것 독자(獨自)의 경(景)을 구성하기도 한다. 실제로 다음의 보
들레르〔Baudelaire : 1821~1867, 프랑스의 시인〕의 시구(詩句)
에서와 같이 실제와 상상적 경(景)은 가끔 서로 융합되기도 한다.

Quand vers toi mes désires partent en caravane,
Tes yeux sont la citerne où boivent mes ennuis.
—— *Les Fleurs du Mal, XXVI, Sed non SATIATA*

너를 향하여 내 욕망이 줄지어 나갈 때,
너의 눈은 내 권태의 목마름을 고쳐 주는 물통.

여기서 피로한 나그네가 마시는 깨끗한 물의 이미지는 하나의
상상적 경(景)을 나타내기도 하지만, 동시에 여인의 눈의 순결과
깊이를 묘사해 주고 있는데, 이것은 실경(實景)의 일부를 형성한
다. 동시에 이 구절은 또한 시인의 정(情)——그가 이야기를 건
네는 여인에 대한 욕망, 생(生)에 시달림, 휴식과 위로를 바람
——을 형상화시킨다. 이러한 시구는 함의적(含意的)이면서도 서
술적이며, 동시에 정(情)을 담고 현실이기도 하고 상상이기도 한
경(景)을 드러낸다.
  그러나 만약 우리가 시에 있어서 경계(境界)란 말을 정(情)과
경(景)의 융합이라고 생각한다면, 이 정의를 사건을 진술하는 시
나 순전히 지적 사변(思辨)을 위주로 하는 시의 정의에 적응시키
기는 어려울 것이다. 그러므로 만약 우리들이 경계란 말을 인생
의 외면과 내면의 총합(總合)으로 재정리한다면 전자는 자연과
외경(外景)뿐만 아니라 사건과 행동까지 포함할 것이고, 후자는

정서뿐만 아니라 사상·기억·감동·환상까지 포함할 것이다.

바꾸어 말하면 시에 있어서 경계란 말은 시인의 외부 환경의 반사(反射)인 동시에 그의 모든 의식의 표현이다. 어느 시든 크건 작건, 멀건 가깝건, 그 자체의 세계를 구체화한다. 그러나 그 시가 순수한 것이라면, 그것은 우리들을 특정한 세계로 끌고 가서 우리들로 하여금 특정한 것을 보도록 하고, 특정한 정서를 느끼게 하며, 인생의 특수한 면을 즐기게 하고, 우리들 실생활에서 경험했든 경험하지 못했든 우리들 상상 속에서 있을 수 있는 것을 경험하도록 한다.

더 나아가 시란 단순히 다른 세계를 살아 있는 것같이 묘사할 뿐만 아니라 우리가 그것들을 탐색해야 한다는 것을 강조해야만 하겠다. 시란 과거 경험의 죽은 기록이 아니기 때문에 시를 쓴다는 것은 과거의 경험을 현재의 경험과 융합시키는 산 과정이 된다(결국 시인에 의하여 창조되고 독자에 의하여 재창조되는 과정을 제쳐 두고서, '한 수의 시'가 어떤 다른 무엇을 내포하고 있단 말인가?). 한 시인이 그의 시의 '내용'으로서 한 가지 경험을 취해서 그것을 하나의 '형식' 속에 집어 넣는 것이 아니라, 그는 그것이 어떤 정서, 어떤 생각, 어떤 사건이든 간에 약간의 경험에 의해서 글을 쓰도록 자극받고, 그는 음운상(音韻上) 적당한 말, 적당한 문틀과 이미지의 연접(連接)을 생각하는 사이에 원래 경험은 약간 새로운 것——시——으로 변형된다. 독자가 그것을 읽을 때, 그 과정은 그의 마음 속에 반복되고, 그 시의 세계는 재창조된다.

위의 말은 시는 내부 세계와 외부 세계의 탐색일 뿐만 아니라 또한 거기 적혀 있는 언어의 탐색이라는 말도 된다. 원래의 경험이 시인이 적당한 말을 찾는 동안 변형되어 가고 있는 사이에 언어의 가능성의 탐색도 동시에 행해지고 있다. 시인이 탐색하고 있는 세계가 무엇이든 그에게 바로 걸리는 것은 '말과 뜻의 참담

한 싸움'〔엘리엇의 「四重奏」에 나오는 말〕을 지닌 말이다. 그래
서 시란 이중의 탐색인 것같이 보이고 시인의 작업도 이중적인
데, 그것은 곧 새로운 경험의 세계에 적합한 말을 찾는 것과, 오
래 익혀 온 세계에 새로운 말을 찾는 것이다. 사랑·증오·인생의
기쁨, 죽음에 대한 공포와 같은 정서의 세계는 세계적이고, 인류
와 같이 오랜 것이나 아직도 그것들은 다른 방법과 다른 밀도(密
度) 속에서 경험될 수 있고, 그래서 다른 표현 방법이 요구된다.

  또 한편 어떤 사유(思惟) 방법 혹은 감정의 양식은 나라, 연령,
심지어는 특수한 사회·문화·환경에 따라서 다를 수가 있다. 이
러한 것이 경험의 새로운 세계를 구성하고, 또한 표현을 요구한
다. 그래서 시인의 작업이란 다만 무엇을 처음으로 말하는 것일
뿐 아니라, 또한 다른 방법으로 이미 일천 번이나 말해진 것을 천
한번째로 말하는 것일 수도 있다. 이것이 허다한 시형과 시상의
존재를 설명해 줄 말의 가능성을 탐색할 끊임없는 요소이다. 이
점은 17세기의 대학자 고염무(顧炎武)에 의해서 설명되었다.

  왜 시가 형(形)을 시대마다 바꾸어야 하는가 하는 이유는
  불가피하게 바꾸어야 할 무엇이 있기 때문이다. 한 시대의
  문학 형식은 오랫동안 그것을 따르면 누구나 자꾸자꾸 같은
  것을 같은 형식 속에서 말하지 못하게 만든다. 지금 천여 년
  뒤에 우리들은 아직도 고대 사람들의 진부한 표현을 취할 수
  있으며, 일일이 그것들을 모방하여 시라고 부를 수 있겠는
  가?[1]

───────────────

1) 『日知錄』卷 7, 萬有文庫, p. 70. 詩文之所以代變, 有不得不變者. 一代之
   文, 沿襲已久, 不容人人皆道此語. 今且千數百年矣, 而猶取古人之陳言, 一
   一而摹倣之, 以是爲詩, 可乎?

뒤에 왕국유(王國維)는 여기에 동조하여 다음과 같이 말한다.

　한 문형(文形)이 오랫동안 유행하고 여러 사람한테 씌어지
면, 그것은 자연 진부해진다. 어느 것이 그 속에서 기원적인
가 하는 것을 말하기 어렵다는 점을 느끼기 때문에, 독립심
을 가진 작가라면 길을 바꾸어 그 자신이 자유롭게 느낄 수
있는 형식을 발전시킨다. 이것이 바로 각 문학 형식이 당분
간 흥하다가 끝내 시들어지는 이유이다.[2]

　새로운 시형(詩形)에 대한 이러한 탐구와 병행하여, 함축(含蓄)
과 연상(聯想)이 곁들여진 말 속에 의미의 미묘한 차이, 감정의
현묘한 음영(陰影), 정교하고도 교묘한 정조(情調) 등을 매우 정
밀하게 포착하기 위한 시도는 계속되고 있다. 그들의 구주(歐洲)
친구들과 같이 중국 시인들도 또한 수세기 동안이나 '종족의 언
어에 더욱 순수한 의미'〔un sens plus pure aux mots de la tri-
bu──말라르메의 시 「에드가 포의 묘(墓)」의 한 구절. 이재호
역, 『半獸神의 오후』, p. 296〕를 부여하려 기도하고 있다.
　이러한 기도는 중국 시사(詩史)가 진전되면서 점점 의식되었
고, 초기의 무명 시인들과 같이 단순한 직설(直說) 속에 그들의
생각과 감정을 표현하는 대신 후기의 시인들은 상상·상징·인유
(引喩)란 방법에 의해서 완곡한 방법으로 표현하는 경향이 짙다.
시인 쪽에서의 이러한 언어 사용의 탐색은 비평가 쪽으로는 많은
언어학적 분석을 요구한다. 그러나 어떤 분석을 시작하기 전에
이중 탐색으로서의 시의 개념을 다시 생각해 보고 비평에 있어서

────────────
2)『人間詞話』, 前出 p. 37. 蓋文體通行旣久, 染指遂多, 自成習套, 豪傑之士,
　亦難於其中自出新意, 故遁而作他體, 以自解脫. 一切文學所以始盛中衰者,
　皆由于此.

그것의 실제적 함축을 생각해 보자.

시가 다른 세계와 언어의 탐색인 이상, 시를 판단하는 데 우리들은 두 가지 중요한 비평 기준을 적용시켜야 한다는 것을 좇아야 한다. 먼저 우리들은 이러한 시가 자기의 독자의 세계를 탐색하는가, 만약 그렇다면 그것은 어떠한 세계인가, 그 다음 우리들은 그것의 언어 사용에 있어서 새로운 경지를 개척하고 있는가 물어야 할 것이다. 이러한 의문에 대한 대답에 따라 문제의 시가 진짜인가 가짜인가, 좋은가 나쁜가, 훌륭한가 혹은 다만 좋은가 하는 우리의 판단이 내려진다.

한 수의 시가 어떤 특정한 세계를 탐색하고 있는가 어떤가 하는 의문에 답하기 위해서는 아래와 같은 보다 더 부수적인 의문에 답해야 할 것이다. 사람의 외면 세계와 내면 세계는 시 가운데서 한 가지 조화된 통일체를 이루고 있는가? 외면 세계는 항상 내면 경험의 광채 속에 관찰되는 것인가? 혹은 그 반대로 내면 경험은 외면 환경으로부터 자연히 나타나는 것인가? 외적 기교는 내면 경험과 일치하는 밀착된 그림을 이룰 수가 있는가? 혹은 그것들을 분석하면 조각조각으로 흩어지는 기계적으로 집적된 혼합물일 수 있을까? 이러한 의문들은 시를 읽는 데 훈련된 감수성과 충분한 경험을 가진 사람은 누구나 대답할 수 있을 것이다.

대답해야 할 그 다음 질문은 '이 시가 과연 우리들을 어떤 세계로 끌고 가는가?' 하는 것이다. 물론 산(山)은 사과보다 크기 때문에 풍경(風景)은 정물(靜物)보다 낮다고 생각하듯이 그것이 '더욱 큰' 세계를 가졌기 때문에 어떤 시가 다른 시보다 더 낮다고 생각하는 것은 치졸한 생각일 것이다. 그럼에도 불구하고 개개의 시들을 다루는 데 있어서, 또 그보다도 한 시인의 작품 전체를 다루는 데 있어서 우리들은 새로운 세계, 생각에 있어서 더 높은 경지, 감정에 있어서 더 큰 깊이, 시야에 있어서 더 넓은 영역으로 끌고 가고 있는가, 혹은 다만 이미 우리들과 비슷한 세계를 소개할 뿐인가 하고 물어 보는 것은 적절한 일인 것이다.

나에게 있어서 훌륭한 시와 졸렬한 시의 차이는, 전자는 우리들을 새로운 세계로 이끌고 가기 때문에 우리의 감수성을 확대시키지만, 후자는 우리들에게 비슷한 세계를 재현시키기 때문에 다만 우리 자신의 경험을 확인할 뿐인 것으로 보인다.[3] 전자는 끝내 그 진리를 우리들에게 확신시키기 전에 우리들을 놀라게 하고, 때때로 우리들을 어리둥절하게까지 만들지만, 후자는 우리들에게 인정(認定)의 만족을 준다.

전자에 대한 우리들의 반응은 '이것은 무엇과 같은 것인가?'라는 의문의 형식을 택할 것이며, 아마 잠깐 동안의 의혹 끝에 '이것은 그것과 같은 것이어야 한다.'라는 수긍이 따를 것이다. 후자에 대한 우리의 반응은 보통 '이것은 꼭 그것과 같은 것이다.' 혹은 '이것은 꼭 내가 늘 느끼는 것이다.' 따위일 것이다. 다른 말로 하면 훌륭한 시는 우리들로 하여금 우리들이 앞서 보지 못했거나, 보았더라도 그렇게 똑똑히 보지 못한 것을 보도록 만들며, 그것은 우리가 앞서 느끼지 못했던 무엇을 느끼게 하거나, 느꼈더라도 그렇게 심각하게 느끼지 못했던 무엇을 느끼게 한다.

예를 들면 우리들 중에 아버지가 삼촌에게 살해당하거나 시역당하는 불행을 맛본 사람은 거의 없을 것이다. 그러나 셰익스피

---

3) 그것은 왕국유(王國維)가 세계를 창초하는 사람과 세계를 서술하는 사람 사이에 구분을 둔 것을 생각나게도 하고, 이상주의와 현실주의 사이의 차이로 생각되기도 한다(p.153). 그러나 내가 살펴본 바와 같이 모든 진실한 시는 다만 하나의 세계를 서술할 뿐만 아니라 하나의 세계를 탐색한다. 그러므로 새로운 세계를 창조하는 사람과 그렇지 못한 사람의 차이는 이상주의자들과 현실주의자들 사이에 있는 구분과 같이 큰 것이 아니라, 다만 훌륭한 시인과 졸렬한 시인 사이의 구분일 뿐이다.

어는 지적 당혹과 복수에 대한 열망 사이의 딜레마 때문에 번민
하거나, 살해자의 자책과 공포 때문에 괴로워하는 것이 어떤 것인
가를 우리들로 하여금 느끼게 한다. 우리들 가운데서 무아(無我)
의 관조 상태를 얻는 것이 수월한 사람은 드물 것이다. 그러나 도
잠(陶潛)이나 왕유(王維)는 우리들로 하여금 다만 순간적으로나
마 스스로의 이기의 속박으로부터 헤어나와 자연에 귀일하는 것
이 가능하도록 만든다. 혹은 우리들도 이별의 슬픔을 느낄 수는
있으나, 명주실 가닥과 같이 이욱〔李煜 : 五代 南唐의 後主・詞
人〕이 그것을 우리들로 하여금 느끼게 한 것과 같은 방법으로 우
리들도 그렇게 느껴 본 적이 있었던가?

剪不斷
理還亂
是離愁4)

끊을래야 끊을 수 없고,
감으려니 더 어지러워지네.
아, 이것이 이별의 슬픔이뇨?

간단히 말해서 위대한 시는 우리들에게 새로운 세계를 경험하
게 하거나, 낡은 세계를 새로운 방법으로 경험하게 만든다. 그렇
기 때문에 위대한 시는 진실의 표현일 뿐만 아니라 그것의 확대
이기도 하다.

---

4)「烏夜啼」,『詞綜』前出 卷 2, p. 2a.
　Cut it, yet unbroken,
　Arrange it, yet entangled :
　Such is the sorrow of separation.

동시에 위대한 시는 새로운 경험의 세계를 창조하기 위해서 새로운 표현 감각과 음율(音律)의 새로운 결합, 단어와 심상, 상징, 연상의 새로운 모형 등과 아울러 언어구사에 아직껏 보지 못한 신선한 방법을 반드시 곁들여야 한다. 셰익스피어나 두보(杜甫)와 같이 말에 뛰어난 시인들은 인간 경험의 세계를 더욱 넓고 깊게 탐색했을 뿐만 아니라, 어느 다른 시인들보다도 언어의 영역을 확장하였다. 워즈워스나 백거이(白居易) 같은 일부 시인들은 언어보다도 인간 경험의 영역을 더욱 넓게 탐색했다 할 수 있겠고, 이상은(李商隱)이나 말라르메[Mallarmé : 1842~1898, 프랑스의 상징파 시인] 같은 사람은 그 반대라고 하겠다.

시에 있어서 이 양면의 상대적 중요성은 결정을 위한 개인적 취미의 문제라고 할 것이다. 통틀어서 우리가 말할 수 있는 것은 말로써 전달할 힘이 없는 사람도 심오한 생각과 고상한 정서는 가질 수 있으되, 한 사람의 시인은 될 수 없다. 그 반면에 위대한 생각과 깊은 정서가 없이 순전히 말을 희롱하면서도 그럴듯한 시를 쓸 수 있다는 것이다.

요점을 되풀이하면, 앞에 열거한 시에 대한 견해들은 중국의 전통적 제 비평가들의 요지를 포괄한 것이다. 시가 다른 경험 세계의 탐색(探索)인 한, 그것은 자기 표현과 관조를 수반해야 한다. 그러나 결코 이런 것에만 제한되지는 않는다. 시가 언어의 탐색인 한은 그것은 문학적 기교를 지녀야 한다. 그래서 개성과·직관파·기교파의 견해는 다소 수정시켜 모두 우리들의 견해와 조화시킬 수 있다. 도학파의 견해에 관해서는 우리의 시의 개념에서 도덕적·정치적, 혹은 사회적 동인(動因)이나 시의 효능을 배제하지는 않았으나, 다만 이러한 것을 가지고 시가 좋다 나쁘다를 판단하는 기준으로 삼을 수 없다는 것을 암시했다.

그리고 어떻게 시를 써야 하는가 하는 문제가 남아 있다. 시가 언어의 탐색인 한, 모든 시인 지망자들은 시작법 규칙에 대한 독창성 없는 모방과 기계적 응용에 만족하기보다는 말을 실험해 보아야만 할 것이다. 그렇지만 과거의 시에 그 자신을 침투시키면 시킬수록, 앞서 사람의 수법을 공부하면 할수록 더욱 언어의 관습에 대한 통찰력을 얻게 될 것이므로 그가 성공할 기회는 많아질 것이다. 그러나 어떤 사람에게는 언어의 기적을 가능케 하고, 어떤 사람에게는 그렇지 못하게 한다는 것은, 사람 사람마다 탐구한다는 것이 주제넘은 것처럼 보이는 이 세상의 본원적(本源的) 비밀의 하나일 것이다.

제 2 장 심상과 상징

우리들의 시에 대한 견해는 다른 세계와 언어의 탐색이라는 데에까지 도달했으므로, 이제는 중국시의 용어 분석을 할 차례에 이른 것 같다. 왜냐하면 가끔 이러한 분석을 통해서 우리들은 언어 사용에 있어서 어떠한 세계가 탐색되고 있으며, 어떠한 새로운 경지가 개척되고 있는가 하는 것을 알게 되기 때문이다. 시의 비평적 분석에 있어서 심상(心象)과 상징(象徵)은 중요한 위치를 차지한다. 그러나 어떤 비평적 분석을 시작하기 전에 여기서 사용되고 있는 이러한 용어들의 뜻을 명백히 해 두어야만 하겠다.

영어에 있어서 '심상(image)'이란 말은 여러 가지 의미로 쓰이고 있지만, 언제나 명백히 정의되어 있지는 않다. 먼저 이 말의 도식적(圖式的) 의미로서는 하나의 형상적(形象的) 사물로서의 심상이 있다. 그리고 우리가 '진리의 실상(the very image of truth)'이라고 말할 때와 같이 은유적 의미가 있다. 이 두 가지 의미들은 간단하며 우리를 당황하게 하지는 않는다.

그러나 이 말에는 문학 비평에서 자주 쓰이고 혼란을 야기시킬 수도 있는 두 가지 다른 뜻이 있다. 한편으로는 'image'란 반드시 시각적은 아니라 하더라도 하나의 정신적 형상(mental picture)을 불러일으킨다든가 육체적 감각을 불러들이는 수사적(修辭的) 표현을 나타내는 데 쓰인다. 또 이 말은 은유(隱喩 : metaphor)·직유(直喩 : simile) 따위 두 가지 요소를 가진 표현을 의미하는 데 쓰인다.

어떤 문인들은 'image'를 'metaphor'와 동일시하는 것 같다. 예를 들면 브라운(S. J. Brown) 신부는 심상을 다음과 같이 정의하였다.──바로 그 사물을 일컫는 것이 아니라 다른 질서 속에

속한다고 생각되는 사물을 지시하게 되는 하나의 감각으로 알 만
한 사물을 표시하는 단어나 구절들──이라고 하였다.[5]

대조적으로 리처즈(I. A. Richards) 교수는 'metaphor'를──
그는 원관념(原觀念 : tenor)과 보조 관념(補助 觀念 : vehicle)이
라고 부르는──두 개의 요건을 내포한 어떤 수사적 표현으로
사용하였고, 그것의 일반 용례(用例)를 훨씬 넘어서 이 말의 범
위를 확대한 듯이 보인다. 그래서 우리들은 술어상의 혼란에 직
면하게 되는데, 만약 우리들이 심상(imagery)을 단순히 구체적
감각을 불러들이는 것, 두 개의 대상을 가지고 있는 것의 양종
(兩種)의 표현으로 사용한다면 그것은 혼란을 유도하기 쉽고, 만
약 우리들이 'metaphor'를 후자와 같이 사용한다면, 전통적 수사
학(修辭學)의 용법과 상치(相馳)될 것이다. 왜냐하면 엄격하게 말
해서 'metaphor'는 조지 퓨튼햄[George Puttenham : 1530 ?~
1590, 영국의 비평가]이나 에이브러햄 프라운스[Abraham Fra-
unce : 1558 ?~1633 ?, 영국의 시인]와 같은 이전의 수사학자들
에 의해서 예거된 직유(直喩 : simile)·제유(提喩 : synecdo-che)·
의인법(擬人法 : personification), 그리고 또한 이 새로운 두 용
어를 내포하고 있는 다른 많은 조사상(措辭上) 비유법들을 포함
시키지 못하기 때문이다.

이러한 명백한 난경(難境)을 제하고 방법을 모색하기 위해서,
나는 '단순 심상(simple imagery)'과 '복합 심상(compound im-
agery)'으로 구분할 것을 제안한다. 단순 심상은 다른 사물을 내
포함이 없이 육체적 감각을 불러들이거나 정신적 형상(形狀)을

---

5) *The World of Imagery*, London, 1927, pp. 1~2.
   Words or phrases denoting a sense-perceptible object, used to desig-
   nate not that object but some other object of thought belonging to a
   different order of being.

불러일으키는 수사적 표현이고, 복합 심상은 두 사물의 병치(竝
置 : juxtaposition)나 비교(比較 : comparison), 혹은 한 사물을
다른 것으로 대체(代替 : substitution), 혹은 일종의 경험을 다른
것으로 전의(轉義 : translation)하는 것 등을 포함하고 있다. 복
합(compound)이란 용어를 사용함에 있어서 나는 마음 속에 두
개의 원소로 이루어진 화학적 복합을 의미하지 '복문(複文 : com-
pound sentence)'에서와 같이 표현상의 이중 목적의 형태를 암시
하고 싶지는 않다. 한번 우리가 이러한 한계를 받아들이면, 우리
는 양종(兩種)의 심상 사이의 혼란을 피할 수 있고 '복합 심상'은
또한 두 용어를 내포하지만 형태적으로는 은유와 다른 비유법을
포괄할 수 있기 때문에 전통적인 영역을 넘는 것을 피할 수 있다.
  '상징(symbol)'은 몇 가지 면에서 복합 심상과 구별된다. 첫째,
복합 심상은 오직 국한된 의의(意義)만 갖고 있지만, 상징은 일
반적 의의를 갖고 있는 것으로 생각된다. '나의 애인은 붉고 붉은
장미(My love is a red, red rose : Robert Burns 의 시 ' A Red,
Red Rose')'는 하나의 특수한 대상과 결합된 복합 심상을 형성하
지만, 사랑의 상징으로서 장미의 보편적 응용성(應用性)을 갖는
다. 나에게 이것은 혹자가 언급한 바와 같이 상징은 떠오르지만
심상은 떠오르지 않는다고 하기보다는 양자 사이의 기본적 차이
로 생각된다.[6] 왜냐하면 하나의 심상이 보편적 의의를 부여하지
아니하는 한, 심상의 단순한 상기(想起)는 그것을 하나의 상징으
로 돌릴 수는 없기 때문이다. 둘째, 하나의 상징은 약간 추상적인
것을 표현하기 위해서 선택된 구상적(具象的) 사물이다. 그러나
비록 어떤 비평들은 그렇게 생각할 듯도 하겠는데 이것은 복합

---

6) R. Wellek and A. Warren, *Theory of Literature*, New York, 1942,
   p.193.

심상의 경우 언제나 그렇지는 않다. 우리는 이미 브라운 신부의 심상의 정의를 보았다. 비슷한 주장으로 은유는 정의될 수 없는 정신적인 속성에 관한 정의(a definition of indefinable spiritual qualities)라고 하는 머리〔John Middleton Murry : 1889~1957, 영국의 비평가〕의 견해도 있다.[7] 이와 유사하게 루이스〔C. Day Lewis : 영국의 시인〕도 또한 심상의 감각성과 정신적 경험의 양자가 그것을 구체화시킨다고 강조하였다.

> 나는 모든 심상──가장 순수하게 정서적이거나 지적인 것일지라도──그 가운데 약간의 감각적인 것의 흔적을 갖고 있다고 생각한다.
> ······ 시적 심상, 마치 그것은 ······ 감동된 경험의 빛에 의하여 연결을 찾는 듯하고 진리를 나타내며, 그것을 우리들이 받아들이게끔 만든다.[8]

그러나 사실 우리들은 가끔 복합 심상이 정신적 경험이 아니라 오직 두 가지 물체나 두 종류의 구체적 경험만을 내포하고 있음을 보게 된다. 예를 들면 '자누나 ······ 대자연은 죽은 듯이' (Sleep, ······ great Nature's second course──*Macbeth* II-1) 이 말 속에는 두 가지의 구체적 경험이 내포되어 있다.

---

7) *Countries of the Mind*, 2nd series, London, 1931, p. 9.
8) *The Poetic Image*, London, 1947, p. 19, p. 34
   I think that every image — even the most purely emotional or intellectual one — has some trace of the sensuous in it.
   ······ the poetic image, as it ······ searches for connections by the light of an impassioned experience, reveals truth and makes it acceptable to us.

Thou art fairer than the evening's air,
Clad in the beauty of a thousand stars,
——Marlowe : *Dr. Faustus*

그대는 뭇 별들이 아름다움을
걸친 밤 하늘보다 더 아름답고,
  〔역문은 박기열 역, 『16세기 영시』, p. 102에서 인용.〕

　이 시 속에는 다만 구체적 사물만이 복합 심상 속에 내포되어
있으니, 헬렌〔Helen : 트로이 전쟁의 원인이 된 희랍 신화의 미
녀〕은 별들이 반짝이는 저녁 하늘에 비겨진다. 어떤 이는 다만
구체적 감각만이 아니라 이에 정서가 내포되어 있다고 주장할 것
이다.
　여기에 대한 나의 대답은 다음과 같다. 물론 나도 정서가 심상
에 의해서 표현된다는 것을 부정하지는 않는다. 그러나 나의 관
점은 원관념(原觀念 : tenor, Helen)과 보조 관념(補助觀念 : vehi-
cle, star clad air)이 합쳐진 그 복합 심상 전체만이 정서를 구체
화하기는 하나, 이 두 요건들은 그 나름대로는 구체적 사물로 구
성되었을 뿐이라는 것이다. 그것은 다음 속에서,

　　The wine of life is drawn, and the mere lees
　　Is left this vault to brag of ——*Macbeth* II-3

　　생명의 술은 퍼내어 끝나고, 허풍을 떨어 보아도,
　　창고에는 찌꺼기만 남아 있네.

와 같이 구체적 경험의 용어들로 표현된 정신적 경험을 우리는

볼 수 있다는 것이다. 또한 오히려 정신적 경험으로서 구체적 경험을 묘사한 그와 상반됨을 본다. 마치,

With wings as swift as *meditation or the thought* of love
——*Hamlet* I-5

날아가누나, 명상(瞑想)이나 사랑의 사념(思念)과 같이 빠른 날개로

혹은,

Darker grows the valley, more and more *forgetting.*
——Meredith : *Love in the Valley*

골짜기에 어둠이 더해 가고, 망각도 더해 가네.

와 같은 예들이다. 간단히 말해서 복합 심상은 구체적 경험 이상의 것을 내포할 필요가 없지만, 상징엔 한 가지 정신적 경험 혹은 하나의 추상적 생각을 대표하는 구체적 사물이 있다. 복합 심상과 상징의 또 다른 차이는 복합 심상에서는 비록 무엇이 원관념이며 무엇이 보조 관념인지 지적하는 것이 어렵다든가,[9] 혹은 원관념을 확인하기는 어렵지 않다고 하더라도 보조 관념을 알아내기가 도리어 용이하지 않을 수도 있지만,[10] 우리들은 보통은 이 두 요건에 관련된 것이 무엇인가를 말할 수는 있다.

---

9) William Empson, *The Structure of Complex Words*, pp. 345~346.
10) 다음 p. 193을 보라.

그렇지만 상징, 특히 개인적인 상징은 비록 그 보조 관념(무엇
인가 다른 것을 나타내기 위하여 선택된 물건)이 언제나 규정지워
져 있다고 할지라도 그 원관념(표시되는)이 무엇인가를 확인하기
란 가끔 어려운 경우가 있다. 우리는 모두 'Tiger, Tiger, burning
bright[호랑아! 호랑아! 이글이글 불타는──William Blake의
Tiger : 이재호 역, 『낭만주의 영시』, p. 46.]'를 하나의 상징으로
인식하고 있다. 그러나 그것은 무엇을 상징하는 것인가? 혹자는
그것이 정력(精力 : energy), 혹은 창조적 상상을 상징한다고 말할
지도 모른다. 하지만 그것은 너무나 단순한 생각일 것이다. 왜 그
런가 하면 나에게 있어서 블레이크의 시 속의 호랑이는 하나의 상
징이지 바로 하나의 복합 심상은 아닌 것같이 보이기 때문이다.

물론 심상과 상징 사이의 경계선이 어렵고 단단한 것은 아니
다. 하나의 복합 심상, 혹은 단지 하나의 단순 심상이라 하더라도
한 사람 혹은 한 사물을 묘사하기 위한 직접적 목적에 쓰이기는
하지만, 동시에 더욱 넓은 의미가 부여되기도 하며, 그래서 동시
에 이렇게 상징적인 것이 되기도 한다. 위의 구분을 논하는 나의
목적은 엄밀한 카테고리를 설정하자는 것이 아니라, 용어 표현법
이 다름에 따라서 시에서 나타나는 효과의 다른 과정을 밝혀 보
자는 데 있다.

그러면 지금부터 중국시에 있어서의 심상과 상징의 사용법을
고찰해 보자. 우선 단순 심상부터 살펴보기로 한다. 물론 중국시
에서도 어떤 다른 시에서와 같이 시어의 본질은 추상적이기보다
는 구체적이기 때문에, 수많은 단순 심상을 찾을 수 있다. 더욱이
내가 제1편에서 지적한 바와 같이 중국시의 용어는 극히 간명하
고, 또 때로는 관련된 품사들을 소용없이 만들 정도이므로,[11] 시

────────────

11) 앞의 p. 81을 보라.

한 줄이 심상의 연속으로 이루어질 수도 있다. 이러한 심상들은 단순히 단어 속에서 그림일 뿐만 아니라 그들은 정서적 연상을 일으키며, 그들의 시적 문맥을 풍부히 해 준다.

예를 들면 앞에서(p. 48) 인용한 「정녀(靜女)」란 시에서는 성(城)·동관(彤管: 붉은 붓대)·목장(牧場)·제(荑: 띠싹)와 같은 여러 종류의 단순 심상이 있다. 나는 이러한 심상들에 의해서 어떤 정서적 연상이 일어나는가 하는 것을 나열해 보고 싶다. 그러나 그렇게 하기 위해서는 시 전체의 의미를 살펴볼 필요가 있다. 또한 이것은 동시에 내가 왜 어떤 말들을 내가 한 것과 같은 방법으로 번역했는가 하는 것을 설명해 주게 될 것이다. 독자들에게 책을 앞뒤로 뒤적이는 수고를 덜어 주기 위하여, 여기에 이 시에 대한 나의 번역을 다시 적기로 한다.

靜女其姝, 俟我於城隅.
愛而不見, 搔首踟躕.

靜女其孌, 貽我彤管.
彤管有煒, 說懌女美.

自牧歸荑, 洵美且異.
匪女之爲美, 美人之貽.[12]

---

12) How pretty is the gentle maiden!
   At the tower of the city wall she should be waiting.
   I love her but I cannot see her ;
   I scratch my head while anxiously pacing.

   The gentle maiden : how lovely is she ! ⇨

얌전한 아가씨, 그 아름다움이여!
나를 성문 대(臺)에서 기다리기로 했지.
사랑하는데, 보이지 않으니,
머리를 긁으며 머뭇거리지.

얌전한 아가씨, 그 사랑스러움이여!
나에게 붉은 붓대를 보내 주었지.
아, 붉은 붓대 빛나기도 하여라.
너의 아름다움 기쁘기도 하여라.

목장으로부터 띠싹을 보냈지.
정말 아름답고 희한하여라.
그것이 아름다워서가 아니라
아름다운 그이가 주었음이라.

다른 『시경(詩經)』의 시들과 같이 이 단순한 연시(戀詩)는 여러 세대에 걸쳐 여러 주석가(註釋家)들과 보주가(補註家)들에 의해서 널리 주해되어 왔는데, 그들 중 어떤 이들은 이 시는 이 시에서 보이는 소녀와 같이 불공하고 수줍지 못한 어느 고대 왕비에 관한 풍자라고 우리들에게 설명하고 있다[57]. 나에게는 이것

⇒ This red pipe she gave to me.
  O red pipe, with lustre bright,
  Your beauty gives me great delight.
  From the pasture she sent me her plight——
  A tender shoot, beautiful and rare.
  Yet it's not your beauty that gives me delight,
  But she who sent you, so true and fair!

이 너무 견강부회(牽强附會)로 보인다. 그래서 나는 이 시를 하나
의 단순한 애정시로 보는 편을 취해서, 한 젊은 남자가 그의 애인
을 기다리는 동안의 염려, 또 그녀가 그에게 보내 준 애정을 표시
하는 선물을 보면서 그녀의 아름다움을 생각하는 그의 신심(信心)
을 적은 것으로 본다.

  제 1 행에서 '靜'자는 통상 '고요함'을 뜻하나 여기서는 공손하
고 수줍은 기질을 함축하고 있다. 어떤 주석가들은 이 형용사를
은밀한 밀회소(密會所)로 가는 이 소녀에게 붙이는 것이 적합한
가 의심하고, 따라서 이 시를 음시(淫詩)라고 불렀다[58]. 그러
나 이러한 현학자(衒學者)들은 만약 그 소녀의 행동이 불량한 것
으로 생각되었다면 그녀의 애인에게 그렇게 잘 보이지는 않았을
것이라는 것을 망각하고 있다!

  제2행의 '隅'자는 보통 '구석'이란 뜻을 가지고 있으나, 나는
문일다[聞一多 : 1899~1946, 중국의 시인·학자][13]의 해석을
받아들여 그것을 단순히 성의 한쪽 구석으로 보기보다는 문대(門
臺) 안에서 랑데부하는 것으로 보는 편이 더욱 재치 있어 보이므
로 여기서는 그것을 시성(市城)의 한쪽 구석에 있는 대(臺)로 추
측하였다.

  다음 줄의 '愛'자는 다른 판본(板本)에서는 '僾(애매한)'라는
동음이자(同音異字)로 적혀 있기도 한데, 아서 웨일리[Arthur
Waley : 1889~1966, 영국의 동양학자] 박사는 이 전체 행을
'그녀는 그 자신을 감추고, 나로 하여금 그를 보지 못하게 한다
(She hides herself and will not let me see her——The Book of
Songs).'라고 풀이하였다. 그렇지만 나는 더욱 간단하게 번역해서
'나는 그녀를 사랑하지만, 그녀를 보지 못한다(I love her but

---

13) 『聞一多全集』, 開明書局, 『詩經通義』, 1947, pp. 192~193.

cannot see her).'라고 해 둔다.

제 2 절에 동관(彤管)은 더욱 많은 식자(識者) 사이의 논쟁거리
가 되었다. 그것은 일종의 악기이거나 글 쓰는 붓일 것이다. 나로
서는 전자로 보는 것이 미학적(美學的) 관점으로 더욱 타당할 것
같고, 또한 더욱 적절한 연상들을 불러일으킬 것 같은데, 그 이유
를 아래에 기술한다. 2절 4행에서 '女(계집)'자는 '汝(너)'자의
차자(借字)로 쓰인 것 같다. 만약 누가 앞의 '女'자로 생각한다
면, 곧 이 행은 '나는 그녀의 아름다움을 기뻐한다(I delight in
the beauty of the girl).'는 뜻이 된다. 그러나 나는 '너'라는 뒤의
자로 생각하고, 이 줄은 동관(彤管)을 말하는 것으로 보아, '나는
너의, 즉 관(管)의 아름다움을 기뻐한다(I delight in your—i.e.
pipe's—beauty).'로 보는 편이 나을 것 같다. 왜냐하면 이것은
다음 절의 마지막 두 행과도 대(對)가 되는데, 거기에서 이 자는
모든 학자들이 다 '너'로 보지 '여자'로 보지는 않기 때문이다. 제
2절에서 '汝'와 '女'를 같이 보는데 나는 청대(淸代)의 학자인 요
제항(姚際恒 : 1647년생)과 왕선겸(王先謙 : 1842~1918)과 함께
현대학자 유평백(兪平伯 : 시인・비평가) 교수의 설을 빌리고 있
다.[14]

이 시의 뜻은 이와 같은 것이다. 자, 이제 심상으로 돌아가 보
자. 비록 드물기는 하지만 시 속의 심상들은 신선하고 살아 있으
며, 기분을 조화시키는 정서적 연상을 불러일으킨다. 성대(城臺)
는 친교와 비밀을 암시하고, 관(管)은 노래와 쾌활을 암시하고,
목장은 문 밖 생활의 자유를 암시하며, 연한 띠싹의 부드럽고 흰
것은 그 아가씨의 맑은 살결(이와 같은 심상은 한 여인의 손을
묘사하기 위하여 이 『시경(詩經)』의 다른 시에도 실제로 쓰이고

---

14) 『讀詩札記』, 北平人文書店, 1934, p. 212.

있다.)〔59〕을 생각나게 하며, 나아가 젊음과 순결을 암시하기도 한다. 이렇게 그것은 모두 그 아가씨와 그 아가씨의 아름다움을 칭찬하기 위한 연인의 부드러운 감정을 잘 나타내고 있다.

이 심상들은, 그들이 표현하고자 하는 바를 돕는 정서는 열정적이라기보다는 정교한 것과 같이, 정교하고도 자연스럽다. 비록 그것들이 형태에 있어서는 비슷하더라도, 우리들은 붉은 관과 흰 띠싹 사이의 빛깔에 있어서의 대조를 주의해야 한다. 이러한 심상 사이의 유사성은 시의 구조를 강화시키는데, 그것은 반복과 대구(對句)로 이루어진다.

이 연인은 먼저 관(管)을 본 다음에 띠를 보는데, 양자(兩者)는 그의 애인으로부터 온 것이며, 그 아름다움에 놀라게 되는데, 다만 이 시의 끝에 가서만 그는 그녀 자체에 대한 그의 감정을 바로 나타내었다. 이렇게 이 시는 정서의 극치(極致)에 이르러서 끝난다.

복합 심상에 관해서 우리는 직유와 은유 사이에 게재된 형식적인 구분에 따르지 않고, 심상 속에 내포된 두 사물 사이의 연관의 차이도(差異度)에 따라 몇 가지 형(型)으로 구분해야 한다. 무엇보다 첫째, 그들 사이에 어떤 명백하거나 불명백한 비교를 이룸이 없이 두 사물을 단순히 나란히 놓는 복합 심상이 있으며, 둘째 한 사물과 다른 사물을 같다고 하는 것, 셋째 한 사물을 마치 그것이 다른 사물인 양 묘사하는 것, 끝으로 한 사물에 기인하기는 하지만 정식으로는 그것에 기인하지 못하는 성질을 가진 것이 있다.

이러한 심상들은 종류에 있어서보다는 정도에 있어서 서로 달라지는데, 그들은 비슷한 정신 과정의 여러 단계――두 사물을 연결하는――를 대표한다. 우리들은 이 단계들을 병치(並置 : juxtaposition) · 비교(比較 : comparison) · 대체(代替 : substitution)·전이(轉移 : transference) 따위로 부른다.

병치(並置)를 내포한 복합 심상은 그것이 한 사물을 다른 것과 비교할 수는 없어도 단순히 하나의 유추(類推) 혹은 하나의 대조 (對照)를 암시할 수 있도록 인간의 위치와 나란히 자연 현상을 놓듯이, 가끔 첫눈에는 다만 간단한 것으로 보인다. 이러한 심상 들은 중국시에서 매우 흔하다. 예를 들면 『시경(詩經)』의 한 수 의 축혼시(祝婚詩)는,

> 桃之夭夭, 灼灼其華.
> 之子于歸, 宜其室家.[15]

> 복숭아 나무의 싱싱하고 싱싱함이여,
> 빛나고 빛나는 그 꽃이로구나.
> 이 아가씨 시집가면,
> 그의 집과 가정에 어울리겠지 !

로 시작된다. 이 시인은 이 젊은 신부를 복숭아나무와 비교하지 는 않았으나 어느 독자이건간에 이 양자 사이에 암시된 유추를 거의 간과하지는 않을 것이다. 동시에 꽃이 핀 복숭아나무는 계 절을 나타내는 단순 심상으로 간주될 수도 있다. 그렇기 때문에 이러한 심상은 가끔 이중의 기능——하나의 직접적 사물의 묘사 와 동시에 하나의 유추나 대조를 지적하는——을 갖고 있다.

---

15) 周南 「桃夭」, 『毛詩』 p. 5.
   The peach-tree is young and tender:
   Bright, bright, its blossoms shine.
   This young lady is getting married:
   May she become her house and home !

때때로 한 시인이 다만 기술의 목적만을 위해서 그의 심상들을 단순 심상이 되게 한다든가, 혹은 그것들이 동시에 복합 심상을 뜻하게 한다든지 하는 것을 말하기는 어렵다. 그러나 그렇더라도 그들이 의식적으로 그것을 기도하든 않든간에, 만약 그렇게 함으로써만 우리들이 시의 더 나은 이해를 얻을 수 있다면 우리들은 심상들을 복합적인 것으로 생각할 수 있다. 예를 들면 「봄날 이태백을 생각함(春日憶李白)」이라는 두보(杜甫)의 다음 시 속에서 동시에 복합 심상으로도 볼 수 있는 두 개의 단순 심상을 찾을 수 있다.

> 白也詩無敵, 飄然思不羣.
> 淸新庾開府, 俊逸鮑參軍.
> 渭北春天樹, 江東日暮雲.
> 何時一樽酒, 重與細論文?[16]

> 오, 이백, 그의 시는 당할 이 없으니,
> 그의 생각은 무리에 솟아올랐도다!
> 청신하기는 유개부(庾開府) 같고,
> 준일하기는 포참군(鮑參軍)이로다[60].

---

16) 『杜詩引得』, 前出 p. 280.
 O Po, whose poetry none can emulate,
 Whose thoughts soar above the common crowd !
 Pure and fresh like the verse of Minister Yü;
 Graceful and free like that of Counsellor Pao.
 The spring trees north of the river Wei,
 The evening clouds east of the Great River.
 When will we, over a jug of wine,
 Discuss in detail the art of writing again?

위수(渭水) 북녘엔 봄날 나무요,
대강(大江) 동쪽엔 저녁 구름.
언제나 한 바리의 술을 기울여,
다시 자세히 글을 논하리요?

　이백(李白)을 칭찬하고, 그의 시를 유신(庾信)과 포조(鮑照)
두 선대 시인들의 시와 비교한 뒤에 두보는 두 개의 심상——춘
수(春樹)와 모운(暮雲)——을 끄집어 내었는데, 이것들은 앞 행
과 명백한 연관을 갖고 있지는 않다. 물론 그것들의 직접 목적은
두보와 이백이 공교롭게 머물고 있던 두 장소——한 사람은 위
수(渭水) 북녘에 나무를 바라보고 있고, 한 사람은 대강(大江 :
양쯔강) 동쪽의 구름 아래에서 배회하고 있다——를 묘사함에
있다. 그러나 의식적 혹은 무의식적 연상을 통하여 이 두 가지 심
상은 그가 바로 앞 대구(對句)에서 사용한 '청신(淸新)'과 '준일
(俊逸)'이라는 두 쌍의 형용사에 의해서 두보에게 암시된다고 할
수도 있다. 이 심상들은 이 형용사들에 실상(實相)을 부여하며,
그래서 이백의 시의 성격을 봄날 나무(春樹)와 저녁 구름(暮雲)
에 비교하는 복합 심상이 된다. 이런 방법으로 이 시 가운데 있는
명백한 단락은 이어지며 시 전체의 구성은 여물어진다.
　한 사물과 다른 사물의 비교(比較)를 내포한 심상들은 또한 중
국시에서 자주 보인다. 이러한 비교는 예를 들면,

　　爐邊人似月(항아리 곁에 있는 여인은 달과 같구나!)[17]

라든가 또,

----

17) 韋莊,「菩薩蠻」p. 48 참조.

　　江上柳如煙(강 위의 버드나무 안개 같도다.)[18]

에서와 같이 명백히 나타나기도 하고,

　　香燭銷成淚(향촉은 녹아 눈물이 되네.)[19]

와 같이 암시되기도 한다.

　사실 중국시는 '구름 같은 머리(雲鬢)', '별 같은 눈(星眸)', '꽃 같은 얼굴(花容)' 따위와 같은 상투적인 심상들투성이로 만들어진 수수께끼이다. 나는 뒤에 이러한 심상에 대해서 우리들은 어떠한 비평적 태도를 취해야 하는지 토론하고자 한다.
　대체(代替)를 내포한 심상들은 원관념(tenor)에 관해서는 언급하지 않고 단순히 보조 관념(vehicle)에 의해서 대용되는 것이니 위에 있는 형태들과는 다르다.
　예를 들면 '별 같은 눈(星眸)'이란 말 대신에 우리는 다만 '눈(眸)'의 뜻으로 '星(별 같은)'을 쓸 수 있다는 것이다. 다시 말하면 우리들은 이 따위의 심상 중에서 '눈' 대신 '추파(秋波)'를, '버들가지' 대신 '취미(翠眉)' 따위의 많은 상투구(clichés)를 보게 된다.
　특히 흥미가 있는 것은 '비우(悲雨)'와 같이 일종의 감각을 다른 감각으로 대체시키는 심상들이다. 물론 이러한 심상은 중국어건 영어이건 '요란한 넥타이(loud tie)'라고 말할 때와 같이 일상 대화 속에서 나타난다. 어떤 문인은 이러한 따위의 복합 심상을

---

18) 溫庭筠,「菩薩蠻」,『花間集』, p. 1.
19) 上同, p. 186.

'공감각적 은유(共感覺的 隱喩 : synaesthetic metaphors)'라고 부
르나, 엄격히 말하자면 이러한 심상들은 몇 가지 감각을 종합시키
는 것이 아니라 한 가지 감각을 다른 것으로 대체시키기 때문에,
이 말은 정확한 용어라고 할 수가 없다. 그렇기 때문에 그것들은
만약 달리 말해도 좋다면 '전이감각적 심상(轉移感覺的 心象 :
transaesthetic images)'으로 불러야 할 것이다.

　그렇지만 진정한 공감각적 심상이 중국시에는 존재한다. 예컨
대 달빛은 가끔 눈(雪)·서리(霜)·물(水)과 비교된다. 모든 경우
에 두 개의 감각이 내포되어 있다. 이 심상들은 다만 흰 것뿐만
아니라 찬 것도 암시하고 있으므로, 시각적이고 온도적인 두 가지
감각을 내포하고 있다. 다른 예를 하나 들면 『서상기(西廂記)』(제
1본 제2절)에서 젊은 연인은 그의 숙녀를 '부드러운 옥, 따뜻한
향기(軟玉溫香)'──두 심상은 효율적으로 그의 정열을 나타내는
몇 가지 감각을 결합한다──로 표현하고 있다.

　대조를 위하여 우리는 공감각적 심상의 다른 예를 보자. 이번
에는 한 숙녀는 얼음 같은 살, 옥 같은 뼈(氷肌玉骨)를 가진 것으
로 표현된다. 여기서 차가움의 암시는 마치 그녀는 통속적 여인
이 아니라 미적 숙고(熟考)의 대상이 되듯이, 그 여인과 우리 사
이의 거리감을 만들어 준다. 이것은 당연히 그럴 것 같은데, 문제
의 여인은 오대(五代) 후촉왕(後蜀王) 맹창(孟昶)의 총희(寵姬)
였다. 촉왕(蜀王)은 이 구절이 들어 있는 시「목란화(木蘭花)」를
쓴 사람인데, 다른 표현을 했더라면 다소 에로틱한 시가 되었을
지도 모를 이 작품에 아마 의도적으로 이 '차가운 효과'를 도입한
것 같다.

　다음에서 우리는 성격이나 행위가 정상적으로는 그것들에 관련
되지 않는 사물들에 관련되는 심상들을 보게 된다. 예를 들면 달
에 관한 시 중에 두보는 다음과 같은 행으로 시작한다.

四庚山吐月

At the fourth watch, the mountains exhale a moon.

四庚[20]에 산이 달을 내뱉다.

'吐'란 말을 나는 '내뿜다(exhale)'와 같이 번역하였지만, 보통은 '입으로부터 튀어나오다(to eject from the mouth)'라는 뜻으로서 불행히도 불쾌한 연상이 없이 똑같은 것을 정확히 뜻할 어떠한 영어 단어도 보이지 않는다.[21] 하여튼 이 동사의 사용이 하나의 복합 연상을 형성한다는 것을 알기는 쉬우나 그 심상의 보조 관념(vehicle)을 찾아내기는 어려운데, 그러면 산과 비교된 것은 무엇인가? 물론 우리는 그것이 짐승, 사람, 또는 아마 한 개의 큰 입과 비교되었다고 말할 수도 있을 것이다.

그러나 만약 우리들이 산을 이것들 가운데 어떤 것과 같이 형상화해서 보려고 한다면 그 심상의 효과는 못 쓰게 될 것이다. 이 시인의 의향은 산을 어떤 구체적인 것과 같게 하려는 것이 아니라, 단순히 마치 둘러싸인 산들에 의해서 튀어나오는 것과 같은 달의 점차적인 돋아오름을 암시하는 것이다. 그러므로 그 복합 심상의 보조 관념을 찾을 필요는 없다. 그 복합 심상이란 특히 명기되지 않는 사물로부터 속성의 전이는 포함하지만, 한 사물을 다른 사물에 비유하는 비교는 포함하지 않는다.

명확을 기하기 위하여 나는 여러 종류의 심상을 나누어 다루고

---

20) 밤은 보통 五庚으로 나뉜다. 四庚은 대개 새벽 1~3시 사이이다.
21) 이 字는 여기서 측성으로 발음된다. 평성으로 발음될 때, 그것은 '토한다 (vomit)'는 뜻이다. 다만 이때만 그것은 불쾌한 연상을 갖는다.

있다. 그러나 실제에 있어서 그것들은 자연히 때때로 동시에 나
타나기도 하며, 정말 내가 이미 예시한 바와 같이 어떤 심상은 동
시에 단순 심상과 복합 심상이 함께 나타날 수도 있다.

이제 한 수의 시 안에 여러 유형의 심상이 사용되는 예를 보자.
온정균(溫庭筠)의 「菩薩蠻」 한 수를 보자.

小山重疊金明滅,
鬢雲欲度香腮雪.
　懶起畫蛾眉,
　弄妝梳洗遲.

　照花前後鏡,
　花面交相映.
　新帖綉羅襦,
　雙雙金鷓鴣.[22]

첩첩 겹친 낮은 산들 빛나고 어둡고[61],
구름 같은 살쩍 향기롭고 눈 같은 뺨을 덮네.

---

22) 『花間集』, 前出 p. 1.
The manifold hills look golden and dark upon the panelled screen,
Her cloudy hair droops over the snow of her fragrant cheeks.
Too lazy to rise and paint her eyebrows,
Over her make-up she dallies and delays.

Mirrors before and behind reflect a flower;
The flower and her face on each other shine.
Her newly made silk jacket is embroidered.
With golden partidges flying two by two.

게을리 일어나 그의 아미(蛾眉)를 그리고,
단장하며 천천히 빗고 씻네.

앞거울 뒷거울에 꽃이 비치고,
꽃과 얼굴 번갈아 서로 비친다.
새로 지은 비단 저고리에 수놓았는데,
금빛 자고새 쌍쌍.

　이러한 중국시에 익숙하지 못한 사람에게는 이 시는 다만 한 아름다운 소녀를 예쁘게 그린 그림과 같이 보일 것이다. 사실에 있어서는 그것보다 더 뜻이 깊다. 제1행에서 산들은 몇 폭(幅)으로 된 침상 위의 화면(畫面) 위에 그려졌거나 새겨졌고, 또 보통 병풍 속에 그려진 풍경을 추측케 한다. 그런데 이 산들은 '중첩(重疊)'한데 다만 그것들이 그렇게 그려졌기 때문에만 그런 것이 아니라 그것들이 중첩된 화면 속에 있기 때문에 그런 것이다. 화폭(畫幅)의 반은 빛이 밝고, 반은 어둡기 때문에 그것들은 명암의 대조적 효과를 나타내고, 산들은 '빛나기도 하고 어둡기도 한 것'이 엇갈려 보인다. '금빛'이란 말은 햇빛일 수도 있고, 그 화폭을 장식한 금(金)일 수도 있고, 또는 양자 다일 수도 있다. 우리가 그것을 금(金) 장식을 묘사한 단순 심상으로 보건, 햇빛을 금에 비교한 복합 심상으로 보건, 어느 경우에나 산들과 함께 그것은 부유하고, 지식이 있고 한가한 환경 속에 놓여진 어떤 내실(內室) 모습의 산 그림을 보여 준다. 더구나 제1행의 자연의 심상은 그 다음 줄에 있는 복합 심상을——그 머리의 구름과 뺨의 눈을——쉽게 이끈다. 두 행에서 자연으로부터 이끌어 본 심상들을 사용함으로써 이 시인은 어느 사이에 심상과 실세계를 배합했다. 화폭 속의 산들, 햇볕, 상상된 구름과 눈, 모든 것이 서로 그것들 자신의 동일 세계를 형성하는 데 몰입하고 있다.

제2절에서는 병렬의 심상이 사용되었다. 꽃은 그 소녀의 유추로 마련된 반면, 수놓은 금빛의 자고새 한 쌍은 대조로 주목을 끈다. 이 소녀는 앞에 있는 거울을 들여다보는데, 그녀의 머리에 꽃을 꽂으려는 듯이 그녀의 머리 뒤에 또 다른 거울을 들고 있다. 이 꽃의 교묘한 아름다움은 그녀에게 갈망감을 주고 그녀 자신의 미와 젊음이 시들기 쉬운 본성을 생각하게 하는 한편, 그녀의 저고리에 수놓여진 한 쌍의 행복한 새들은 그녀의 고독한 상태와 아이러니컬한 대조를 형성한다. 시 전체는 다만 한 예쁜 소녀의 단순한 초상일 뿐만 아니라, 한 소녀의 겨우 알 만한 첫사랑에 대한 각성의 표현이기도 하다. 그것은 어느 면에서는 메러디스 〔Meredith : 1828~1909, 영국의 시인〕의 「골짜기의 사랑(*Love in the Valley*)」을 생각나게 한다.

> She knows not why, but now she loiters,
> Eyes the bent anemones, and hangs her hands.
> Such a look will tell that the violets are peeping,
> Coming the rose ; and unaware a cry
> Springs in her bosom for odours and for colour.
> Covert and the nightingale, she knows not why.

> 그녀는 웬일인지 모르지만, 지금 그녀는 외롭게 머뭇거리고
>   있네.
> 바라보니 고개 숙인 아네모네, 그리고 두 손을 드리웠네.
> 이러한 모습 말할 것 같네, 오랑캐꽃이 엿보고 있다고,
> 장미꽃이 피어난다고, 그러고 알지 못하네 이 소리
> 그녀의 가슴엔 향기와 빛깔을 찾아 용솟음치는,

수풀과 나이팅게일, 그녀는 웬일인지 모르네.

때때로 심상은 쌍관어(雙關語 : pun)와 같이 쓰일 수도 있다.
내가 앞에서 한번 인용한(p. 33) 시행(詩行) 속에 나타나 있다.

東邊日出西邊雨, 道是無晴還有晴.

동쪽에는 해가 나오는데, 서쪽에는 비로구나.
햇빛(사랑)이 없다 해도, 아직 햇빛은 있네.

둘 다 *ch'ing*으로 발음되는 '햇빛(晴)'과 '사랑(情)'이란 쌍관
어는 동시에 복합 심상으로 고려될 수도 있으니, 변덕스러운 사
랑은 단속적(斷續的) 햇볕과 비교될 수 있다. 또 다른 본보기를
한굉(韓翃 : 中唐期의 시인)이 유(柳 : 버들)란 성(姓)을 가진 첩
(妾)을 두고 쓴 시가 있다. 딴 곳으로 전근되어 수도를 떠날 때,
그는 그녀를 두고 갔는데, 뒤에 그녀가 한 이족(夷族)의 장군에
게 유괴당했다는 소식에 낙담하여 한굉은 그녀에게 이런 시를 보
냈다.

章臺柳,
章臺柳.
往日依依今在否.
否, 縱使長條似舊垂
也應攀折他人手.[23]

---

23) 「章臺柳 · 寄柳氏」, 『詞綜』 卷 1, 前出 p. 2b.
Willow of Chang Terrace! ⇨

章臺의 버들,
章臺의 버들!
옛날엔 여구터니, 오늘날은 어떠한가?
아니, 긴 가지 옛날같이 드리워져 있다 해도,
아마 딴 사람 손에 꺾였을 것을!

이에 그녀는 다음과 같이 대답한다.

楊柳枝
芳菲節
可恨年年贈離別?
一葉隨風忽報秋.
縱使君來豈堪折? [24]

수양 버들가지
꽃향기 나는 철에
해마다 이별의 선물을 나누어야 하나?
나뭇잎 하나 바람에 따라 갑자기 가을이 옴을 알리누나.

⇨ Willow of Chang Terrace!
　Is the fresh green of former days still there?
　No, even if the long branches are drooping as before,
　Someone else's hand must have plucked them now!
24) 前同, p. 7b.
　Willow, willow branch,
　During the season of flowers:
　Why must it be made a parting present every year?
　A leaf, following the wind, suddenly heralds the coming of autumn;
　Even if you come again, how can it be worth plucking still?

그대 다시 온들 어찌 꺾이랴?

이 두 수의 시에서, '버들(柳)'은 그 여인의 이름과 쌍관어인 동시에 복합 심상으로도 사용된다. 그녀를 하나의 무원하고 연약한 버들에 비유함으로써 그 심상을 그녀의 위치에 대한 동정으로 불러일으키고, 이 쌍관어가 한갓 어휘에 관한 천박한 장난에 그치려는 위험을 막아 주고 있다.

더 나아가 장대(章臺)라는 창가(娼家)의 완곡어법(婉曲語法)이란 것과, 내가 앞에서(p. 33) 지적한 바와 같이, 이별하는 친구에게 버들가지를 선물하는 것이(그래서 앞의 둘째 시의 제 3 행에 있듯이) 일종의 습관이었다는 것을 강조해야만 하겠다. 이러한 함축과 연상은 나아가 그녀의 가련하고 무방비한 지위를 강조하고 있다.──행인의 마음에 들면 꺾여 남의 손에 들어가거나, 거친 날씨에 이지러지도록 버려진 큰 길가의 버드나무처럼 말이다.

이런 심상이 딸린 쌍관어(雙關語)는 이상은(李商隱)의 시 몇 수에 사용되었다. 그 중에 그 자신이 주(註)에서 명백히 밝히고 있듯이, '유(柳 : 버들)'라는 여인을 이 시인이 연모했지만 그녀의 사랑을 그는 우연한 사정 때문에 놓치고야 만 '유지(柳枝)'라고 부르는 한 젊은 소녀를 생각나게 한다. 또 다른 시에서 그것은 성이 유(柳 : 버들)인 그의 후계자 중의 한 사람을 은연중에 가리키는 것같이도 보인다.

이러한 쌍관어 심상은 시에 날카로운 맛을 더해 주고, 또한 한 심상의 특수한 적합을 강조할 수도 있다(그 심상을 구성하는 단어가 그것이 적용되는 사람의 이름에 쌍관되는 경우와 같이). 이러한 것들은 비록 보다 덜 정교하기는 하지만 셰익스피어의 유명한 쌍관어 'hart(수사슴)'와 'heart(마음)'와도 비교될 것이다. 쌍관어와는 달리 의성어와 같이 물론 또 다른 청각적 방법으로

심상이 또한 결합될 수도 있다. 나는 이미 앞에서(p. 74)에 의성
어적 심상의 한 본보기를 제시했으므로 여기서는 더 이상의 본보
기가 필요없을 줄 안다.

나는 중국시에 있어서 심상을 하나로 다루어 왔기 때문에 여러
시대의 시들을 분별 없이 인용하고 있다. 그러나 실제에 있어서
만약 우리들이 중국 상대시(上代詩)와 후대시(後代詩)를 비교한
다면, 특히 두보(杜甫) 이전의 시와 두시(杜詩)와 두보 이후의
여러 시인들의 작품을 비교한다면, 심상 사용에 있어서 주목할
만한 차이를 보게 될 것이다.

첫째, 상대시에 있어서는 단순 심상과 다만 '병치(並置)'만을
내포한 복합 심상이 자주 나타나지만, '비교(比較)'·'대체(代替)'·
'전이(轉移)'를 포괄하는 복합 심상은 거의 쓰이지 않는다. 후대
시에 있어서는 어느 하나가 유별나게 드러남이 없이 모든 종류의
심상이 사용되었다.

둘째, 상대시에 있어서의 심상의 사용은 우발적이고 단순하지
만, 후대시에 있어서 그것은 가끔 고의적이고 복잡하다. 나아가서
상대시에서 우리들은 시 한 수를 통해서 똑같은 심상이 사용되거
나, 다른 심상들이 연상(聯想)에 의해서 서로 밀접하게 연결된다
는 것을 발견하기 힘드나, 후대시에 있어서 일관성 있는 심상과
심상의 기초적 결합을 자주 보게 된다.

「영회(詠懷)」라는 이름이 붙은 시련(詩聯)들 중의 일부인 완
적(阮籍 : 210~262)의 다음 시는 상대시의 한 본보기가 될 것이
다.

> 夜中不能寐, 起坐彈鳴琴.
> 薄帷鑑明月, 清風吹我衿.
> 孤鴻號外野, 朔鳥鳴北林.

徘徊將何見? 憂思獨傷心.[25]

밤중에 잠 이룰 수 없어,
일어나 앉아 거문고를 타노라.
얇은 장막으로 밝은 달 비치고,
맑은 바람은 나의 옷깃을 스치네.
외로운 기러기는 바깥 들에서 울고,
철새는 북녘 숲에서 우네.
머뭇거리나, 무엇을 볼 것인가?
근심스런 생각에 홀로 마음 조이노라.

여기서 심상의 사용은 자연스럽고 단순하다. 달과 바람은 묘사 이상의 다른 어떤 목적에기울어짐이 보이지 않는 단순 심상들이다. 외로운 기러기와 울부짖는 철새는 처량하게 밤에 우는 이러한 새들과, 온 세상이 캄캄한데 홀로 읊조리고 있다는 이 시인 사이에 하나의 유추(類推)를 이어주는 복합 심상으로 받아들여진다. 외로운 기러기는 조정을 떠난 고결한 관리를 뜻하고, 철새는 세력을 쥔 못된 관리를 뜻한다고 해석되어 왔다. 이것은 나에게

---

25) 四部叢刊本, 『文選』 p. 419.
It is midnight, yet I cannot sleep,
So I sit up to play upon my strings.
The thin curtain reveals a brilliant moon.
The cool wind my dress gently swings.
Out in the wild a single swan cries,
In the northern wood a flying bird sings.
Pacing to and fro, what can I see?
A sorrowful thought my lonely heart wrings.

현학적이고 불필요하게 보인다.

예를 들면 그렇다고 하더라도 이 심상은 이러한 상황에 놓여진 사람의 마음을 용이하게 움직이는 유추로부터 생기는 것이기 때문에, 후대시들에서 찾을 수 있는 바와 같이 억지로 꾸미고 정교하게 발전된 '비교'들로부터 생기는 것은 아니다. 그래서 또한 이러한 가지가지 심상이 한꺼번에 나타나는 것도 이러한 심상을 일으키는 사물이 가끔씩 동시에 존재하기 때문이고, 그러한 것들 사이에 후기시(後期詩)에서 가끔 보는 경우와 같은 어떤 특별한 근원적(根源的) 관계가 있는 것은 아니다.

그럼 지금 전체시를 통해서 한 가지 유추를 추구한 후기의 시 한 수를 보자.

戱贈友人

一日不作詩，心源如廢井.
筆硯爲轆轤，吟詠作縈綆.
朝來重汲引，依舊得淸冷.
書贈同懷人，詞中多苦辛.[26]

---

26) 四部叢刊本,『長江集』 p. 12.

To a Friend, in Jest

If for one day I do not write poetry,
My mind's source dries as a deserted well.
The brush and ink-slab are my pulleys,
Humming and chanting are my winding ropes.
Next morning I pull and draw again,
Once more I get a clear draught.
— I write this for a like-minded man：
Our verses are full of hardships and bitterness!

친구에게 장난삼아

하루라도 시를 짓지 않으면,
마음 속이 마른 우물같이 되네.
붓과 벼루는 나의 도르래가 되고,
읊고 노래함은 감는 줄이 되네.
아침에 다시 풀어 길으니,
전같이 시원한 물을 얻겠구나.
── 써서 마음 같은 이에게 보내노니,
글 가운데 괴롭고 쓰라림이 많도다!

여기서 시인 가도(賈島 : 777~841)는 주요 세목(細目)에 있어
서 우물로부터 시를 짓는 것과 물을 긷는 것 사이에 유추를 조심
스럽게 발전시켰는데, 수법에 있어서 이것은 형이상학파(形而上學
派) 시인들을 생각나게도 한다.

실제로 약간 후기의 중국 시인들은 억지로 꾸민 관념을 사용함
에 있어서 또한 형이상학파 시인들과 닮았으나, 상대의 시인들은
일반적으로 누구에게나 쉽사리 일어날 수 있는 비교들로 만족하
고 있다.

한유(韓愈 : 768~824)에 의해서 사용된 다음과 같은 심상들을
예로 들어 보자. 해와 달은 천공(天空) 속에 교대로 굴러들어가
는 두 개의 공과 비교되며〔日月如跳丸 :「秋懷詩」九〕[27] 이백(李
白)과 두보(杜甫)의 시를 비방하는 자들은 '개미가 큰 나무를 흔
들려고 하는 것〔蚍蜉撼大樹 :「調張籍」〕과[28] 같이 묘사했으며
〔62〕, 가을에 떨어지는 나뭇잎 소리는 이 시인으로 하여금 달수

───────────────

27) 四部叢刊,『昌黎先生集』p. 24.
28) 上同, p. 55.

레의 운전사인 망서(望舒)가 그의 둥근 달을 떨어뜨린 것으로
〔望舒覽其團:「秋懷詩」九〕 추측케 만든다〔63〕.――이러한 생
각은 우리들로 하여금 파에톤(Phaeton)과 그의 몰락을 생각나게
한다〔태양의 신 헬리오스의 아들로, 아버지의 마차를 잘못 몰아
천지에 큰 화재를 일으켰으므로 제우스신에게 노여움을 받아 죽
음〕. 혹은 다음 한유의 친구 맹교(孟郊:751~814)의 사언절구
――한 여인의 입에서 나온 시를 보자.

　　試妾與君淚, 兩處滴池水.
　　看取芙蓉花, 今年爲誰死.[29]

　　나와 그대 눈물을 흘려,
　　두 곳 못물에 넣어 보세.
　　못 속에 부용화를 꺾어다가
　　올해는 누구를 위해 죽었나 알아보세.

　　근본적이고 주의할 만한 심상을 생각하지 않고, 후기 시인들은
또한 일상적 연상을 통해서 서로 연관된 심상들을 사용하기를 좋
아했다. 앞에서(p.113)에 인용한 온정균(溫庭筠)의 두 수의 사
(詞)에서 이 시인은 두 번이나 타서 재가 되는 향(香)과, 녹아서
눈물이 되는 촛불이란 심상들을 사용하였다. 이 두 심상들이 왜
함께 사용되었는가를 알기는 쉽다. 양자는 스스로 애태우는 정열

───────────────
29)「古怨」, 四部叢刊本,『孟東野詩集』p. 9.
　　Let us, you and me, drop our tears
　　Into our separate ponds, there and here;
　　And then take the lotus-flowers to see
　　For which of us they have died this year.

을 암시하며 양자는 친근한 내실의 광경을 연상시키기 때문에 비
슷한 종류의 분위기를 불러일으킨다.

  심상 사용에 있어서 상대(上代) 시인들과 후기 시인들 사이의
이와 같은 차이는 중국시에 있어서 심상을 적용하는 표준이 무엇
인가 하는 문제를 우리들로 하여금 고려하게 만든다. 중국어와
같이 오랜 역사를 가진 언어에서는 언제나 근본적인 심상을 사용
한다는 것은 명백히 불가능하기 때문에 우리들은 심상을 순전히
독창성(獨創性)이란 기준에서만 판단할 수는 없다. 그러면 문제
는 그것이 처음 쓰이느냐 그렇지 않느냐는 문제를 떠나서 주어진
시 속에서 한 심상이 좋으냐 나쁘냐 하는 것을 우리들이 어떻게
판단하느냐 하는 것이다. 나는 다음과 같은 점을 고려해 볼 것을
제안한다.

  첫째, 우리들에게 진부한 심상들도 한때는 독창적이었다는 것
과, 한 수의 시가 진부한 심상으로 가득 찼다고 흉보기 전에 우리
는 먼저 그것이 언제 씌어졌는지 물어야 할 것이다.──다른 말
로 하면 어떤 시인이 그것을 썼을 때 벌써 그 심상이 진부해졌는
지를 말이다. 『시경(詩經)』이나 『초사(楚辭)』가 진부한 심상으
로 가득 찼다고 하는 것은 셰익스피어가 인용으로 가득 찼다고
말하는 것과 같이 모순된다. 자연 상투어(常套語)가 되어 가는
한 심상을 그 본연의 상태로 회복시키려면 약간의 노력이 요구될
것이다.

  그러나 그것을 처음 생각해 낸 시인으로 볼 때는 이렇게 하는
것이 좀 공평할 것이다. 우리들이 중국시의 번역을 생각할 때 이
문제는 더욱 복잡해진다. 역설적으로 진부한 심상은 번역 같은
데서는 나타나지 않는다.

  오히려 그것은 그 원어(原語)를 모르는 독자들에게는 아주 생
생하고 매혹적으로 보일 것이다. 중국어에서 여인의 눈에 관한

상투적인 단어 '秋波(Autumn Waves)'라는 말이 퍽 진기하다면,
마치 중국어에서는 『초사(楚辭)』에서 처음 씌어졌을 때 그러했던
것처럼, 영어에서는 매우 대담하게 나타날 것이다. 그래서 우리는
이러한 진부한 심상을 찾아내든가, 아니면 번역 속에서 그 근원
을 잘못된 분위기 속에서 흘려버리든가 해야 하는 딜레마에 직면
하게 된다.

개인적으로 나는 한 사람의 번역자로서 누구든 어떤 상투어에
약간 생생한 힘과 광채를 부여할 수 있는 운좋은 기회를 얻게 된
데 대하여 자신이 몰래 자축하고 있다 하더라도, 서구 독자들에
게 중국시의 한 비평가요, 해설가로서는 어떤 비평적 분석이나
어떤 시를 평가할 때 진부한 심상을 지적해 내는 데 주저해서는
안 된다고 생각한다.

다음 우리들은 그것이 독창적이든 아니든 어떻게 그 심상이 사
용되고 있는지, 무슨 시적 목적에 그것이 기여하고 있는지를 따
져 보아야 할 것이다. 심상의 효과란 오로지 그 독창성에 달려 있
는 것은 아니다. 왜냐하면 독창적(獨創的) 심상은 신기함 때문에
독자의 상상력을 자극할 수 있지만, 습관적인 심상은 그 친근성
때문에 더욱 쉽게 의욕적인 반응과 관련된 연상을 불러일으킬 수
있다.

만약 시인이 한 장의 일치되는 그림을 그려내기 위하여 비슷한
연상들을 지닌 심상들을 사용한다든가, 그가 습관적 심상을 사용
하지만 그것이 한 줄의 새로운 문맥 속에서 묘하고도 청신한 의
미를 부여한다든가, 그가 이러한 심상을 더욱 발전시킨다든가, 혹
은 그것을 그의 지금 목적에 부합시키기 위해서 수식한다면, 그
심상이 독창적인 것인가 아닌가 하는 것은 별로 문제가 되지 않
을 것이다. 우리들은 이미 비슷한 연상들을 가지고 비슷한 그림
을 구성하고 통일된 효과를 불러일으키기 위하여 사용된 심상들

속에 이루어진 몇 수의 시들을 보았다(p. 97, p. 108, p. 113, p. 183에 인용된 시들). 우리들은 지금 다른 시인들로부터 심상을 빌려 왔으면서 상투어를 피하기 위하여 고심하는 시인들에게서 여러 가지 수단의 몇 가지 실례를 볼 수 있다.

무엇보다 첫째, 한 시인은 습관적이고 복합된 심상을 사용하면서, 더욱 '비교'를 발전시키거나, 혹은 그 중심 유추에 간결한 변화를 첨가시킬 수 있다. 왕안석(王安石 : 1021~1086)의 다음 시가 그 좋은 예이다.

杏 花

石梁度空曠, 茅屋臨淸炯.
俯窺嬌嬈杏, 未覺身勝影.
嫣如景陽妃, 含笑墮宮井.
怊悵有微波, 殘粧懷難整.[30]

살구꽃

돌 징검다리 빈 들을 다리 놓고,

---

30) 四部叢刊本,『臨川先生文集』p. 64.
   Almond Blossoms
   A stone bridge spans the vast void,
   A thatched hut overlooks the clear water.
   Bending to peep at the delicate almond blossoms,
   I feel the image is as good as the original:
   Charming as the Lady of the Ching-yang Palace
   Who, smiling, leapt into the well.
   Sad it is to see the tiny ripples
   Spoil her fading make-up beyond repair.

띠 이은 지붕 맑은 물에 임해 있네.
구부려 교태 가득한 살구꽃을 바라보니,
제 몸이 그림자보다 나은건지 모르겠네.
아름답기는 마치 웃음을 머금고,
궁정(宮井)에 빠진 경양비(景陽妃) 같네.
슬프다 가는 물결에
이지러진 화장 바로잡기 어렵네.

이것은 아름다운 여인을 꽃과 이러저러한 것에 비교한 아주 흔한 시제(詩題)이다. 그러나 왕안석은 몇 가지 재미있는 방법으로 이 전통적 비교를 발전시켰다.

첫째, 살구꽃 자체를 아름다운 여인과 비교시키는 대신, 그는 투신자살한 한 여인을 물 속에 있는 살구꽃의 영상(影想)과 비교시켰다. 그래서 이 비교는 당장 진부해지고 형식적인 것을 벗어나, 특수하고도 적절하게 된다(景陽妃는 陳代의 마지막 왕의 애첩이다). 다음 이 시인은 이 살구꽃의 반영(反影)과 그 자신이 우물 속에 뛰어든 이 여인 사이의 유추를 더욱 상세하게 그려 내었다. 즉, 둘 다 연약함에도 불구하고 매혹적이라는 것, 둘다 물 위의 잔물결에 의해서 그들의 아름다움이 이지러졌다는 것 등이다. 이 양자의 동일성은 넷째 줄의 고의로 양의(兩意)를 취하는 말 '身'〔글자 그대로라면 '몸'자〕의 사용에 의해서 암시되고, 마지막 줄에서 완성되는데, 살구꽃의 이지러진 반영과 물에 빠진 미인의 이지러진 단장(丹粧)은 여기서 하나가 되고 같아진다.

또 하나의 차용 심상(借用心象)은 새 문맥 속에서 묘미를 지닐 수 있다. 예를 들면 송대(宋代)의 유명한 시인 소식(蘇軾 : 1036~1101, 호는 東坡)은 술을 묘사하려고 다음 두 심상을 썼다.

應呼釣詩鉤, 亦號掃愁帚.[31]

마땅히 시를 낚는 낚시라고도 할 수 있고,
또한 슬픔을 쓸어 내는 빗자루라고도 할 수 있네.

　이러한 심상들은 원대(元代)의 극작가 교길(喬吉 : ?~1345)
의 「금전기(金錢記)」라는 희극(戲劇) 속에 차용되었는데, 여기서
사랑에 번민하는 한 젊은 사나이는 술로 위안받는 것을 다음과
같이 거절한다.

掃愁箒, 掃不了我鬱悶情懷,
釣詩鉤, 鉤不了我這風流的症候.[32]

　이 슬픔을 쓸어 내는 빗자루도 나의 울적한 고민을 쓸어 내
　　지 못할 것이요,
　이 시를 낚는 시 갈퀴도 나의 이 사랑의 병을 낚지 못할 것
　　을.

　이래서 이 본래의 비교는 지켜지지만, 그 뒤에 숨겨져 있는 생
각은 뒤바뀌어진다.

---

31)「洞庭春色」四部備要本,『東坡後集』卷 2, p. 2b.
　　It should be called 'the hook that fishes poetry.'
　　Also termed 'the broomstick that sweeps away sorrow'
32) 第三折,『元曲選』, 甲上,「金錢記」p. 8b.〔64〕
　　This 'sorrow-sweeping broomstick' cannot sweep away my melan-
　　　choly;
　　This 'poetry-fishing hook' cannot fish my lovesickness.

가끔 시인은 차용 심상을 수식하고, 그것으로부터 약간 다른 심상을 얻어 낼 수도 있다. 이와 같은 희극(戱劇)에서 이 청년은 그의 애인이 침대에 누워 있는 것을 상상하려고 애쓰고 있다.

深被擁, 紅雲皺[33)]

두꺼운 그녀의 이불, 붉은 구름 주름일세.

이 심상은 여류 사인(詞人) 이청조(李淸照)의 원시상(原詩想) 중에서 다음과 같이 수식된 시구(詩句)에서 나왔다.

被翻紅浪.[34)]

이불은 붉은 물결.

나아가 시인은 대구(對句)에 새로운 힘을 주기 위하여 두 개의 습관적인 심상을 사용할 수 있다. 백박(白樸 : 1226~1313 ?)의 낭만적 희극(喜劇)인 「장두마상(牆頭馬上)」이란 희곡에서 이 극시가 (劇詩家)는 다음과 같은 심상을 사용한다.

柳暗靑烟密, 花殘紅雨飛.[35)]

---

33) 第三折, 上同.
   Her thick coverlet folds its red clouds.
34)「鳳凰臺上憶吹簫」,『詞綜』卷 25, p. 2b.
   The coverlet turns its red waves.
35) 第一折,『元曲選』, 乙下, p. 2a
   The shady willows from a thick green mist, ⇨

그늘진 버들은 두껍고 푸른 안개를 이루고,
지는 꽃은 붉은 소나기에 날도다.

이러한 심상들은 독창적인 것은 못되지만, 그것들이 여기서와
같이 세심한 대구 속에 놓일 때, 그것들은 벌써 그 자체가 따로따
로 지닐 수 없었던 새로운 힘을 얻게 된다.

모든 시에 사용될 수 있는 이와 같은 차용 심상 사용 방법 이
외에도, 특히 희극 작가는 극적 목적을 위해서 심상을 사용할 수
있는 또 다른 방법을 알고 있다.

중국 극시에서 가장 자주 사용되는 이러한 심상의 사용은 배경
묘사인데, 그로써 청중에게 배우의 동작의 구체적 배경을 마음
속에 그리는 것을 돕게 할 수도 있고, 그렇게 함으로써 또한 분위
기를 창조할 수도 있다.

이런 본보기들은 어느 시극(詩劇)에서나 볼 수 있다. 한 젊은
아가씨와 그녀의 시녀가 산책하고 있는 봄날 달 밝은 정원을 묘
사하고 있는 다음 시행들은 정광조(鄭光祖 : 14세기 초)의 「추매
향(㑳梅香)」에 나온다.

　　海棠風：錦機搖動鮫綃冷 ;
　　芳草烟：翠紗籠罩玻璃淨 ;
　　垂楊露：綠絲穿透珍球逬 ;
　　池中星：有如那玉盤亂撒水晶丸 ;
　　松梢月：恰便似蒼龍捧出軒轅鏡.[36]

⇨ The fading flowers fly in red showers.

36) 第一節,『元曲選』, 庚下, p. 4b.
　　The wind stirring the cherry-apple blossoms : a loom weaving a
　　piece of cold 'mermaid silk'; ⇨

해당화에 부는 바람 : 시원한 인어 비단 짜는 베틀 ;
방초 가린 안개 : 은 유리〔玻璃〕덮은 파아란 사(紗) ;
수양버들 맺힌 이슬 : 푸른 실에 꿴 영롱한 구슬 ;
못에 비친 별 : 저 옥쟁반 위에 흩어진 수정알 같고 ;
소나무 끝에 매달린 달 : 마치 창룡(蒼龍)이 받들고 나온 헌
원경(軒轅鏡)인 듯하여라.

  이러한 정교한 심상들을 통해서 이 극작가는 한 아름다운 광경
을 나타내고, 그래서 연달아 일어나는 배우의 동작에 적절한 분위
기를 준비할 수 있다. 즉, 이 젊은 여자는 한 선비가 거문고를 타
는 것을 엿듣는데, 그것은 물론 이 연애 고사(戀愛故事)의 발단을
나타낸다.
  전혀 이질적인 세계로 옮겨가기 위하여 우리들은 「오동우(梧桐
雨)」에 눈을 돌려 보자. 이 극은 당(唐) 현종(玄宗)과 그의 애첩
양귀비(楊貴妃) 사이에 맺힌 유명한 이야기를 다루고 있는데, 앞
에서(p. 73) 이미 그 가운데 의성어적 심상의 한 본보기를 제시한
바도 있다. 다음 장면은 궁중인데, 황제(唐 玄宗)는 그의 애첩(楊
貴妃)이 죽은 뒤 밤 늦게까지 슬픔에 잠겨 앉아 있다. 그는 비가
오동나무에 떨어지는 것을 듣고 있는데——바로 그 나무 밑에서
그는 그녀와 나란히 서서 영원한 사랑을 맹서했었다. 비를 묘사하

⇨ The mist on the fragrant grass : a verdurous gauze over clear glass;
  The dew drops on the drooping willows : pearls strung with green
    silk threads;
  The stars reflected in the pond : scattered crystal balls on a jade
    plate;
  The moon above the top of the pine-tree : an ancient mirror held by
    a grey dragon.

는 심상 몇 가지가 여기 나온다.

> 一會價緊呵, 似玉盤中萬顆珍珠落；
> 一會價響呵, 似玳筵前幾簇歌鬧；
> 一會價淸呵, 似翠岩頭一派寒泉瀑；
> 一會價猛呵, 似繡旗下數面征鼙操.[37]

> 어느덧 빨라지누나!
> 옥반 위에 일만 알 진기로운 구슬같이；
> 어느덧 커지누나,
> 큰 잔치 자리에 떠들썩한 몇 무리의 악공과 가수들같이；
> 어느덧 맑아지누나,
> 이끼 낀 바위 위에 굴러 쏟아지는 한 줄기 찬 샘물과 같이；
> 다시 어느덧 사나워지누나！
> 수놓은 깃발 밑에서 울려퍼지는 수많은 전고(戰鼓) 소리와
> 같이.

이상과 같은 심상들은 바로 연기(演技)를 위한 적절한 분위기
를 환기시킬 수 있으며, 관객들을 공감적 무드로 이끌어들이는

---

37) 第四折, 『元曲選』, 丙上, p. 10b.
 Now it is fast,
 Like ten thousand pearls dropping on a jade plate;
 Then it is loud,
 Like several groups of musicians and singers at a banquet;
 Now it is clear,
 Like a cold cataract falling on mossy rocks;
 Again it becomes fierce,
 Like some battle drums booming under embroidered banners.

것이 가능해진다. 이러한 효과는 현대극에 있어서 무대장치와 조
명으로 살릴 수 있는 그러한 것들과 비교가 될 것이다. 물론 극시
에서 이러한 심상의 사용은 다른 언어에서도 또한 발견된다. 손
닿는 대로 한두 가지 예를 들면, 『아가멤논(*Agamemnon*)』에서
아이스킬로스[Aeschylus : BC 526~BC 456, 그리스의 비극 시
인]는 암흑(暗黑)과 꺼져 가는 희망의 분위기를 나타내기 위해서
다음과 같은 심상을 사용한다.

> Twelve full months now, night after night
> Dog-like I lie here, keeping guard from this high roof
> On Atreus' palace. The nightly conference of stars,
> Resplendent rulers, bringing heat and cold in turn,
> Studding the sky with beauty—I know them all, and
> watch them Setting and rising.[38]

> 지금 만 열두 달, 밤마다 또 밤을
> 개와 같이 나는 여기 누워, 이 높은 지붕에서 궁전을 지키노
> 라.
> 군성(群星)들의 야간집회를,
> 눈부신 지도자들은, 열기와 냉기를 번갈아 보내며,
> 하늘을 미로 아롱지게 하노라──나는 그들을 모두 알고, 그
> 들을 지키노라
> 졌다가 떴다가 하는.

비슷하게 『파우스트 박사(*Doctor Faustus*)』에서도, 말로우는

---

38) Philip Vellacott 譯, Penguin Classics, p. 41.

파우스트가 흑마술(黑魔術)을 행하는 데 어울리는 배경을 준비하기 위하여 암담한 심상을 사용한다.

> Now that the gloomy shadow of the night
> Longing to view Orion's drizzling look,
> Leaps from th'antarctic world unto the sky,
> And dims the welkin with her pitchy breath,
> Faustus, begin thine incantations,
> And try if devils will obey thy hest. (Act I, sc. iii)

밤의 어두운 그림자가
오리온이 안개같이 내리는 광경을 동경한다면,
남극 세계로부터 하늘로 뛰어오르고,
창공(蒼空)을 그녀의 검은 입김으로 어둡게 한 이상은,
파우스트여, 그대의 주문(呪文)을 시작하라.
그리고 악마들이 그대의 명령에 복종하기를 원하는가 시험해
　보라.

　장면 묘사를 떠나서, 심상은 극에서 배우들의 정서를 표현하기 위해서 사용될 수도 있다. 실제로 심상은 모든 시에 있어서 정서를 표현하는 방법으로 사용되나, 다만 극시에서는 심상에 의해서 표상될 수 있는 것은 극중 인물들의 정서이지, 작가의 그것은 아니라는 사실이다. 이러한 목적을 위해서 중국 극시인들이 어떻게 심상을 사용했던가 하는 것을 보여 주기 위해서 몇 개의 본보기를 들면 될 것이다. 마치원(馬致遠 : 1270 ?~1330 ?)의 「한궁추(漢宮秋)」라는 비극에서, 북쪽 오랑캐와 화약(和約)을 맺기 위한 수단으로 끌려가서 오랑캐의 왕과 결혼해야 하는 그의 애희(愛姬)

왕소군(王昭君)과 전별(餞別)해야만 하는 한(漢)나라의 황제는
다음과 같은 심상으로 자기의 슬픔을 표현한다.

舊恩金勒短, 新恨玉鞭長[39]

옛사랑 금 재갈처럼 짧고,
새로운 한(恨) 옥 채찍처럼 길도다.

이러한 방법으로 옛사랑과 지금의 허위가 예리한 대조를 보인
다. 더 나아가서 이 말을 하는 사람은 아마 말 위에 앉아 있는 것
으로 생각되기 때문에 이러한 심상들은 독자들에게 동떨어진 것
이 아니라 자연스럽고도 적절한 감을 준다.

또 한 예는 관한경(關漢卿 : 13세기)의 「금선지(金線池)」라는
희극(喜劇)에서 볼 수 있다. 다음 말을 하는 사람은 애인에게서
버림을 받았다고 생각하는 한 기녀(妓女)이다.

東洋海洗不盡臉上羞,
西華山遮不了身邊醜,
大力鬼頓不開眉上鎖,
巨靈神劈不斷腹中愁.[40]

---

39) 第三折, 『元曲選』, 甲上, p .5b.
   Brief as the golden bridle is our former love,
   Long as the jade-handled whip our present sorrow.
40) 第二折, 『元曲選』, 辛上, p .4a
   The Eastern Ocean could not wash away the shame on my face;
   The West Hua Mountain could not conceal the disgrace of my per-
   son; ⇨

동양해, 맑은 물도 내 얼굴 부끄럼 다 씻지 못하고,
서화산, 높은 뫼도 내 몸의 더러움 다 가리지 못하리,
대력귀, 힘센 귀신 내 미간의 주름 펴지 못하고,
거령신, 큰 구름 귀신도 내 가슴 속 슬픔 꺾지 못하리.

이러한 심상들은 환상적이고 또 다소 불합리하기도 하지만 그 애인이 정말로 그녀를 버리지는 않았다는 것과, 이렇게 지나치게 슬퍼할 이유가 있을 수 없다는 것을 우리들은 알기 때문에, 이 저자는 고의로 희극적(喜劇的) 효과를 노리기 위하여 과장하고 있는 것같이 보여진다.

우연히 이 시행(詩行)의 첫 심상은 저절로 우리들에게 맥베드(*Macbeth*)의 유명한 절규를 생각나게 한다.

Will all great Neptune's ocean wash this blood
Clean from my hand?—— II-2

위대한 해신(海神)의 큰 바닷물을 다 가지면,
내 이 손의 피를 씻어 버릴 수가 있을까?
〔역문은 정음사, 『셰익스피어 전집 I 』, p. 419에서 인용〕

그런데 지적된 바와 같이[41] 셰익스피어는 그의 심상을 세네카 〔Seneca : BC 4?~65, 로마의 철학자·극작가〕의 『히폴리투스(*Hippolytus*)』에서 이끌어 내었을 것이다.

⇒ A demon of great strength could not unlock my knitted eyebrows;
No mighty river god could break the sorrow in my breast.
41) *Notes and Queries*, Vol. 196, p. 337.

non ipse toto magnus Oceano pater tantum expiarit sceleris.

위대한 아버지가 이 장대한 대해(大海)를 가지고도 속죄할
수 없노라.

이러한 일치들은 공간과 시간에 있어서는 멀리 떨어져 있다 하
더라도 사람의 마음은 비슷한 심상을 품을 수 있다는 것을 증명
해 준다.

때로는 상술한 극시 중의 심상의 두 가지 목적이──배경 묘
사와 극중 인물의 정서 표현──결합되어 있다. 완전한 실례는
『서상기(西廂記)』의 유명한 이별 장면 속에 나타난다. 남녀 주인
공은 짧고 행복한 날을 함께 누린 뒤에 서로 헤어지지 않으면 안
된다. 여주인공은 이 장면을 다음과 같이 시작한다.

碧雲天[65],
黃花地,
西風緊,
北雁南飛.
曉來誰染霜林醉.
總是離人淚.[42]

---

42) 第四本, 第三折, 陳志憲注, 『西廂記箋證』, 上海中華書局 1984, p. 37.
Grey clouds in the sky,
Yellow flowers on the ground,
The west wind blowing hard,
The wild geese southward flying.
In the early morning who has dyed the frosty trees with drunken
hue?
Ah, it must be parting lovers' tears!

하늘엔 푸른 구름,
땅엔 누우런 꽃,
서풍은 몰아치고,
북녘 기러기 남으로 날도다.
새벽에 누가 서리맞은 숲을 물들여 붉게 취케 하였는가?
아! 애오라지, 떠나간 님의 눈물이로다!

　여기서 우리는 하나의 놀라운 혼유〔混喩 : mixed metaphor
——하나의 주제에 대하여 둘 이상의 다른 metaphor를 사용하
는 것〕를 본다. 먼저 서리맞은 나뭇잎은 ‘붉게 물들여진’것으로
묘사되고, 그 다음 그 나뭇잎들은 술취한 사람의 붉은 얼굴에 비
겨지고, 끝으로 그것들은 이별한 애인들의 눈물에 의해 붉게 변
했다고 이야기된다.
　이렇게 우리는 그들의 눈물이 그 나뭇잎들을 붉게붉게 변하게
했다는 비유는 그들의 눈에서 피눈물을 흘리고 있다는 것을 암시
하기 때문에 가을 수풀의 생동하는 그림자, 애인들의 슬픔의 효
과적인 표현을 동시에 얻을 수 있다.
　다른 희곡 정광조(鄭光祖) 작 「倩女離鬼(혼 나간 아가씨)」에
서는 여주인공이 그녀의 약혼자와 헤어져 탄식으로 세월을 보내
면서, 그녀의 감정을 다음과 같은 심상들로 표명한다.

　　日長也, 愁更長.
　　紅稀也, 信尤稀.[43]

---

43) 第三折,『元曲選』, 戊上, p.6a.
　　Long is the day, but my sorrow longer;
　　Scarce are the red flowers, scarcer his letters.

해가 기나, 시름은 더욱 길고,
꽃은 드무나, 편지는 더욱 드무네.

이러한 심상들도 또한 풍경 묘사와 정서 표현의 기능을 결합시
킨다. 즉, 이러한 심상들은 해는 점점 길어져 가고 꽃은 시들어져
가는 늦은 봄, 초여름——이러한 계절을 동시에 가리키는 한편
그녀의 권태와 고독을 표현하기도 한다.

앞서 든 본보기들로도 극시에 있어서 심상이 어떻게 이러한 두
종류의 목적에 부합되는가를 설명할 수 있다. 사실 앞서 든 아이
스킬로스(Aeschylus)와 말로우(Marlowe)의 예들 또한 이 이중
목적(二重目的)에 부합된다. 『아가멤논』의 1절에서 어두운 밤과
별들의 심상은 다만 행동의 배경을 묘사할 뿐만 아니라, (밤으로
암시된) 아르고스(Argos) 시민들 사이에 널리 만연된 피로와 불
길한 예감의 정조(情調)와, 광명(별로 암시된)의 도래에 대한 그
들의 갈망을 나타내고 있다. 파우스트의 1절에서 심상은 어두운
분위기를 만듦과 아울러 주인공의 마음의 상태를 밝혀 준다. 즉,
밤의 음울한 그림자는 오리온의 징조(徵兆)로 태풍을 보게 되기
를 갈망하여 마지않으면서 하늘을 덮어 가고, 악마의 힘도 또한
파우스트의 혼의 파멸을 보기를 열망하면서 그의 마음에 힘을 발
휘하고 있다.

심상이 충족시킬 수 있는 또 다른 희극적 목적은 작중 인물을
묘사하여 그나 혹은 그녀에 대한 우리의 자세에 영향을 미치게
하는 것이다. 마치원(馬致遠)의 「청삼루(靑衫淚)」는 시인 백거이
(白居易)와 가희(歌姬) 배흥노(裴興奴) 사이에 전해 오는 사랑을
다루고 있는데, 배흥노는 자기의 운명을 다음과 같이 푸념하고
있다.

落葉似官身吊名差.[44]

낙엽 같구나, 관리들의 부름에 따라야만 하는 이내 몸은!

그녀는 관기(官妓)로서 불릴 때는 언제나 손님들을 즐겁게 해주기 위해서 공식적 향연에 나타나야만 한다. 이 슬픈 운명은 떨어지는 나뭇잎의 심상에 의해서 강조되는데, 그것은 그녀에 대한 우리의 동정을 유도하기도 한다.

비슷한 투로, 또 다른 한 가기(歌妓)는 그 이름을 따서 지은 「사천향(謝天香)」이란 관한경(關漢卿)의 희곡에서, 자기 자신을 장 속에 든 새와 비교한다.

> 你道是金籠內鸚哥能念詩,
> 這便是咱家的好比似,
> 原來越聰明, 越不得出籠時.[45]

금 새장 안에 든 앵무새도 시를 읽을 수 있다고 자네는 말했
  지,
이것은 바로 나와 좋은 비유일세,
원래 총명하면 총명할수록 새장을 빠져나오지 못하는 것이

---

44) 第一折,『元曲選』, 己下, p. 1b.
   The fallen leaf is like my person that has to answer the biddings of
   officials.
45) 第一折,『元曲選』, 甲下, p. 1b.
   You say the parrot in the golden cage can recite verse;
   This is a fit comparison for me.
   The cleverer one is, the harder to get out of the cage.

라네.

이 두 심상들은 셰익스피어와 말로우가 각각 최후의 순간을 맞는 맥베드와 옥에 갇힌 에드워드 2세를 묘사하기 위해서 사용한 두 개의 심상들과 다소 비슷하다.

My way of life
Is fall'n to the sear, the yellow leaf.——*Macbeth* V-3

나의 생애도
낙엽기에 들었다. 황엽이 지게 되었다.
　　〔정음사,『셰익스피어 전집』, p. 447에서 인용〕

The wren may strive against the lion's strength,
But all in vain : so vainly do I strive
To seek for mercy at a tyrant's hand.
　　　　　　　　　　——*Edward* II, V-3

굴뚝새가 사자(獅子)의 힘에 버티어도,
모두 허사로다, 내가 공연히 버틴 것같이
참주(僭主)의 손에서 자비(慈悲)를 구하기 위하여.

비유된 희곡의 상황에 다른 점은 있지만, 각각의 경우에 심상은 주어진 상황 가운데 작중 인물을 요약하며, 그 남자 또는 그 여자에 대한 우리들의 정서적 태도에 영향을 미치게 한다.
심상의 희극적(戲劇的) 효과는 반복에 의해서 고양될 수가 있다. 극 전체를 통해서 기조(基調)를 이루고 있는 셰익스피어류의 반복 심상은 중국 시극에서는 발견되지 않지만, 우리들은 한 극 중에서 간혹 반복되는 심상을 보기도 한다. 예를 들면 『서상기 (西廂記)』에서 앞서 든 나뭇잎을 붉게 바꾼 피눈물의 심상은 이 여주인공의 다음과 같은 말로 이어진다.

淋漓襟袖啼紅淚 [46]

축축한 깃과 소매, 피눈물로 젖었도다.

그리고 또,

眼中流血, 心裏成灰. ──上同

눈에는 피눈물, 가슴에는 재가 쌓이네.

라고 노래했다. 또 다른 반복 심상은 「오동우(梧桐雨)」에 나온 다. 황제의 총희(寵姬)인 양귀비를 죽이지 않는다면 근위병들이 현종을 호종하지 않겠다고 했을 때, 황제는 그들에게 다음과 같 이 간원한다.

他是朵嬌滴滴海棠花,
怎做得鬧荒荒亡國禍根芽. [47]

---

46) 第四本, 第三節, 箋證 p. 44.
   The front and sleeves of my dress are wet with red tears.
   Blood flows from my eyes while my heart turns to ashes.
47) 第三折, 前出 p. 8a.
   She is a delicate cherry-apple blossom; ⇨

그녀는 한 떨기 애교 똑똑 뜬는 해당화.
어떻게 황황스레 나라를 망친 화근이 되겠는가?

최후의 장면에서 현종은 그녀의 죽음을 다음과 같이 회상한다.

可惜把一朵海棠花零落了！[48]

아아! 한 떨기의 해당화를 지게 했구나!

이 반복 심상 때문에 해당화는 우리의 마음 속에 양귀비를 연상하게 만든다. 즉, 우리들은 그녀를 이 꽃과 같은 인물──그 아름다움은 꼭 이 꽃처럼 정교하고, 그 생애는 이 꽃처럼 짧은 것으로──로 생각한다.

간단히 말해서 중국시에서, 특히 극시에 있어서는 시인들이 가끔 다른 데서 심상을 차용할 수 있다. 그러나 여러 가지 변화 있는 방법을 씀으로써 그와 같은 심상에 신선한 힘과 의미를 부여하며, 그것이 진부한 상태에 놓이지 않게 만든다.

진부한 심상과 관련된 한 가지 다른 문제는 원래 복합 심상과 같이 생각되었으나 오래전부터 그렇게 사용되지 못하고 있는 표현들에 의하여 나타난다. 이러한 표현들을 영어에서는 보통 '죽은(dead)' 혹은 '화석화된(fossilized)' 은유들이라고 부른다. 리처즈(I. A. Richards) 교수가 말한 것처럼 모든 언어가 궁극적으로는 은유적일는지 모르지만, 실제 비평을 도모하기 위해서 우리들은 은유적인 것으로 흐르는 것과 그렇지 않은 것 사이에 놓인 어

⇒ How could she be the root of troubles that would ruin the country?
48) 第四折, 上同 p. 9b.

Alas, that the cherry-apple blossom should have withered!

떤 선을 긋지 않으면 안 된다. 우리들의 문제는 그 선을 긋는 곳이 어디냐 하는 것이다. 단단하고 딱딱한 규칙을 선언하는 것은 불가능하다 할지라도, 일반적으로 그 문맥에서 은유(또는 복합 심상, 나 자신의 용어를 되쓴다면)가 의도되었는지 않았는지 판단하는 것은 가능하다.

예를 들면 'investing money(돈을 투자한다)'라는 말에서 대부분의 사람들은 마음 속에 옷의 심상을 갖지는 않는다고 추측해도 좋다〔invest에는 입힌다는 뜻이 있음〕. 중국어에 있어서도 비슷한 표현들이 있는 것이 사실이다.

제 1 편 제 2 장에서 내가 지적했듯이, 중국 한자가 가진 본래의 은유적 함축은 대부분 오랜 사이에 벌써 사라져 버렸는데, 아직도 모든 한자를 은유로 취급하려고 든다면, 우리들은 페놀로사, 파운드 또는 다른 사람들이 저질렀던 것과 같은 오류에 빠질 것이다. 대체로 하나의 단어, 혹은 구(句)가 그 원래의 뜻과 전혀 상반되는 것을 가리키지 않는 한, 우리들은 비유적일 수는 없다고 생각해도 상관없을 것이다.

이백의 작으로 알려졌고, 지금 전하는 사(詞) 중에서 최초의 표본으로 일컬어지는 「보살만(菩薩蠻)」의 첫 구절은 다음과 같이 시작된다.

平林漠漠烟如織,
寒山一帶傷心碧.[49]

평림은 막막한데 안개로 짜놓은 듯하고,

---

49) 國學基本叢書簡編,『李太白集』册 2, p. 80.

The woods upon the plain are woven with a thick mist,
The chilly mountains lie, a belt of melancholy green.

한산(寒山) 한 띠는 상심으로 푸르러라.

내가 'a belt(한 띠)'로 번역한 일대(一帶)란 말은 은유적 함축
이 없다면 단순히 '범위(a stretch)' 혹은 '지역(a region)'을 의
미할 뿐일지 모른다. 그러나 지금 이 문맥에서 이 시인은 그 앞
줄에다 '짠다(織)'는 말을 사용하였으므로, 그 단어의 근본적 의
미대로 해석해서 이 표현을 취하는 것이 좋으리라고 나는 생각한
다. 그래서 이 시인은 아마 안개에 비겨질 회색(灰色)의 직물(織
物)을 배경 너머로 깔고 있는 한 줄기 녹색대(綠色帶)의 그림을
마음 속에 두었을 듯하다. 이 예와는 대조하여 두보가,

風林纖月落[50]

바람부는 수풀에 가는 달이 지누나.

라는 시행(詩行)을 썼을 때, 이 말에 해당하는 글자 纖은 '비단실
(糸)'이란 의부(意符)를 갖고 있음에도 불구하고, 그는 어느 모로
보아도 '纖(가늘다)'이란 말을 은유적으로 쓰려고 하지는 않을
것 같다. 그 형용사는 달 그 자체에 적용되는 것이지 그것이 비치
는 그늘에 적용되는 것이 아니기 때문에, 플로렌스 아이스코
[Florence Ayscough : 『Tu Fu : The Autobiography of a Chinese
Poet』의 저자]가 이 시인이 짜여진 실의 무늬와 같은 일종의 무
늬를 묘사하려고 했다고 짐작하는 것은 순전한 환상이었다.[51]
  심상에 관하여 한 가지 더 고려되어야 할 게 남아 있으니, 즉

---

50) 「夜宴左氏莊」, 『杜詩引得』 p. 278.
    Over the windy woods a slender moon sets.
51) William Hung, *Tu Fu*, pp. 10~11.

시인의 성격의 표현으로서의 심상이다. '문체는 그 사람 자신이
다.'라고 하지만, 심상은 어떤 사람의 문체를 형성하는 데 중요한
부분이 되므로 가끔 그 사람의 한 실마리를 만들어 주기도 한다.
다행스런 일치로서 우리는 왕유(王維), 이백(李白), 두보(杜甫)
——그들의 나이 순서대로——세 당대(唐代)의 대시인들에 의
하여 쓰인 세 수의 매우 비슷한 대구(對句)들을 본다.

　　江流天地外, 山色有無中[52]

　　강의 흐름 하늘과 땅 바깥에 있고,
　　산의 빛깔 유(有)와 무(無) 가운데 있도다.

　　山隨平野盡, 江入大荒流.[53]

　　산은 평야(平野)를 따라 끝나고,
　　강은 대황(大荒)에 들어 흐르도다.

　　星垂平野闊, 月湧大江流.[54]

---

52) 王維,「漢江臨汎」四部備要本,『王右丞集注』卷 8, p. 10b.
　　The river's flow (lies) beyond heaven and earth,
　　The mountain's colour between being and non-being.
53) 李白,「渡荊門送別」, 前出,『李太白集』册 4, p. 65.
　　The mountains, following the wild plain, come to an end;
　　The river, entering the great waste, flows.
54) 杜甫,「旅夜書懷」, 前出,『杜詩引得』p. 415.
　　The stars drooping, the wild plain (is) vast;
　　The moon rushing, the great river flows.

별이 드리우니 평야는 넓도다,
달은 솟으니 긴 강은 흐르도다.

세 수가 다 지금의 호북성(湖北省)에 있는 한 강의 경치를 묘
사하나, 각각 그 심상을 통해서 다른 세계와 다른 성격을 보여 주
고 있다. 왕유는 구체적인 강과 산 대신에 추상적 '흐름(流)'과
'빛깔(色)'을 주어로 사용하고, 또 이러한 것들이 하늘과 땅과 유
와 무 사이에 놓여 있는 것으로 묘사함으로써 모든 장면이 허환
(虛幻)하게 나타나도록 만드는 초속감(超俗感)을 만들고 있다.
의식적이건 무의식적이건간에 이것은 이 시인의 불교적 인생관
——모든 것은 다 허망하다는 견해인데, 이것을 불교 용어로 말
한다면 '색즉시공(色卽是空 : 色-現象, 空-無)'이라는——의 표현
이 된다.

그와 대조하여 이백과 두보 양자는 구체적 '강'과 '산' 혹은 '평
야'를 주어로 사용하였다. 그렇기 때문에 그들의 심상은 더욱 사
실성과 확고성을 갖고 있다. 그렇지만 이 두 시인들 사이에도 또
한 차이가 있다. 이백은 '盡(다하다)'과 '荒(황무지)'이란 말을
사용함으로써 적막감과 고독감을 돋구기도 하는데, 이러한 감정
은 가끔 그의 시 속에서 그의 자기 중심적인 성격의 한 표현임을
나타내기도 한다. 한편 두보는 별과 강과 물 속에 비친 달의 반영
(反影)의 움직임들을 객관적으로 묘사함으로써 인생의 관찰자로
서의 자기 자신을 나타내고 있다. 우리들은 한걸음 더 나아가서
왕유는 그의 대구에서 동사를 배제함으로써 정적감과 허환감(虛
幻感)을 강조하고, 이백은 각 명사에 두 개의 동사를 쓴 반면
——'산'에 '隨(따르다)'와 '盡(다하다)', '강'에 '入(들어가다)'
과 '流(흐르다)'——두보는 네 개의 명사에 네 개의 동사를 써서
각 명사에 동사 하나씩 썼다는 것을——'星'에 '垂(드리우다)',

'野'에 '闊(넓다)', '月'에 '湧(솟다)', '江'에 '流(흐르다)'——주
목할 수 있다. 결론적으로 두보의 심상은 더욱 풍부함을 지녔고
움직임에 있어서도 더욱 암시적이다.

　다른 시인들로부터 몇 가지 예만 더 들어 보자. 앞의 시인들과
동시대인(同時代人)이며 빛나는 경력을 갖추고 절도사(節度使)까
지 지낸 고적(高適 : 700~765)은 다음과 같은 심상 속에서 그의
남성적 성격과 상무적(尙武的) 경향을 보여 준다.

　　湍上急流聲若箭, 城頭殘月勢如弓.[55]

　　여울 위 빨리 흐르는 물소리 쏜살같고,
　　성 위에 지는 달 모습 활과 같도다.

　웅장한 고적과는 반대로, 가난에 찌들린 맹교(孟郊)는 다음과
같은 시에서,

　　淺井不供飮, 瘦田長廢耕.[56]

　　얕은 우물은 마실 물도 못 되고,
　　마른 밭 버려둔 지 오래도다.

---

55)「金城北樓」, 四部叢刊本, 『高常侍集』 p. 42.
　　The sound of the rapid flow of the torrent is like arrows,
　　The shape of the fading moon over the city is like a bow.
56)「秋夕貧居述懷」, 前出, 『孟東野詩集』 p. 23.
　　The shallow well cannot supply my drink,
　　The thin fields have long been left unploughed.

'춥거나(寒)' 또는 '메마른(瘦)' 것 따위를 자주 쓴다. 끝으로 비평가 왕국유(王國維)가 송대(宋代)의 사인(詞人) 장염(張炎 : 1248~?)의 자작사(自作詞) 가운데 쓴 장염의 호인 옥전(玉田)과 비슷한 말(雙關語)인 '玉老田荒(낡은 玉 거친 밭)——『祝英臺近』'이라는 두 개의 심상을 끄집어내어 장염을 조롱한 것은 재미있다.57) 사실 한 시인의 성격을 나타내는 심상은 개인적 상징의 상태에 접근하기 때문에, 그것을 아래에 좀 언급해 볼까 한다.

일반적으로 말해서 상징엔 두 종류가 있으니, 습관적인 것과 사적(私的) 혹은 개인적인 것이 있다. 습관적 상징은 이의 없이 선택된 사물이나 사랑에는 장미와 같이 어떤 추상적인 것으로 대신 나타내는 관용어구를 말한다. 그것은 또한 신화나 전설 같은 것에도 기인할 수가 있는데, 성경의 이야기 때문에 비둘기를 평화의 상징으로 삼는 것 따위이다.

중국에서는 언어에 있어서, 그림에 있어서, 일상생활에 있어서 무수한 관용적 상징들이 있다. 어떤 관용적 상징들은 지정된 물건의 어떤 성질에 말미암는다. 예를 들면 소나무는 추운 겨울에도 견딜 수 있기 때문에 절개의 상징으로 여겨지는데, 이 사실은 '歲寒然後知松柏之後凋(추워진 후에야 송백이 뒤늦게 시들어짐을 알겠다——『論語』·「子罕篇」)'라고 관찰한 공자의 말씀에서 나왔다. 다른 관용적 상징은 쌍관어에 그 기원을 갖고 있기도 하다. 예를 들면 그리 매력적인 동물이 아닌 박쥐는 '박쥐(蝠)'와 '축복(福)'이 둘 다 중국어에서는 'fu'로 발음되기 때문에 축복의 한 상징이 된다. 이별에 버들 같은 관용적 상징은 옛날 습관에 기인하고, 불행한 사랑에 두견(杜鵑)을 쓰는 것은 민담에 기인한다는

---

57) 玉田之詞, 余得取其詞中之一語以評之曰 :「玉老田荒」,『人間詞話』, 前出 p. 33.

것을 나는 이미 앞에서 지적하였다(p. 33, p. 98). 개인적 상징들은 시인들에 의하여 마음의 상태, 세계관, 혹은 그 자신의 개성을 표현하기 위하여 사용되는 것이다. 그것들은 의식적으로 또는 무의식적으로 사용될 수 있다. 개인적 상징의 두 가지 보기를 두보의 시에서 볼 수 있다.

그 첫째 본보기는 「화응(畵鷹)」이란 제목이 붙은 시에서 나온다.

素練風霜起, 蒼鷹畵作殊.
攫身思狡兎, 側目似愁胡.
絛鏇光堪摘, 軒楹勢可呼.
何當擊凡鳥, 毛血灑平蕪?[58]

흰 비단에 바람과 서리 일어나니,
푸른 매 뛰어나게 그려졌구나.
솟구친 몸은 날랜 토끼를 생각하는 것 같고,
곁눈질함은 근심 찬 오랑캐를 닮았네.
묶어 놓은 끈과 고리 반짝여 손에 잡힐 듯하고,
난간 들보에 앉아서 부르면 곧 쫓아나올 것 같은 기세일세.

---

58) 『杜詩引得』, 前出 p. 227.
Wind and frost rise on the white silk:
The grey hawk is painted with uncommon skill.
Stretching his body, he wishes for a cunning hare;
Looking askance, he resembles a sad barbarian.
His chain and ring are bright, as if touchable;
From the railings one could almost call him forth.
When will he attack the common birds,
Sprinkling their feathers and blood over the wild plain?

언제 뭇 새들을 쫓아내고,
그놈들의 털과 피를 넓은 들판에 뿌릴 것인가?

 마지막 연의 힘을(어느 정도 原詩에서) 느끼는 사람은 아무도
이 시를 단순히 한 마리의 매의, 더구나 그려진 매의 묘사로 이
시를 받아들이는 데 만족하지는 않을 것이다. 한편 이 매는 이 시
인을 나타내고, 뭇 새(凡鳥)는 도처에 산재하는 소인(小人)을 나
타낸다고 하는 주석가들을 따를 필요까지도 없을 것이다. 두보가
성심껏 매 그림을 묘사하기 시작했다는 것은 진실이나, 이 주제
는 오히려 홉킨스[Hopkins : 1844~1889, 영국의 시인]의 황조
롱이와 같이,

  Brute beauty and valour and act, oh, air, pride, plume,
   here Buckle !──*The Windhover*

 야수적 미와 용기와 행위, 오 자태, 긍지, 영광이 여기에 허
  물어진다 !
 [역문은 이재호 역, 『20세기 영시』, p. 44에서 인용]

가 되나 이 새는 영웅적 힘과 난폭한 아름다움의 상징이 될 정도
로 그의 상상을 불태우는 주제가 된다. 또 한 본보기는 말에 관한
시에서 나온 것인데,

 所向無空闊, 眞堪託死生.[59]

---

59)「房兵曹胡馬」, 前出,『杜甫引得』pp. 267~276.
  Wherever he goes, space ceases to be;
  To him one can truly entrust one's life.

어디로 가든 빈 데를 남기지 않으니,
정말 사생을 맡길만 하도다!

이란 시구(詩句)가 있다. 여기서 또한 우리는 이 말이 두보에게
나, 또는 우리들에게나 말 이상의 것, 곧 시인이 흠모하는 용기·
충성·힘 따위 자질의 상징이 되었다는 것을 느낄 것이다. 두보의
매와 말은 그렇기 때문에 블레이크의 호랑이 혹은 홉킨스의 황조
롱이에 비교될 것이다.

　비록 중국 시인들이 앞에서 본 바와 같이 개인적 상징들을 사용하
기는 했으나 그들은 블레이크가 그의 예언서(Prophetic Books)나
예이츠〔Yeats : 1865～1939, 아일랜드의 시인〕가 그의 후기시에
사용했던 것과 같은 전체적인 개인적 상징 체계를 사용한 예는
퍽 드물다.

　중국에서 상징을 널리 사용한 시인은 아마 굴원(屈原)일 것이
다.[60] 초(楚)나라 임금에게 쫓겨난 그의 슬픔과 분한(憤恨), 이
상적인 여인에 대한 동경, 고독감, 조국의 안위(安危)에 관한 위
구(危懼), 최후의 절망과 자살할 결심 등을 적은 그의 『이소(離
騷)』(슬픔을 만남) 속에서 그는 꽃·풀·신화적 인물·짐승 등 허
다한 상징들을 사용하고 있다. 불행하게도 주석가들은 이러한 상
징들을 실재 인물을 나타내는 것같이 해석하는 데 기울어져 굴원
의 상징을 풍유(allegory)의 상태로 한정시키고 있다.

　상징과 풍유의 주된 차이는 쉽게 알 수 있다. 풍유에 있어서는
'나타내어지는 것'과 '나타내는 것'을 확인하는 것이 어렵지 않다.
정말 풍유는 보통 특수한 선과 악의 의인화로 꾸며지거나——스
펜서(Spenser)의 선녀여왕(*Faerie Queene*)에서처럼——혹은 그

---

60) p. 66을 보라.

반대로 실제 인물 혹은 기관이 비인간적 존재로 변장되어 나타나는 것이다——드라이든(Dryden)의 암사슴과 표범(*The Hind and Panther*)에서와 같이——그러나 내가 앞서 한번 지적한 것처럼, 상징에서는 나타내어지는 그 무엇을 지적해 내는 것이 항상 불가능하다. 바꾸어 말하면 상징은 몇 가지 해석이 가능하며 그것 가운데 어떤 것은 동시에 받아들여질 수가 있다. 그것이 왜 상징은 풍유보다 더욱 풍부함과 의미의 미묘함을 가졌는가 하는 이유가 될 것이다.

그런데 중국의 전통적인 굴원 주석가들은 가끔 이 시인의 상징과 실제 인물 사이의 단순한 등식을 만들어 내는 데 만족하였다. 즉, 난초＝그 시인, 잡초＝그의 정적(政敵), 여신＝그 임금, 구혼자＝그 시인 등. 이런 식으로는 이 시 전체가 흥미가 없어진다. 이러한 것을 특정한 사람이 아닌 어떤 특성을 나타내는 상징으로 보는 것이 더 나을지 모른다. 즉, 난초와 다른 꽃은 여러 가지 덕과 미의 상징으로 고려될 수도 있으며, 그가 혼인하고자 원했던 여신은 또한 이상적 군주의 존엄을 나타낼 가능성도 있지만, 이상적 미와 여자다움을 나타내는 것으로 해석될 수도 있으며, 시인이 탄 말과 용은 시적 천재성과 창조적 상상의 상징으로 취할 수도 있다. 이러한 관점에서 보면 이 시는 풍유보다는 더욱 넓은 의미를 가진 것으로 보일 수도 있다.

앞서 내가 살핀 바와 같이 상징과 심상은 가끔 합치되기도 한다. 또 상징과 심상이 함께 사용될 뿐만 아니라, 같은 말이 양자의 기능을 겸할 수도 있다. 앞에서(p. 108) 인용한 온정균(溫庭筠)의 사(詞)에서 버들·기러기·시들은 꽃 들은 다만 그 광경 묘사를 돕는 심상으로서의 역할만 할 뿐 아니라 이별·유리·시간의 흐름 따위를 훌륭히 상징화하고 있다. 같은 시인에게서 다른 본보기를 하나 들면 「보살만(菩薩蠻)」한 수가 있다.

玉樓明月長相憶,
柳絲嫋娜春無力.
門外草萋萋,
送君聞馬嘶.

畫羅金翡翠,
香燭銷成淚,
花落子規啼,
綠窗殘夢迷.[61]

옥루에 달 밝으니 그대 생각 하염없소.
버들가지 가냘프게 봄날 힘없이 흔들리오.
문 밖에 풀 무성했고,
그대 보낼 때 말 울음 들었지.

금비취 그린 비단 장막 뒤,
향촉은 녹아 눈물이 되고,
지는 꽃에 뻐꾸기 울고,

---

61) 『花間集』, 前出 p. 1.
In the moonlit bower of jade memory of you for ever dwells.
The silky willow twigs are swinging, soft and weak as spring.
The grass was growing thick beyond our gate;
Seeing you off, I heard the horse's neigh.

Behind the curtain gilt with kingfishers,
The perfumed candle has dissolved in tears.
Amid the fading flowers and the cuckoo's cries,
A broken dream still haunts my window green.

푸른 창에 남은 꿈 어른거려.

여기서 옥루(玉樓)·명월(明月)·유사(柳絲)·화라(畵羅)·향촉
(香燭)·꽃·자규(子規)·녹창(綠窗) 따위 여러 심상은 현재의 장
면을 그리는 데 쓰인 반면, 풀·문·말 따위는 과거를 회상하는 데
쓰였다.

동시에 심상의 어떤 것은 또한 상징적이기도 한데, 버들은 이
별과 또 마음의 쉼없는 상태를 나타내고, 촛불은 슬픔과 스스로
애태우는 정열을 나타내고, 우리가 앞에서 본 바와 같이 자규(子
規)는 불행한 사랑의 상징이 된다. 이렇게 심상과 상징은 알아내
지 못할 정도로 혼합되어 있고, 이중 목적도 그것들에 의하여 충
족되었다. 즉, 바깥 광경도 묘사하고 마음 속의 정서적 경험도 나
타내는 것이다.

심상과 상징이 흔히 결합되어 있기 때문에, 심상의 효과를 판
단하기 위하여 앞서 제시했던 표준들도 또한 상징에 적용할 수
있다. 적어도 우리는 시에 사용된 상징들이 근본적인 것이든 개
인적인 것이든 그것들이 주는 시적 목적이 무엇인가 하는 것과,
의미와 연상에 있어서 그것들이 문맥과 일치를 이루는가를 따져
보아야 할 것이다.

관습적 상징의 경우에는 시인이 그 의미를 어떻게 재확정시키
고, 발전시키고, 수식하고 또는 바꾸었는가 하는 것을 살펴보아야
할 것이다. 시인들이 상투어(常套語)를 쌓는 일 없이 관습적 심
상들을 사용할 수 있듯이, 그들은 상투적 반복을 피할 수 있도록
다양한 함축과 연상을 지닌 관습적 상징을 사용할 수 있다. 국화
란 상징 하나를 가지고, 여러 시인들이 그것을 어떻게 사용했던
가를 살펴보자. 내가 아는 한 중국시에서 상징으로서 이 꽃을 제
일 처음 사용한 것은 굴원의 「이소(離騷)」에서이다.

朝飮木蘭之墜露兮,
夕餐秋菊之落英.[62]

아침에는 목란(木蘭)에서 떨어진 이슬을 마시고,
저녁에는 가을 국화(菊花)의 떨어진 꽃잎을 먹노라.

여기서 꽃은 순결과 도덕적 완정(完整)의 상징으로 보인다. 그
것은 나아가 그 앞줄에서 이 시인이 늙음이 가까워 옴을 염려한
것을 나타냈기 때문에, 장수를 상징할지도 모른다[66].
「추풍사(秋風辭)」(p. 96에 인용)에서 우리는 한무제(漢武帝)
가 또한 이 상징을 사용한 것을 기억한다.

蘭有秀兮, 菊有芳.
懷佳人兮, 不能忘.

난초는 빼어남이여,
국화는 향기롭구나.
어여쁜 사람을 생각함이여,
잊을 수 없구나!

이 시행 속에서 굴원의 말을 되풀이해서 썼음에도 불구하고 국
화의 상징적 가치는 지금 전연 다른데, 여기서 그것은 도덕적 완
정보다는 오히려 여성의 미를 나타낸다. 그것은 이 노래가 늙음
에 대한 공포와 시간의 지나감을 한탄하고 있기 때문에 또한 장

---

62) 『楚辭集註』, 前出, 冊 1, p. 7b.
   In the morning I drink the dew drops from the magnolia,
   In the evening I eat the fallen petals of the autumn chrysanthemum

수에 대한 생각과도 관련될 수 있을 것이다.

도잠(陶潛)의 국화에 대한 그의 애호(愛好)는 유명한 것이기 때문에, 이 꽃은 도덕적 완정의 상징일 뿐만 아니라 또한 은자(隱者)생활의 상징으로까지 발전하였다. 그는 이 꽃을 다음과 같은 시행에서,

秋菊有佳色, 裛露掇其英.
汎此忘憂物, 遠我遺世情.[63]

가을 국화 고운 빛깔 가졌는데,
이슬에 젖은 그 꽃을 꺾노라.
이걸 근심 있는 술 위에 띄워,
속세에서 멀리 내 마음을 버리고 싶어라.

이 꽃을 신화(神化)했다. 도연명(陶淵明)의 이 연상 때문에, 철학자 주돈이(周敦頤 : 1617~1673, 북송 유학자)가 한 유명한 수필에서 언급한 바와 같이 국화는 '꽃 가운데 은자〔花中之隱者――「愛蓮說」〕'가 되었다.

그렇지만 후대 시인들은 이 꽃을 은자의 생활과는 다른 사물의 상징으로 사용할 수도 있었다. 왕안석(王安石)의 다음 시에서 그것의 도덕적 완정과 힘의 원의미(原意味)는 회복되었다.

---

63)「飮酒二十首」其七, 前出,『陶淵明集』p. 31.
　　The autumn chrysanthemum has fine colour;
　　I pick its beautiful blossoms wet with dew.
　　Floating them on the sorrow-chasing wine,
　　Further from the world I carry my mind.

團團城上日, 秋至少光輝.
積陰欲滔天, 況乃草木微.
黃菊有至性, 孤芳犯羣威.
采采霜露間, 亦足慰朝飢.[64]

둥글고 둥근 성 위의 해,
가을에 이르니 광휘(光輝)가 주네.
쌓인 음기는 하늘에 넘치려 하는데,
하물며 미미한 초목 따위겠는가?
누른 국화만 지성(至性)이 있어,
외로운 향내 여러 힘과 맞서네.
서리와 이슬 사이에 꺾어,
아침 허기 또한 메울 만하네.

이와는 대조적으로 여류 사인(女流詞人) 이청조(李淸照)는 이 꽃을 이지러진 젊음과 쇠해진 아름다움을 상징하는 꽃으로 사용하였다. 한 사(詞)에서 그녀는 적기를,

滿地黃花堆積,

---

64) 「黃菊有至性」, 前出, 『臨川集』 p. 95.
   Round, round, the sun over the city:
   The coming of autumn has paled its bright beams.
   The gathering gloom will flood even the sky:
   What chance have insignificant herbs and trees?
   But the yellow chrysanthemum has purest nature,
   Its lone fragrance withstands manifold forces.
   Let me pluck it amid the frost and dew,
   For it is enough to allay one's morning hunger.

憔悴損.
如今有誰堪摘.[65]

온 땅에 누른 꽃더미
해지고, 여위고, 낡은.
이제 누가 꺾겠는가?

하고, 또 다른 사(詞)에서,

簾捲西風,
人似黃花瘦.[66]

주렴은 걷으니 서풍이요,
사람은 누른 꽃보다 마르네.

라고 하였다. 이 예들은 하나의 습관적인 상징이 그 문맥에 따라
서 어떻게 그 의미와 정서적 연상들 속에서 수식될 수 있는가를
보여 주고 있다.

---

65)「聲聲慢」, 前出,『詞綜』卷 25, p. 3b.
  All over the ground are heaps of yellow flowers:
  Ravaged, haggard, worn.
  Who will pluck them now?
66)「醉花陰」, 上同 p. 3a.
  As the curtain rolls up the west wind,
  One is growing thinner than the yellow flowers.

제3장 인유(引喩)·인용(引用)·파생어(派生語)

많은 중국시는 인유적이기 때문에 하나의 시적 기교로서의 인유(引喩)의 용법에 주의를 기울일 필요가 있다. 대체로 일반적인 것과 특수한 것 두 종류의 인유가 있다.

일반 인유란 보통 지식과 의견에서 우러나온 것인데, 중국시 속에서 5원소(五元素 : 金·木·水·火·土), 음(陰), 양(陽)과 같은 두 상반되는 자연 법칙, 즉 천문학과 점성술에 관한 인유들 따위이다. 이러한 것들은 서구시, 특히 중세기와 문예부흥기 시에 나오는 4대 원소(四大元素 : 土·水·氣·火), 4체액(四體液 : 血·粘液·膽汁·憂鬱), 천문학과 점성술 등에 관한 인유와 비교될 것이다. 특수 인유는 특정한 문학 작품, 역사적 사건, 인물, 전설, 신화에서 이루어진 것들이다.

이 두 종류의 인유들 사이의 경계는 변할 수 있는 것이다. 왜냐하면 한 시대에서 상식으로 받아들여지던 것들이 딴 시대에서는 알기 힘들어질 수도 있고, 그 반대로 원래는 특수한 인유였던 것이 되풀이 사용되어서 어느덧 언어의 한 부분 한 몫이 되어 버릴 수도 있다. 예를 들면 중국시에서 유가(儒家) 경전(經典)의 인유들은 옛날 글을 알던 모든 중국인들에는 쉽게 이해되었을 것이나, 현대 중국 독자들에게는 어려움을 줄 것이다. 이것은 영시에서의 고전 인유가 엘리자베스 시대나 18세기 영문 독자들에게는 모호함이 없었을 것이나 현대 영문 독자들에게는 어렵게 보이는 것과 똑같은 것이다.

한편 15세란 말 대신에 쓰는 '지학(志學 : 학문에 뜻을 두다)'과 같은 말[67]처럼 중국어에서의 어떤 인유적 복합어는 이미 특별

---

67) p. 27을 보라.

한 설명을 붙일 필요가 없는 습관적 표현과 같이 된 지가 오래이
다. 'Olive branch〔올리브 나뭇가지 : 평화의 상징——노아가 방
주에서 놓아 준 비둘기가 올리브 나무의 가지를 물어 왔다는 고
사에서 유래〕와 같이 성경에 기원을 둔 어떤 영어 관용구들은 이
미 특수한 인유에 속하지 않는 것이나 마찬가지이다. 고대 중국
이나 문예부흥기의 남유럽에서와 같이 대부분의 독자들이 비슷한
교육 배경을 가졌으리라고 짐작되는 사회에서 시인은 그가 관습
적 상징을 사용해도 좋은 것과 비슷한 방법으로 매우 안심하고
인유들을 사용할 수가 있다. 현대와 같이 지식과 신념이 일치하
지 않는 것이 당연한 것처럼 모든 독자에게 인정되고 있는 시대
에는 인유가 개인적 상징과 같이 어렵게 보이기 쉽다.

　이러한 인유와 상징 사이의 유사(類似)는 실제 비평의 영역에
들어갈 수 있는 것이다. 상징을 다룸에 있어서나 인유를 다룸에
있어서나 마찬가지로 그것들이 처음 쓰인 것인가, 혹은 습관적인
것인가, 보편적인 것인가, 독특한 것인가 하는 것에 관해서 너무
따질 것이 아니라 오히려 그것들이 어떤 목적 혹은 어떠한 이유
를 갖고 있는가 하는 것을 따져야 할 것이다.

　환언하면 우리들은 이 인유가 전체 시적 효과에 무엇을 더해
주는가, 혹은 그것은 단순히 그 시인의 지식을 과시해 주는가?
여기에 쓴 인유들을 사용한 어떤 이유가 있는가, 혹은 시인이 그
러한 것들을 사용하지 않는 것보다 그 인유들 속에서 구체화시킬
수 있는 어떤 것을 표현할 수 있는가 하는 것을 물을 수 있다.

　내가 제시한 이러한 것들은 시에 있어서 인유들의 이점을 판단
하는 기준이 될 것이다. 어떤 비평가들과 같이 모든 인유들을 현
학적(衒學的)이거나 인공적인 것이라고 비난할 필요는 없다. 우
리들이 살펴볼 필요가 있는 것은 어떻게 인유가 사용되었으며,
어떠한 이유로 그것이 정당화되었거나 필요화되었는가 하는 것을

발견해 내는 것이다. 다음 예들은 인유의 사용을 정당화하거나 필요화한 약간의 이유를 가진 것들이다.

첫째 인유들은 하나의 상황 제시에 경제적 방법으로서 사용될 수 있다. 그렇지 않다면 그것들은 설명이 들어가고 지면이 필요할 어떤 사실을 독자들에게 알려주는 데 일종의 속기법 역할을 할 수 있다. 예를 들면 두보는 만년(晚年)의 시에서 다음과 같이 썼다.

庾信平生最蕭瑟, 暮年詩賦動江關.[68]

Yü Hsin's whole life was nothing but bleakness,
But in his last years his poetry moved the River Pass[69]

유신의 평생은 가장 쓸쓸했으나,
모년(暮年)의 시부는 강관(江關)을 움직였네.

유신(庾信 : 513~581)은 두보가 흠모하던 시인이었고, 그의 시를 두보는 일찍이 이백을 칭찬할 때에 이백과 비교한 적도 있음은 우리가 앞서 한번 보았다(p. 189). 유신은 남북조(南北朝) 시대에 살았으며 남조 태생임에도 불구하고 강제로 북조에 억류되어서 그의 뜻과는 반대로 북조에서 벼슬을 했다. 그 때문에 그의 시는 때때로 회한과 향수를 나타내고 있다. 그를 몰래 가리킴으로써 두보는 그 자신이 또한 혼란 시기에 집을 멀리 떠나 살았으며, 그의 시적 성취가 그의 생활에서 잃어버린 것을 다른 방면

---

68)「詠懷古跡五首」其一, 前出,『杜甫引得』p. 472.
69) 산 사이에 조여진 양쯔강 줄기(A stretch of the Yangtze River flanked by mountains)〔67〕.

으로 다소나마 보상받을 수 있으리라는 것을 암시하였다.

만약 두보가 인유를 쓰지 않고 단순히 '杜甫平生最蕭瑟, 暮年詩賦動江關(나의 전생애는 헛된 것, 그러나 지금 나의 노년에 나의 시는 강 너머 퍼질 것이다.)'이라고 썼다면 그는 자기 연민과 자기 기만 속에 빠져 들어가는 것을 나타내게 될 것이다. 물론 이런 따위의 인유는 쉽사리 상투어가 될 수 있다. 그래서 매양 불만에 찬 시인은 그 자신을 굴원이나 이백과 같은 버림받은 천재로 자인하게 되고 매양 불행한 젊은 여인은 버림받은 왕후나 짓밟힌 미인처럼 비유된다. 그렇지만 이러한 인유의 남용도 시에 있어서는 그들의 적절한 용법을 파괴하지는 않는다.

때때로 시 속에서 과거의 사실과 현재의 위치 사이의 유사(類似)를 그려내는 대신 하나의 인유는 한 가지 대조를 제공할 수도 있다. 그 효과는 경우에 따라서 비극적일 수도 있고, 희극적일 수도 있고, 풍자적일 수도 있다. 안록산(安祿山)의 난이 일어나 처자와 떨어져 있는 동안에 쓴 한 수의 시에서 두보는 아래와 같이 적었다.

牛女漫愁思, 秋期猶渡河.[70]

견우와 직녀는 슬퍼하지 말라,
가을마다 은하수를 건널 수 있으니,

이 전설은 대략 다음과 같은 이야기를 품고 있다. 천제(天帝)의 딸인 직녀는 한 평범한 인물인 견우와 결혼했다. 그녀는 향수

---

70)「一百五日夜對月」, 前同 p. 296.
The Cowherd and the Spinning Maid need not grieve,
At least they can cross the river every autumn !

가 깊어져서 하늘로 돌아갔다. 견우는 그 위로 그녀를 쫓아갔으
나 은하수 때문에 더 갈 수가 없었다. 그러나 그들은 7월 7일에
하늘에 있는 모든 까치들이 그들을 위해서 다리를 놓아 주기 위
하여 모이기 때문에 일 년에 꼭 한 번씩 그 강을 건너는 것이 허
락되어 있었다. 이 시인은 여기서 그의 위치에서 절망을 몰아낼
수 있도록 하기 위하여 신화적 부부의 행복한 연중 재회와 그의
부인과의 끝없는 별거를 대조하고 있다.

　　상황 제시의 수단으로써 인유의 사용은 특별히 극시에서 효과
적이다. 「천녀이혼(倩女離魂)」에서 그 여주인공의 혼은 그녀의
육체를 빠져나와 집을 떠나서 서울로 가고 있는 그녀의 약혼자를
뒤쫓아간다. 그녀(몸이 없는 혼)가 약혼자를 보고 자기를 데리고
가 달라고 했을 때 약혼자는 그러한 행동이 정당한가를 묻는다.
거기에 대해서 그녀는 대답하기를,

　　你若是似賈誼困在長沙,
　　我敢似孟光般顯賢達.[71]

　　당신이 만약 가의(賈誼)처럼 장사(長沙)에서 어려움을 당한다
　　　면,
　　저는 맹광(孟光)처럼 현달함을 나타내겠나이다.

고 하였다. 가의(賈誼 : BC 201~BC 168)는 한대(漢大)의 문인이
었는데 어린 나이에 명성을 얻었으나 장사(長沙)로 귀양갔다. 맹
광(孟光)은 같은 시대의 학자인 양홍(梁鴻)의 착한 아내였다. 그

---

71) 第二折, 前出 p. 5a.
　　If you should become like Chia Yi stranded at Ch'ang-sha,
　　I would undertake to be as virtuous as Meng Kuang.

들을 몰래 지적함으로써 이 여주인공은 그녀의 성실을 맹서하고
아울러 그 젊은 남자에게 찬사를 보내기도 한다. 뒤에 가서 그녀
는 다시 그에게 다음과 같이 말하였다.

則我這臨邛市沽酒卓文君,
甘伏侍你濯錦江題橋漢司馬.[72]

저는 탁문군(卓文君)처럼 임공(臨邛)에서 술을 팔면서,
탁금강(濯錦江) 다리 위에서 글을 쓴 한사마(漢司馬) 당신을
기다리겠나이다.

탁문군(卓文君)은 사마상여(司馬相如 : BC 179～BC 117, 漢
나라 때의 賦 작가)라는 문인과 사랑에 빠져 도망간 부유한 젊은
과부였는데, 그뒤 그들은 가난해져서 그녀가 주막에서 술을 팔아
살아가야만 했다. 이렇게 이 희극(喜劇)의 여주인공은 이 땅 끝
까지 애인을 따라가서 그의 역경을 분담할 그녀의 결심을 보이고
있다. 제2행은 사마상여가 그의 행운을 추구할 것을 설명할 때
탁금강(濯錦江 : 成都 곁에 흐르는 錦江) 다리의 기둥 위에 썼던
'네 마리의 말이 끄는 큰 마차를 타지 않고는 다시 이 다리를 나
는 건너지 않겠노라.'〔不乘高車駟馬, 不過此橋 ── 『成都記』〕고
한 이야기를 암시한다.
이 인유는 이 희극의 주인공이 과거에 합격하기 위해서 서울로
가는 길이기 때문에 또한 적절한 것이다. 이러한 인유들은 중국

---

72) 第二折, 前同 p. 5b.
  Like Chuo Wen-Chün sellng wine at Lin-ch'iung,
  I woud wait on you, Ssŭ-ma who wrote on the bridge over the Wash
   –brocade River.

시극, 특히 젊은 연인들의 만남에 빈번히 사용되는데, 그들은 『베니스의 상인』에서 로렌초(Lorenzo)와 제시카(Jessica)가 그랬던 것과 같이 과거의 유명한 연인들을 가끔 몰래 인용한다.

　탁문군과 사마상여의 이야기는 또한 『서상기(西廂記)』에도 인용되었다. 그러나 이때 그 인유는 대조를 나타내고 희극적이고 역설적 효과를 만들어 낸다. 그 여주인공은 남주인공과 다시 만날 약속을 하였지만 그가 왔을 때 그녀는 그를 되꾸짖고 떠나 버린다. 그때 시녀는 절망한 그 젊은 남자에게 말한다.

> 從今後悔罪也卓文君,
> 你早則遊學波漢司馬.[73]

> 이 뒷날 탁문군도 또한 후회할 것이니,
> 한 사마(漢司馬) 그대는 빨리 돌아가 추파 보내는 법을 배우소서!

　한결 더 적절한 역설은 『한궁추(漢宮秋)』의 다음 인유에 잘 나타난다. 황제는 미희인 왕소군(王昭君)이 흉노로 간 뒤 밤에 홀로 앉아 있을 때 궁정 악사(宮廷樂士)가 연주하는 소리를 듣는다.

> 猛聽得仙音院鳳管鳴.
> 更設甚簫韶九成.[74]

---

73) 第三本, 第三折, 前出, 『西廂記箋證』 p. 54.
　　Henceforth Chuo Wen-Chün will be penitent；
　　And you, my dear Ssŭ-ma, go back and learn to woo！
74) 第四折, 上同 p. 7b. ⇒

들리나니, 선음원(仙音院)의 봉관(鳳管)이 울리는 소리!
아, 또 무슨 아홉 가락의 소소(簫韶) 소리뇨!

　조금 뒤에 그는 외로운 한 마리의 기러기가 우는 것을 듣는데,
그것은 그를 오히려 더욱더 가슴아프게 만든다. 소소(簫韶)는 순
(舜)임금의 음악이라고 전해지는데, 그것은 한 쌍의 즐거운 봉황
이 궁정에 날아와 춤을 추게끔 했다는 것이기 때문에 여기서 이
인유는 하나의 역설적 대조를 나타낸다. 즉, 봉황 대신에 지금 이
음악은 다만 한 마리의 외로운 기러기가 날아옴을 전할 뿐이다.
　극시 중에 더러는 유사한 장면과 그것에 따르는 대조를 위한
인유가 나란히 쓰이고 있다. 「추매향(儍梅香)」에서 그의 정부와
정원에서 밀회 장소로 가는 주인공은 신경질을 낸다. 그를 격려
하기 위하여, 이 아가씨는 말한다.

　　這的是桃源洞花開艷陽,
　　須不比祆廟火烟飛浩蕩.[75]

　이것은 밝은 볕에 핀 도원동의 꽃이오니,
　연기 솟는 현묘(祆廟)의 불꽃과는 다르리이다.

⇒ Hark, at the Court of Heavenly Music, they are playing the Phoenix-
　pipes!
Ah, tell me no more this is the Hsiao-shao in nine parts!
75) 第三折. 前出 p. 11b.
This is surely a Peach-blossom Fountain where flowers bloom in the
　bright sunshine,
It is unlike the fire at the Hsien Temple spreading its smoke far and
　wide!

이 인유에서 전자는 도원동에서 유신(劉晨)과 완조(阮肇)가 두
선녀와 만나 함께 살았다는 유명한 이야기이다. 후자는 더러 전
해오는 이야기인데 좀 긴 설명이 필요하다. 祆(hsien : 현)이란
배화교(拜火敎 : Zoroastrianism)의 중국명이며, '현묘의 불'은
다음과 같은 이야기가 있다. 북제(北齊)의 황제에게는 딸이 하나
있었는데, 그 딸의 유모도 같은 나이의 한 아들이 있었다. 이 두
어린이들은 궁중에서 성년이 될 때까지 함께 자랐다. 물론 이 사
나이는 성년이 되어 궁중을 떠나야만 했는데, 그는 그 공주에 대
한 상사병에 걸리게 되었다. 이것을 안 공주는 그를 현묘에서 몰
래 만나기로 약속했다. 이 사나이는 미리 왔다가, 그만 잠이 들었
다. 그때 이 공주가 와서 그를 깨우다가 안 되어 정표(情表)를
남겨 놓고 떠나가 버렸다. 곧 이 사나이는 잠을 깨어 그가 그녀를
놓친 것을 깨달았다. 그의 회한은 너무나 커서 심화(心火)가 일
어 자기 몸과 현묘를 다 불태우게 되었다는 것이다.[76]

이 기이한 이야기는 『서상기』를 포함한 원대(元代)의 4대 희
극 속에 인용되었기 때문에 원대(元代)에는 매우 인기가 있었고,
지금은 전하지 않지만 『현묘화(祆廟火)』라는 이름이 붙은 희극이
나오기까지 하였다.[77] 앞에 인용한 시행(詩行) 속에서 이 이야기
의 인유는 행복하고 낭만적 연락을 대표하는 도화원과 대조로 비
극으로 끝나는 한 밀애 사건을 의미하고 있다.

인유들이 유사를 나타나는 데 사용되건 대조를 나타내는 데 사
용되건, 그것들은 과거의 경험의 권위를 현재 사건에 갖다 붙이
고, 그래서 시적 효과를 증가시킨다. 더욱이 과거와 연상의 고리

---

76) 『情史』, (1806)에서 인용. 배화교에 대해서는 장성랑(張星烺), 『中西交
   通史料匯篇』 참조.
77) 『王靜安先生遺書』, 所收, 曲錄 卷 2, p. 11. 北京 輔仁大學圖書館,
   1930, pp. 122~134.

를 불러일으킴으로써 그것들은 의미상의 남은 면까지도 구축하고, 현재 문맥의 의미를 확장할 수 있다. 그렇기 때문에 그것들은 기술이나 대화를 위한 너절한 대용품이 아니라, 부가적(附加的) 함축과 연상을 이끌어 들이는 하나의 수단이 된다.

한걸음 나아가서 하나의 밀애 사건이 내포되어 있거나, 혹은 정치적인 개인적 풍자를 띠고 있을 때와 같이 인유의 사용에는 실용적 사유가 있을 수도 있다. 이러한 환경 아래에서는 인유들은 스캔들이나 박해를 피하는 명백한 방법을 제공해 준다.

간단히 말해서 인유의 사용은 현학(衒學)의 전시가 아니라 전체 시 구도의 한 유기적 부분으로서 그것들은 준비되었으므로 하나의 정당한 시적 기교가 된다. 심상이나 상징들과 같이 인유들은 효과적이고 경제적으로 어떤 감정이나 장면을 구체화하고 다양한 연상을 불러일으키며, 시에 관계되는 말들을 확장시킬 수가 있다. 인유·심상·상징은 기능에 있어서 서로 비슷하기 때문에 그것들은 가끔 사용에 있어서 뒤섞인다. 심상이나 상징의 힘은 인유와 관련되면 증가될 수가 있다. 비에 시든 모란(牡丹)에 관한 시에서 이상은(李商隱)은 이러한 심상을 사용하였다.

玉盤迸淚傷心數.[78]

옥쟁반에 뿌린 눈물 몇 번이나 상심일세.

여기서 흰 모란에 내린 빗방울은 옥쟁반 위에 흩어진 눈물과 비교된다. 나아가 이 심상은 한 인어가 그 주인과 이별할 때에 옥

---

78)「回中牧丹爲雨所敗二首」其二, 前出,『李義山詩集』p. 45 참조.
   Again and again tears are sprinkled on the jade plate.

쟁반 위에 뿌린 눈물이 진주로 변했다는 이야기의 인유를 갖고 있다. 그러므로 이 인유는 그 심상에 새로운 복잡성을 이끌어 넣는다. 즉, 눈물과 비교되는 것에 덧붙여서 빗방울은 지금 은연중에 보석과 비교된다. 그리고 물론 이 전체의 심상은 모란 위에 내린 빗방울이 아니라, 더욱 큰 의미——아마 빼앗긴 아름다움 혹은 불우한 천재(天才)——의 어떤 상징일 것이다. 이와 같은 인유는 이상은의 다른 시에서도 사용되었는데, 그것은 무제(無題)로 되어 있다. 그런데 아마 그의 죽은 아내를 생각해서 적은 것인 듯하다.

滄海明月珠有淚.[79]

넓은 바다 곁 밝은 달밤에 진주는 눈물 흘리네.

이때 비교는 그 반대로 된다. 진주로 눈물을 묘사하는 대신, 오직 진주가 운다고 이 시인 자신만 남게 함으로써 슬픈 감정을 강조할 수 있도록, 이 시인은 그 반대를 취하고 있다. '감상(感傷)의 오류(Pathetic Fallacy)'[69]로써 본 세계는 이렇게 표현되었다.

이와 같은 경우에 심상은 시행에서 지배적인 역할을 하지만, 인유는 부차적(副次的) 역할을 한다. 다른 경우 인유는 지배적 요소이지만, 그러나 한번 소개되면 그것은 동시에 하나의 심상이나 상징이 되지 않을 수 없다. 아마 한 여도사(女道士)를 위해서 쓴 것으로 짐작되는 이상은의 다른 시에서, 그는 남편 예(羿)의

---

79) 「錦瑟」, 上同 p. 33.[68]

  By the vast sea, pearls have tears in the bright moonlight.

불사약(不死藥)을 훔쳐서 달로 도망한 상아(嫦娥 : 姮娥)의 전설
을 다음과 같이 인용한다.

嫦娥應悔偸靈藥, 碧海靑天夜夜心.[80]

상아는 영약을 훔쳐간 것을 후회하리니,
퍼런 바다 푸른 하늘만 밤마다 대하고 있네.

이 시인의 기본 의향(意向)은 상아가 영생불사(永生不死)를 얻
기 위하여 인간적인 사랑을 포기한 것을 후회하는 것으로 짐작되
고 있듯이, 이 여도사도 순결한 것을 고독 속에서 후회하고 있을
것이라는 점을 암시한다. 그러나 이 선녀의 모습은 한번 소개된
것이기 때문에, 또한 달빛 속에 있는 그 여도사의 아름다움의 묘
사가 되기도 한다. 그렇기 때문에 이 인유는 그 결과로 하나의 심
상을 내포한다.
이상은의 시는 특히 심상·상징과 함께 인유도 풍부하기 때문
에, 그의 시 가운데 「무제」라는 시 두 수만 전편을 들어서 이 세
가지 기교가 다른 기교들과 함께 하나의 전체적인 시 조직을 짜
는 데 어떻게 사용되었는가 살펴보자. 무제시(無題詩)들은 기이
하게 모호함에도 불구하고, 우리들은 시 그 자체에 담긴 세부 묘
사와, 우리들이 그 시인의 생애에 관하여 알고 있는 것을 가지고
각 시의 장면을 재구성할 수 있는데, 그것은 오직 시의 문맥을 잡
아 일관성 있게 읽음으로써만 가능하다. 그 첫번째 시는 앞서 그
운율을 보기 위해서 인용했던(p. 57) 것이나, 편의를 위해서 나

---

80) 「嫦娥」, 前出, 『李義山詩集』 p. 45.
   Ch'ang O should regret having stolen the elixir;
   Nightly she faces the green sea and blue sky alone !

는 그 번역을 여기 다시 쓰겠다.

> 만나기도 어렵고, 헤어지기 또한 어려워,
> 동풍도 힘이 없어 백화가 쇠잔하니.
> 봄누에는 죽어서야 뽑던 실이 끊어지고,
> 촛불이 재가 되어야 눈물 겨우 마르리니.
> 새벽 거울에 다만 구름 같은 살쩍 변함을 근심하고,
> 저녁 노래에 오로지 달빛 차가움을 느끼겠지.
> 봉래산이 여기서 먼 길이 아니라니,
> 파랑새야! 은근히 찾아가 보아 주렴.

우리들은 쉽게 갈 수 있는 곳에 살고 있으나 어떤 이유 때문에 터놓고 왕래할 수 없는 한 여인에 대한 이 시인의 사랑의 표현으로 이 시를 볼 수 있다. 제1행에서 '難(어려워)'은 약간 다른 두 가지 의미로 사용되었다. 즉, 애인을 만나는 것이 어려울(즉, 곤란함) 뿐만 아니라, 한번 만나면 그들은 헤어지기도 어렵다(즉, 견딜 수 없음)는 것을 알게 된다. 이 시행(詩行)은 하나의 부가적 의미를 가질 수 있다.

그런데 그것은 곧 그들 중의 하나는 떠나가려 하는데, 그들은 어떤 방법을 써서 서로 만나보고 작별 인사를 나누는 것조차 어렵다는 것이다. 제2행에서 힘없는 바람은 아마 이 시인을 나타낼 것이고, 꽃은 그의 애인을 나타낼 것인데, 그는 마치 바람이 꽃이 시드는 것을 막을 힘이 없듯이 그녀의 젊음과 아름다움이 시들어짐을 막는 데는 무력하다는 것이다. 동시에 이 심상들은 또한 그 때의 실제 장면과 계절을 묘사하는 더욱 직접적인 목적에 쓰이기도 한다.

다음 두 줄 속에는 두 개의 심상이 더 추가되었다. 누에가 자기

자신의 끝없는 깁실로 만든 고치로 그 자신을 감싸고 있듯이, 시인도 자기 자신이 만들어 낸 한없는 슬픔으로 그 자신을 감싸고 있으며, 촛불은 그 자체의 열에 의하여 불타 없어지듯이 이 시인도 그의 다 차지 못한 정열에 의해서 그렇게 되고 있다. 이러한 심상들은 나아가 청각적 연상(聯想)들에 의하여 풍부해진다.

제3행에서 '깁실(絲)'이란 단어와 '죽는다(死)'란 단어는 비록 운(韻)이 같지는 않지만, 둘다 ssǔ(古代語에서는 si)로 발음된다. 이것도 이상은과 같은 고도의 의식적 예술가에게는 우연의 일치라고 보기는 힘들다. 이 동음(同音)들은 아마 죽는다는 생각과 누에의 심상을 더욱 가깝게 놓으려 한 듯하다. 더구나 '絲(깁실)'란 단어는 가끔 끝없는, 꺾을 수 없는 사랑, 혹은 끝없는 슬픈 생각을 묘사하는 데 쓰이는데 '생각'이란 단어도 또한 ssǔ(古音 si)로 발음되기 때문이다. 그렇기 때문에 여기서 '깁실(絲)'은 '사랑의 실(情絲 : 무한한 사랑)', 혹은 '근심의 실(생각들, 愁絲 혹은 愁思)'따위와 같은 복합어를 연상할 수가 있다. 제4행에서는 내가 앞에서 제시한 바와 같이(p. 34) '灰(재)'는 '灰心(즉, 絕望)'과 관련이 있을 것이다.

그 다음 대구(對句)에서는 이 시인이 그녀의 젊음이 지나감과 추운 달밤에 외롭게 느껴짐을 두려워하면서 어떻게 그의 애인이 밤에 혼자 앉아 있을까를 상상하고 있다. 달밤에 외로움을 느끼는 한 여인의 이 정경(情景)을 달 속에 있는 여인 상아가 불사약을 훔친 것을 후회한다는 것을 암시한 시와 연관을 짓고, 이 두 수의 시가 같은 여도사를 위해 지은 것이라는 것을 생각나게도 한다. 이 가능성은 마지막 대구에서 두 가지의 도가적(道家的) 인유를 쓴 것으로 굳어진다. 즉, 봉산(蓬山)은 도가의 신선들이 사는 곳이고 천복(天福)의 상징이기도 하며, 파랑새는 도가(道家)의 여신인 서왕모(西王母)가 한무제의 궁전에 도착함을 알리는 사자(使

者)이기 때문이다. 만약 이와 같다면 이 시 전체는 심상·상징·인
유들로 이루어져 있고, 그런 것들은 한폭의 연관된 그림을 나타
내며 하나의 좌절된 애정을 드러낸다.

둘째 시는 한 젊은 여인의 부질없는 혼인 준비와 떠나간 애인
에 대한 동경을 적고 있다.

> 鳳尾香羅薄幾重, 碧文圓頂夜深縫.
> 扇裁月魄羞難掩, 車走雷聲語未通.
> 曾是寂寥金燼暗, 斷無消息石榴紅.
> 斑騅只繫垂楊岸, 何處西南待好風?[81]

> 봉의 꼬리, 향기로운 비단, 가벼운 주름이 놓여 있고,
> 푸른 무늬 둥근 꼭지를 깊은 밤에 수놓네.
> 달의 넋을 수놓은 부채 그녀의 부끄러움을 가리기 어렵고,
> 천둥 소리처럼 달리는 수레 말을 통하기 힘드네.
> 고독 속에 그녀는 금불빛 희미함을 보고,
> 붉은 석류 술 알리는 소식 단연코 없네.
> 얼룩진 말 다만 강변 수양(垂楊)에 매여 있는데,
> 어느 곳에서 좋은 서남풍을 기다릴 수 있으랴?

---

81) 「無題二首」其一, 前揭書 p. 41.
   The fragrant silk, 'Phoenix-tail', lies in thin folds;
   The green-patterned round top is being sewn in the depth of night.
   Her fan, cut from the moon's soul, cannot hide her shame;
   His carriage, rolling past like thunder, allowed no time for talk.
   In solitude she has watched the golden flickers grow dim;
   No news will ever come to announce the Red Pomegranate Wine !
   The piebald horse is always tied to a willow by the river;
   Where can one wait for the good south-west wind ?

이 시는 확실히 아무런 설명이 없이는 많은 감흥을 일으켜 주지도 않고, 기초가 없는 독자에게는 훌륭한 작품으로 보이지도 않는다. 지루하고 힘든 일이겠으나 인유·심상·상징에 관한 설명이 이런 시에는 필요하다. 무엇보다 어떤 현대 서구시들도 다소의 설명이 필요한데, 만약 독자가 서구시의 주석을 읽기 위하여 인내심을 갖고 있다면 그는 고대 중국시에도 비슷한 고초를 겪을 각오만 하면 될 것이다.

이 시에서 첫번째 두 행에 들어 있는 심상들은 단순 심상인데, 꼭지가 둥글고 엷은 봉의 꼬리무늬가 있는 비단으로 만든 침대 커튼으로 신방을 묘사하였다. 그 아가씨는 그녀에게 곧 닥친 결혼에 대한 부푼 희망으로 이것을 수놓는 데 바쁘다. 제3행에서 흰 둥근 부채는 달——몇 가지 인유를 내포하고 있는 하나의 복합 심상인——과 비교된다. 첫째 이 심상은 한대(漢代)의 한 후궁인 반첩여(班婕妤)의 불만에 찬 노래 「원가행(怨歌行)」에서[82] 연유한 것인데, 그 속에서 그녀는 둥근 부채와 달을, 임금의 사랑을 잃어버린 그 자신과 가을에 버려진 부채를 비교했다. 부채는 가을이 되면 이미 쓸모가 없어져 버리기 때문이다. 그렇기 때문에 이 인유는 애인에게 버림받은 여인을 암시한다.

둘째로 악부시(樂府詩)[83] 중에는 「단선랑(團扇郞)」[84]이라고 불리는 시가 있는데, 그것은 다음과 같은 고사에서 나왔다. 진대(晋代)의 왕민(王珉 : 351~388, 정치가)은 형수의 하녀인 사방자(謝芳姿)를 사랑했다. 어느 날 형수가 그 하녀를 몹시 때릴 때 왕민은 매질을 못하게 하였다. 그 하녀가 훌륭한 가수란 것을 안 그 형수는 앞으로 매질을 피하려면 노래를 하라고 하였다. 그래서

---

82) 『古詩源』, p. 31.
83) p. 66을 보라.
84) 四部叢刊本, 『樂府詩集』 p. 35.

사방자는 다음과 같은 노래를 지어 불렀다.

　白團扇.
　辛苦五流連
　是郞眼所見.[85]

　하이얀 둥근 부채여!
　맵고 쓰라린 변 다섯 차례
　이 모두 낭(郞)의 눈에 띄었네.

　그리고 다시,

　白團扇.
　顦顇非昔容,
　羞與郞相見.

　하이얀 둥근 부채여!
　여위고 낡아 옛모습 아닐세,
　부끄러워 그대 더불어 서로 만나기!

라고 하였는데, 이 인유는 쫓겨났다는 생각에 부끄럽다는 생각을

---

85) 前同, 四部叢刊本, 『樂府詩集』 p. 31.〔70〕
　White circular fan!
　The hardships and bitterness you've gone through
　Have all been seen by your young man.
　White circular fan,
　Haggard and worn, unlike in days of old,
　You are ashamed to see your young man !

덧붙였다. 끝으로 이 심상은 달에 있는 여인 상아와 연상될 수도
있는데, 그녀와는 위에서 인용한 다른 두 수의 시에서 인유가 만
들어졌다. 제4행에서는 수레 소리와 천둥 소리의 비교는 사마상
여(司馬相如)의 「장문부(長門賦)」의 두 행에서 따온 것인데(雷響
殷殷而起兮, 聲象君之車音),[86) 이 「장문부」는 한(漢) 무제(武帝)
의 사랑을 잃어버린 뒤 장문궁에 살고 있는 진 황후(陳皇后)를
돕기 위해서 쓴 것이다. 이래서 이 인유는 버림받은 것을 한층 더
강조한다. 그렇지만 이 「장문부」는 황제의 마음을 되돌릴 정도로
황제를 감동시켰기 때문에, 이 인유는 비슷하게 사랑을 되찾으리
라는 희망을 암시할 수도 있다.

제5행에서의 '金燼(깜빡이는 불빛)'은 타오르는 촛불을 가리
키고 외로운 밤을 묘사한 단순한 심상과 절망의 상징 양자로 받
아들여질 수 있다. 제6행에서는 희망과는 어긋났지만 붉은 석류
술은 혼인날 저녁의 술을 뜻하며 이끌어 온 결혼 준비로 되돌아
가고 있다. 제7행에서는 먼 곳에 떠돌아다니며 집으로 되돌아가
지 않는 얼룩말을 탄 한 젊은 남자에 관한 또 다른 악부시에서
인용했다.[87) 그것은 한걸음 더 나아가 버드나무를 일컬음으로써
기생(妓生)을 찾는다는 것에 대한 습관적 완곡어(婉曲語)인 '章臺
의 버들을 꺾는다(折章臺柳)'는 것을 넌지시 암시하고 있다. 이 두
인유들의 함축(含蓄)은 떠나간 애인은 방랑하고 있다는 것과, 이
젊은 여인은 그 남자가 어떤 창기(唱妓)와 함께 머물러 있을 것이
라고 짐작한다는 것이다.

마지막 행은 조식(曹植 : 192~232)이 한 소박맞은 아내의 말을
빌려서 쓴 다음과 같은 두 줄의 시에서 인용한 것이다.

---

86) 『文選』, 前出 p. 293.
87) 「神絃歌·明下童曲」, 『樂府詩集』 p. 364.

願爲西南風, 長逝入君懷.[88]

원컨대 서남풍이 되어
멀리 날아 그대 품에 들어가리.

　이상의 인유·심상·상징들을 씀으로써 이 시인은 한 젊은 여인
의 희망·슬픔·원한·수치·혐오·불만 등의 복잡한 감정을 나
타냈다. 이 인유들은 그 기본 의미를 밝히기 위한 주요 수단이 되
고 있지만 그것들은 심상과 연결되어 있기 때문에 현학적이거나
산문적인 것으로 나타나지는 않는다.
　한편 이 심상들은 표현된 정서를 위하여 하나의 구체적인 배경
을 만들어 낸다. 그것들은 몇 가지 감각을 나타내기 때문에 고도
(高度)로 정감적이다. 그것들 가운데 몇 가지는 명백한 색채(色
彩) 묘사를 하고 있다. 즉, 푸른 비단 장막, 깜빡이는 불빛, 붉은
석류술, 얼룩말 등, 또 어떤 것은 색채에 적용된다. 즉, 흰 부채,
푸른 버드나무 등 이러한 색깔들은 비단에 놓인 봉황의 꼬리, 이
장막의 둥근 꼭지와 둥근 부채의 모습들과 함께 시각적 감각을
불러일으킨다. 동시에 향기롭고도 얇은 비단은 또한 후각적이고
촉각적 감각을 불러일으킨다. 청각적인 것으로서는 번개 같은 것
에 의해서 굴러가는 수레가 있고, 미각적인 것으로서는 석류술이
있다.
　이상의 두 수의 시는 '심벽(深僻)한' 유의[71] 중국시의 극단
을 대표한다. 이 시들은 심상·상징·인유의 통합을 통해서 경험의
다른 세계를 나타냄으로써 중국시가 얼마나 풍부하고, 복잡하고,

---

88)「七哀詩」,『古詩源』前出,『四部叢刊』p. 75.
　I wish to become the south-west wind
　To fly far away, into your arms.

간결하고, 축약적일 수 있는가를 보여 준다. 인유의 사용과 매우 유사한 습관은 전대(前代) 시인들이나 혹은 다른 자료들로부터 인용하는 것이다. 사실 인용은 다만 원문이 그대로 반복된다고 하는 점에서만 특정한 인유와 구별된다.

자구(字句) 행수의 제한 때문에, 여러 시의 시행들을 주워 모아서 한 수의 새로운 시를 만드는 '집구(集句)'를 지을 때를 제하고는, 인용은 짧은 시에서는 인유보다는 적게 사용되었다. 오케스트라에 전통적 가락을 정리하는 것과도 비슷한 이러한 습관은 많은 기술과 폭넓은 독서, 강한 기억력이 요구된다. 그러나 그것은 언제나 원작(原作)이 될 수 없기 때문에 결국 훌륭한 시라기보다는 하나의 '장난(Jeu d'esprit)'에 불과할 것이다. 인용의 더욱 철저한 용법은 시 이외의 것을 가지고 그것을 통합하는 것이다. 예를 들면 신기질(辛棄疾 : 1140~1207)의 사(詞)는,

> 甚矣, 吾衰矣.

> 심하도다, 내 늙음이여.

한 줄로 시작되어,

> 知我者,
> 二三子.[89]

---

89) 「賀新郎」, 『宋六十名家詞』, 『稼軒詞』 卷 1, p. 6a.
　　Alas, how much have I aged,
　　The only ones who know me
　　Are you two or three gentlemen.

나를 아는 이
두셋뿐.

으로 끝난다. 지금 이 제1행은 공자의 『논어(述而篇)』에서 인용
한 것이고, 맨 마지막의 '二三子'란 말도 공자에 의하여 몇 차례
사용된 것이다. 이러한 인용들은 이 시의 결(texture)[72] 속에
짜여지고 있는데, 그것은 그의 나이에 이 시인의 철학적 인생관
을 나타낸다. 그것들은 한걸음 더 나아가서 인용한 공자의 지혜
와 견주어 보려는 희망을 암시하고 있다.

　나아가 인용의 가장 중요한 용법은 시극(詩劇)에서 보인다. 여
기서 인용들은 여러 가지 목적에 쓰일 수가 있다. 먼저, 극시인들
은 한 배우의 지금 모습이나 기분을 묘사하기 위하여 다른 시인
들로부터 시행을 인용할 수가 있다. 강진지(康進之 : 13세기)의
「이규부형(李逵負荊)」(李逵의 변명) 속에서 부랑자인 이 주인공
은 두보로부터,

　　酒債尋常行處有.[90]

　　술 빚은 보통이요, 가는 데마다 걸머지네.

라고 인용하였다. 같은 시인은 「금선지(金線池)」 속에서 한 가희
(歌姬)로부터,

　　一片花飛減却春.[91]

---

90) 「曲江二首」其二, 『杜詩引得』, 前出 p. 308, 『元曲選』, 壬下, p. 2a.
　　Debts owed for wine are common, incurred everywhere I go.
91) 「曲江二首」其一, 『杜詩引得』, 上同 p. 307, 「金線池」 p. 3a. ⇨

지는 꽃 날아 봄을 몰아가네.

라고 인용하였다. 사실 이러한 것들은 단순히 차용하는 경우이고, 청자나 독자들에게 그러한 인용어를 인용어로서 인식시킬 필요는 없다. 우리들은 그 부랑자와 가기(歌妓)가 두보 시를 암기할 수 있다는 것을 믿을 수 없는 것같이, 우리는 14세기의 한 시시안 정복자〔Scythian 征服者 : 타타르족 티무르 大帝〕가 어떤 엘리자베스 시대의 시인을 인용할 수 있으리라고 믿을 필요도 없다.[92]

그런가 하면 그 문자들이 의식적 인용으로 나타나지 않을지라도 그것들의 의미를 알아내기 위하여 청중이나 독자는 인용어를 확실히 알아야만 할 때가 있다. 『추매향(儌梅香)』에서 이 젊은 연인들은 그 소녀의 어머니에 의하여 이별이 강요되었지만, 드디어 과거에 장원으로 급제하여 그 소녀와 결혼하려고 돌아온다. 그의 정체는 그 소녀와 가족들에게 숨겨지고, 그 가족들은 다만 새 장원이 이 소녀와 결혼해야 한다는 것이 황제의 소원이라고 말할 뿐이다. 드디어 시녀가 이 신랑감이 정말 그 사람임을 알아내었을 때, 그 시녀는 그녀의 젊은 여주인에게 다음과 같이 말한다.

今夜個有朋自遠方來.[93]

⇨ A flight of fading flowers bears spring away.

92) Marlowe, *Tamburlaine*, Part II, Act IV, Sc. iii, 119~124 : Spenser, *Faerie Queene*, Book 1, Canto vii, V. 32.

93) 第四折, 前出 p. 9a.

To-night, 'an old friend has come from far away !'

오늘 저녁, '벗이 멀리서 왔네.'

공자의 『논어』의 첫 편으로부터 딴 이 인용은 극히 알려진 것
이나, 지금 그것은 아주 다른 의미를 지니고 있다. 이러한 경우
이 극시인(劇詩人)은 신중하게 그것을 예상치 않았던 문맥 속에
넣음으로써 이 인용의 의미에 굴절(屈折)을 주는데, 우리들은 이
것을 인식할 필요가 있다. 그 효과는 그 상황에 따라서 희극적일
수도 있고, 냉소적일 수도 있다. 이러한 인용의 사용은 셰익스피
어의 『당신 좋을 대로(As you Like It)』에서 'I came, saw, and
overcame(나는 왔노라, 보았노라, 그리고 정복하였노라——로
마 정복 때 시저가 말한 유명한 말)'이라고 희극적으로 쓴 말이
나, 또는 말로우의 『파우스트 박사(Doctor Faustus)』에서 오비드
[Ovid : BC 43~AD 18, 로마의 시인]의 연애 시집(Amores)을
반어적으로 쓴 것과 비교될 것이다. 『파우스트 박사』에서는 불운
한 죄수가 긴 밤을 구하는 열렬한 연인의 말을 빌려서 'O lente,
lente currite, noctis equi!(오, 천천히, 천천히, 달려라 밤의 준마
들이여!——『Amores』1권 13절)〔박기열 역 『16세기 영시』
p. 104에서 인용]라고 하였다.

끝으로 극시인은 물론 의식적 인용으로서 하나의 성격을 나타
낼 수도 있다. 이것은 두 가지 다른 이유들 때문에 만들어질 수가
있는데, 그가 인용하는 것에 의하여 그 화자의 성격을 나타내거
나, 또는 풍부한 인용들을 읊조림으로써 배우의 현학을 강조할
수도 있다. 화자의 성격을 나타내는 용어의 한 본보기는 「한궁추
(漢宮秋)」에서 악한 모연수(毛延壽)에 의하여 인용된 다음과 같
은 격언이다.

　　恨小非君子,

無毒不丈夫.[94]

한(恨)이 작으면 군자가 아니요,
독(毒)이 없으면 장부가 아니다.

한 배우의 현학을 나타내는 수단으로서 인용어의 사용에 관한, 이러한 방법은 「추매향」속에 가득 차 있다. 이 희곡에서 두 애인들은 현학적이고 가끔 인용어들을 즐기기도 한다. 그것들을 오히려 더욱 우습게 나타내기 위하여, 이 작자는 하녀인 번소(樊素)——이 여자야말로 이 제목이 나타내는 바와 같이〔梅香은 하녀의 뜻〕이 희곡의 정말 여주인공인데——로 하여금 그들의 시합에서 그 두 연인들을 물리치게 한다. 번소가 사랑에 병든 그 젊은 이를 대신해서 변명할 때에 그 하녀의 젊은 아씨는 냉소함을 느끼고 『논어(八佾篇)』로부터 다음 말을 인용한다.

此乃 '人而不仁, 我何救哉.'[95]

이것은 바로 '사람으로 어질지 않으면, 내가 어떻게 구하겠는가?'라는 것이다.

---

94) 第一折, 前出 p. 1b.
   He is no gentleman who cannot hate deeply,
   Nor is he a hero who bears no malice.
95) 第二折, p. 9a.
   This is a case of 'a man without the virtues proper to mankind';
   why should I save him?
   'I do not know how a person who does not keep his promise is to get
   on.'

이에 대답해서, 번소는 같은 책 「위정편(爲政篇)」에서 인용하기
를,

'人而無信, 不知其可也.'

'사람이 신의가 없으면, 그 사람의 옳음을 알 수 없다.'고 하
였습니다.

라고 하고, 그 젊은 남자에 대한 약속을 지키지 못하는 그녀의 젊
은 아씨를 꾸짖고 있다. 이 희곡에는 적어도 『논어』로부터 18회,
『맹자』로부터 3회, 『도덕경(道德經)』으로부터 2회, 『불경(佛
經)』으로부터 1회의 인용이 있다. 이러한 것들은 그 애인들의 현
학과 그 하녀의 조롱섞인 현학을 강조함으로써 그 희극적(喜劇
的) 효과를 크게 증가시킨다. 이 희곡 작가가 이러한 목적을 위
해서 생각한 것은 번소의 입을 통해서 말한 다음과 같은 말일 것
이다. 이 젊은 남자가 이 젊은 아씨의 어머니를 처음으로 방문했
을 때, 그 노파와 손님은 서로 우아하고 유식한 대화를 시합하는
듯했다. 거기에 대하여 번소는 평하기를,

往復間交談了數語,
幾乎間講遍九經書.[96]

---

96)「楔子」, 上同 p. 2a.

They have exchanged but a few words in conversation,
Yet in doing so almost discussed all the nine classics !

The Sage said, 'At fifteen I set my mind on studying',
What could you do with someone so crazy ?

주고받는 사이 몇 마디를 나누었지만,
거의 그 사이 구경서(九經書)를 두루 말한 듯!

이라고 하였다. 다시 그 젊은 아씨는 정원으로 나갈 것을 거절하고 공부할 것을 주장할 때 말하기를,

聖人云 : ‘吾十有五而志于學’——‘第一折’

성인은 ‘나는 열다섯 살 때에 학문에 뜻을 두었다.’고 하셨나니라.

하고, 그 하녀는 〔이 말을 듣고〕 혼자서 다음과 같이 중얼거렸다.

似此文魔, 可怎生奈何?——‘第一折’

이 글에 미친 듯한 사람을 어떻게 해야 좋을까?

이러한 것들로부터 이 저자는 그 자신의 지식을 늘어놓은 것이 아니라(그러한 목적들을 위해서라면 『논어』와 같이 어느 정도 일반에게 잘 알려진 책들로부터 인용하는 것보다는 더 어려운 책에서 더 많이 인용하는 것이 필요할 것이다) 오히려 그의 배우들을 우습게 만들고 있다는 것이 명백하다. 청대(淸代)의 두 비평가 이조원(李調元 : 1734～1803)과 양정남(梁廷枬 : 1796～1861)에 의해서 이 희극 작가에 대한 조작된 현학에 대한 비난[97]은

___
97) 李調元,『增補曲苑』, 上海六藝書局 所收,『雨村曲話』卷 1, 1922, 11a.⇨

이 희극에서 인용의 극적 기능을 간과한 오류에 기인하고 있다.

　다른 문인들로부터 인용하거나 넌지시 답습하는 대신, 한 시인은 또 다른 사람들로부터 하나의 생각이나 하나의 표현을 파생시킬 수 있다. 우리들은 이미 어떻게 파생적(派生的) 심상이나 상징들을 사용할 수 있는가를 보았는데, 유사한 파생은 개념 작용과 형용사의 용법 등등의 면에서도 이루어질 수 있다. 많은 중국 시들은 파생적이나, 이것은 꼭 그것이 빈약한 시라는 것을 뜻하지는 않는다.

　모든 파생시(派生詩)들을 비난하기보다는 오히려 우리들은 그 자신의 시적 목적에 맞추기 위하여 어떤 시인이 그의 전거(典據)들을 손질했는가, 혹은 단순히 비굴하게 베끼기만 했는가를 따져보아야 할 것이다. 아무도 마치 굴원·두보·왕유·이백 및 다른 선대 시인들이 적지 못했던 것 따위를 중국어로 시에 적을 수는 없으며, 더구나 마치 셰익스피어나 밀턴과 다른 많은 사람들이 결코 적을 수 없었던 것과 같은 것을 영어로 시에 적을 수는 없을 것이다.

　엘리엇이 말한 것처럼 '시에서 과거 것에 속하지 않는 완전한 독창적인 것'은 없을 것이다. 그렇기 때문에 우리들은 절대적으로 독창적인 것을 찾을 게 아니라 그것이 속하고 있는 전시적(全詩的) 전통의 관련 속에서 한 시의 장점을 평정해야 할 것이다.

　그러나 한편 파생어를 그 자체 속에 장점이 있는 것처럼 생각하는 약간의 중국 주석가들을 따름으로써 우리는 잘못된 방향으로 들어가지 않도록 해야만 한다. '전거'에 대한 지나친 탐구에 몰두한 주석가들은 사실은 아무것도 없는 것을 파생어로 보기 쉽다. 한 예를 들면 '月光何皎(달빛은 얼마나 빛나는가?)'라는 말을

⇒ 梁廷枏『曲話』, 卷 2, p. 6b.

놓고, 그 전거를 『시경(詩經)』의 '皎皎日出(밝고 밝게 해가 나오
도다)'[98]에서 나왔다고 고집하는 따위이다. 두보가 쓴 시의 모든
단어들은 어떤 문학상 전거를 갖고 있다고 줄곧 주장해 온 사람
들이 있는데, 이러한 주장들은 이 시인의 학문에 대한 하나의 찬
사는 될 수 있을지 모르나, 만약 그것이 사실이라면 창조적 천재
라는 어떠한 주장도 그로부터 빼앗아야만 할 것이다.

간단히 말해서 중국시, 특히 후기의 중국시는 소재(素材)에 있
어서나 개인적 표현에 있어서나 흔히 독창적일 수가 없는데, 그
렇다고 이러한 시가 모두 가치 없는 것은 아니다. 이러한 설명이
결코 시는 언어의 탐색이라는 나의 일반 이론과 상반되지는 않을
것이다. 왜냐하면 파생된 생각과 표현을 사용한 시라도 그 나름
대로 생각과 표현이 종합되어 있으면 오히려 독창적이기 때문이
다.

다시 말하면 파생적 시라도 만약 빌려온 생각과 표현들이 새로
운 모형(模型) 속에 통합이 잘 되어 있다면 훌륭한 시가 될 수 있
다. 중국 시인들은 비잔틴(Byzantine)의 예술가들이 모자이크를
위해서 색유리와 돌 조각을 사용한 것처럼 가끔 전통적인 시구·심
상·상징 등을 사용하지만 그것들의 독창성은 사용된 재료들에 있
는 것이 아니라 마지막으로 성취한 결과에 달려 있는 것이다.

---

98)「陳風」,「月出」.

제4장 대 구(對句)

중국어에서는 대구(antithesis)로 흐르려는 자연스러운 경향이 있다. 예를 들면 '치수(size)'라고 말하는 대신 그들은 '大—小(big-smallness)'라고 말하며, '풍경(landscape)'이라고 말하는 대신 그들은 '山—水(mountain-waters)'라고 말한다. 이러한 표현들은 내가 앞서 지적한 바와 같이 이원적이고 상대적인 사고방식을 나타낸다. 더욱이 이 언어의 대부분을 차지하는 단음절어(單音節語)와 이음절(二音節) 복합어들은 그것들 자체가 쉽게 대구로 흐를 수 있다.

예를 들면 '江'과 '山'은 하나의 대구가 된다. 이 두 대우(對偶)는 '화조(花鳥)'에 대해서 '강산'과 같이 또 다른 대구를 만드는 데 사용될 수 있다. '紅—花·綠—葉', '靑—天·白—日' 따위와 같이 두 대(對)가 되는 이음절 복합어로서 하나의 4음절구(四音節句)를 만들기는 쉽다. 언어 자체가 이렇기 때문에 대구가 중국시에서 중요한 역할을 하는 것은 불가피한 일이다.

우리들은 중국시에 있어서 대구의 사용을 살펴보기 전에 중국어에 있어서 對(tuei)로 알려진 대구가 히브리 시(詩)에서 보는 것과, 같은 '병렬(並列 : parallelism)'과는 다르다는 것을 지적해야만 하겠다. 대구는 병렬에 있어서와 같이 똑같은 말의 반복을 허락하지 않으며 엄격한 반의어(反義語)로 되어 있다. 솔로몬(Solomon)의 「아가(雅歌)」로부터 다음의 시를 예로 들어 보자.

Thy teeth are like a flock of sheep that are even shorn,
　　which came up from the washing ; ……
Thy lips are like a thread of scarlet. ……

Thy neck is like the tower of David. ……
Thy two breasts are like two young does that are twins,
　　which feed among the lilies.

네 이는 목욕장에서 나온 털 고르게 깎인 양떼와 같고, ……
네 입술은 홍색 실 같고, ……
네 목은 다윗의 탑과 같고, ……
네 두 유방은 백합화 가운데서 꼴을 먹는 쌍태 노루 새끼 같
　구나.

　여기서 이야기된 대상들은 그 애인의 여러 가지 매력을 나타내
는 것을 뜻하며 어떤 상반된 성격에 주의를 기울이지는 않았는
데, 'thy(네)', 'like(같다)'와 같은 말들의 반복은 중국의 대우
(對偶)들에서는 전혀 용납될 수 없는 것들이다. 가끔 느슨한 대
구는 『시경(詩經)』이나 『초사(楚辭)』와 같은 초기의 중국어에서
보인다. 앞의(p. 237)의 「이소(離騷)」로부터 인용한 시행은 다시
하나의 본보기가 될 것이다.

　朝飮木蘭之墜露兮,
　夕餐秋菊之落英.

아침에는 목란에서 떨어진 이슬을 마시고,
저녁에는 가을 국화의 떨어진 꽃잎을 먹노라.

　이 번역에서 'In the'나 'I'와 같은 말들의 반복은 원시(原詩)에
서는 나타나지 않는데, 거기에서는 주어는 알려져 있고 '아침(朝)'
이나 '저녁(夕)' 앞에는 전치사가 필요하지 않기 때문이다. 다만

나타날 수 있는 반복이란 소유격의 조사 '之(의)'일 뿐이다. 이것을 떠나 좀 부정확한 대구로 생각될 수 있는 다른 특징은 한 형용사에 한 명사를 더한 말 '가을 국화(秋菊)'와 대(對)로 2음절 복합어 '목란(木蘭)'을 쓴 것이다.

고시(古詩)에서는 대구가 가끔 나타나나 그것이 율시(律詩)에서와 같이 그렇게 필수적인 것도 아니고 엄격한 것도 아니다. 예를 들면 이백의 고시 가운데서 한 수의 시작은 다음과 같다.

黄河走東溟, 白日落西海.[99]

황하는 동쪽 바다로 흐르고,
백일은 서쪽 바다로 지나니.

이것은 엄격한 대구가 아니다. 첫째, 황하와 백일은 하나는 고유명사이고 다른 한쪽 것은 아니기 때문에, 그것들이 품사적 상반에도 불구하고 정확한 대구를 형성하지는 못한다. 둘째, '溟'과 '海'는 반의어라기보다는 오히려 동의어이다. 끝으로 이 두 행의 음절들 사이에는 음조적(音調的) 대조는 없다[73](물론 번역에서는 나타나지도 않는다).

근체시(近體詩)에서는 대구가 작시법(作詩法)에서 요구된다. 내가 앞에서 지적한 바와 같이 율시의 8행 가운데 중간의 4행은 소리는 물론 뜻에 있어서까지 각각 상반되어야 하며, 두 대우(對偶)를 형성해야 한다. 대우에서 첫 줄의 모든 음절은 p. 55 및 p. 56의 조형(調型)에서 본 바와 같이 다음 줄에 맞선 음절과 음조

---

99) 「古風」, 前出, 『李太白集』 册 1, p. 48.
   The Yellow River flows to the eastern main,
   The white suń sets over the western sea.

(音調)에 있어서 상반되어야 한다. 동시에 상반된 단어들은 명사
에는 명사로, 동사에는 동사 등으로 같은 문법적 범주에 속해야
한다. 이것은 특히 율시의 초기 작가들 사이에는 언제나 그렇게
엄격히 지켜진 것은 아니다. 예를 들면 초당(初唐) 시인인 왕발
(王勃 : 647~675)은 다음과 같이 적는다.

與君離別意 *Yü chün li-pieh yi*
With you parting-separation feeling
同時宦遊人[100] *T'ung shih huan-yu jen*
Together are offical-travelling men

I am moved while parting from you,
Both obliged to travel in official life.

그대와 더불어 이별을 느낌은
같은 때 벼슬한 사람인 때문.

'與君'과 '同時'의 대조는 정확한 것이 아니다. 이와 비슷하게
왕유(王維)는 이렇게 적고 있다.

流水如有意 *Liu-shuei ju yu yi*
Flowing-water seems have feeling
暮禽相與還[101] *Mu-ch'in hsiang yü huan*
Evening birds mutually joining return

---

100)「杜少府之任蜀州」, 四部叢刊本, 『王子安集』 p. 34.
101)「歸嵩山作」, 前出, 『王右丞集注』 卷 7, p. 6b.

The flowing water seems to have feeling,
The evening birds join together in return.

흐르는 물 마치 뜻이 있는 듯,
저녁 새 서로 더불어 돌아가네.

여기서 '여유의(如有意)'와 '상여환(相與還)'은 '동사＋동사＋
명사'와 '부사＋동사＋동사'로 되어 있다. 이러한 대(對)는 앞서
한번 인용한 두보의 시와 같이 의미에 있어서는 물론 문법에 있
어서까지 대조되는 시와 같이 정교한 것으로 생각되지는 않는다.

蟬聲集古寺 *Ch'an-sheng chi ku-ssŭ*
Cicada sound gather ancient temple
鳥影渡寒塘[102] *Niao-ying tu han-t'ang*
Bird shadow cross cold pond

Cicada's cries gather in the ancient temple.
A bird's shadow crosses the cold pond.

매미 소리는 고사(古寺)에 모이고,
새의 그림자는 찬 연못을 건너누나.

이 두 시행에서의 문법적 구성은 '명사＋명사＋동사＋형용사
＋명사'로 되어 있다.
한걸음 더 나아가 상호 대가 되는 단어들은 같은 범주의 물건

---

102) 「和裴迪登新津寺寄王侍郞」, p. 67 참조.

들이어야 한다. 또 이것은 항상 고려되는 것은 아니지만, 그러나 단어들이 가리키는 '지시물(referent)'이 더욱더 자연에 밀접한 관계가 있을수록, 그 대구는 더욱더 정교하게 되는 것으로 생각된다.

작가는 색에는 색, 꽃에는 꽃 등으로 상대시켜야 한다. 그래서 '달(月)'과 '별(星)'은 '달(月)'과 '집(房)'이라고 말하는 것보다 더 훌륭한 대구를 만들 수 있다. 이것은 두보의,

星垂平野闊, 月湧大江流.[103]

별 드리우니 평야는 넓고,
달 솟으니 긴 강은 흐르도다.

와 같은데, 이 시구가 특별히 칭찬된 이유의 하나가 될 것이다.

그렇지만 '꽃과 새(花鳥)' 또는 '시와 술(詩酒)' 따위와 같이 같은 종류의 사물은 아니지만, 가끔 함께 고려되는 두 개의 단어들이 서로 달리 떨어지거나 상비(相比)될 때에는 특히 정교한 것으로 생각된다. 두보의 다른 시구에서 '꽃'과 '새'는 다음과 같이 대구에 사용되었다.

感時花濺淚, 恨別鳥驚心.[104]

---

103)「旅夜書懷」, p. 176 참조.
The *stars* drooping the wild plain (is) vast;
The *moon* rushing, the great river flows.
104)「春望」, 前出,『杜詩引得』p. 296.
Moved by the times, the *flowers* are shedding tears;
Averse to parting, the *birds* are sticken to the soul.

시절을 느끼어 꽃도 눈물을 흘리고,
이별을 서러워하여 새도 마음을 졸이누나.

　전통적 작시법(作詩法) 안내서에는 천문·지리·식물·동물 등에
관한 대구의 사용을 위하여 사물의 분류 목록들을 제시하고 있
다. [105] 이와 같은 분류는 비록 기계적이고 전단적(專斷的)인 것
일지라도, 그것들이 대우(對偶)의 이점들을 판단하는 하나의 표
준으로서 그렇게 중대하게 생각할 필요가 없음에도 불구하고, 같
은 종류의 사물을 대비시킨다는 십분 이유 있는 원칙을 보여 주
고 있다.

　대구는 또한 사(詞)와 곡(曲)에도 있으나 율시에서와 같이 그
렇게 보편적인 것은 못 되는데, 그 이유는 사(詞)와 곡(曲)의 시
행들은 흔히 길이가 같지 않으므로 엄격한 대구가 불가능하기 때
문으로 짐작된다. 그럼에도 불구하고 같은 길이의 두 연속되는
시행이 들어 있는 어떤 사(詞)는 습관적으로 대구가 사용되기도
한다.

　예를 들면 앞에서(p. 97) 인용한 여류 사인 이청조(李淸照)의
사(詞)에서와 같이 「완계사(浣溪沙)」 제 2 절의 첫 두 줄은 보통
대구이다.

　　新筍已成堂下竹,
　　落花都入燕巢泥.

새 죽순은 벌써 마루 앞에 대가 되었고,

---

105) 왕력(王力)의 『漢語詩律學』 pp. 153~166에 이러한 분류의 상세한 목
　록이 있음.

떨어지는 꽃은 모두 제비집 진흙에 들어갔구나.

가끔 대구는 한 수의 사를 구성하는 두 절의 양쪽에 사용되었
다. 「踏莎行(풀을 밟음)」에서 두 절의 첫 두 줄은 대가 된다. 안
수(晏殊 : 991~1055)──저자는 외가 쪽으로 쳐서 그의 후손이
된다──의 이 사는 다음과 같이 시작된다.

小徑紅稀,
芳郊綠遍.[106]

작은 길 붉게 덮혔고,
향내나는 들 푸름에 찼더라.

이 대구들은 제2절의 첫 두 줄로 받아진다.

翠葉藏鶯
珍簾隔燕.

푸른 잎 꾀꼬리를 숨기고,
구슬 발 제비를 막네.

---

106)『詞綜』, 前出, 4, p. 4a.
     Little path strewn with red,
     Fragrant fields filled with green.

     Emerald leaves hide the oriole,
     Vermilion curtain bars the swallow.

다음은 곡의 대구의 몇 가지 보기이다. 「한궁추(漢宮秋)」에서 임금이 아름다운 왕소군(王昭君)을 만나기 전에, 그는 궁전에서 쫓겨나게 된 이 여자를 상상하기를,

疑了些無風竹影,
恨了些有月窗紗.[107]

의심하리라, 대나무 그림자에 바람 없음을,
원망하리라, 비단 문발에 비친 달을.

이라 하고, 이 희극(戲劇)의 마지막 장면에 있어서 황제는 왕소군이 변방으로 간 뒤에 궁전에 홀로 앉아 있을 때 그의 위치가 고독함을 느낀다.

畫簷間鐵馬[108]響丁丁,
寶殿中御榻冷清清.
蕭蕭落葉聲,
燭暗長門靜.[109]

---

107) 第一折, 前出 p. 2a.
The shades of bamboos that shake without a wind
Make her suspect my presence;
The light of the moon that tinges the gauze of her window
Fills her heart with grief.
108) 처마 끝에 달린 종.
109) 第四折, 上同 p. 86.
Under the painted eaves the 'iron horses' are clanging.
In the precious hall the imperial couch is cold. ⇨

단청 돌린 처마에 풍경 소리 땡그랑땡그랑
보전(寶殿) 가운데 어탑(御榻)은 텅텅 비어 춥네.
추운 밤 낙엽 소리 더욱 서걱서걱,
촛불은 어둡고, 장문궁(長門宮)은 고요하네.

『이규부형(李逵負荊)』에서는 이 연극의 시작에서, 작자는 대구로써 그 장면을 묘사하기를,

和風漸起,
暮雨初收.
楊柳半藏沽酒市,
桃花深映釣魚舟.[110]

훈훈한 바람 점점 일어나고,
저녁 비 처음 그치다.
양류에 술집 반쯤 숨겨지고,
도화는 낚싯배에 붉게 비쳤더라.

라고 하였다. 요약해서 대구란 중국어에서 중요하고도 독특한 시적 기교이다. 다른 기교들과 마찬가지로 그것이 악용될 수도 있

⇒ The falling leaves rustle in the chilly night,
The candle glimmers in the silent palace.

110) 第一折, 前出 p. 2a.
The mild wind gradually rises,
The evening rain had just stopped.
The willow trees half hide the wine shop,
The peach blossoms brightly shine on the fishing boats.

는데, 그렇게 되면 그것은 말의 기계적 짝맞춤으로 전락한다. 그
러나 그것이 훌륭히 되면 그것은 자연 속에 숨어 있는 대조적 국
면(局面)을 느낄 수 있도록 나타낼 수 있다. 완정한 대우(對偶)
는 억지가 없이 자연스러우며, 비록 이 두 행들이 날카로운 대비
(對比)를 이룬다 해도 다른 기질을 가진 두 사람이 행복하게 결
혼한다면 사람들이 한짝으로써 그 대(對)를 '얼마나 대조적인가,
그러나 얼마나 완전한 짝인가!'라고 말할 수 있는 것과 같이, 그
것들은 그래도 어느 정도 기묘한 친화력을 가진 것같이 보인다.

結 語

앞의 서술들을 통하여 이 책에서 제기했던 문제들에 대한 대답을 찾기 위하여 우리들은 길게 살펴보았다.

우리들은 시의 매체(媒體)로서의 중국어의 성질을 여러 가지 각도에서 살펴보았고, 중국 비평상 제파(諸派)를 음미하여, 그들로부터 중국시의 주요 비평 기준을 마련한 시관(詩觀)들을 추출해 보았다. 우리들은 또한 중국시에 있어서 심상·상징 및 그 밖의 시적 기술들에 대한 용어 분석 방법을 조직적으로 적용시켜 보았다. 이 책 첫 부분에서 논의한 중국어의 여러 측면(시각적·청각적 효과, 단어의 함축·심상, 문법적 조직과 개재된 제 개념)을 연결시켰을 때, 이러한 분석들은 비평적 평가를 위한 하나의 믿을 만한 근거를 입증할 것이다.

이 책을 통하여 본보기로서 여러 수의 시들이 산견되었다. 이 시들의 선택은 어느 정도 개인적 취미와 기억(대개 나는 내가 따로 외우고 있는 시들만 인용하고 번역하였다.)에 좌우되기는 했지만, 전혀 우연히 뽑아진 것은 아니다. 약간의 영어 사용 독자들 사이에 개재된 중국시는 간단하고 언어상 오히려 평판(平板)하며, 성조상(聲調上)으로는 소극적이지만 사색적이라고 보는 중국시에 대한 상당히 잘못된 견해를 수정하려는 착안에서 뽑았다.

내가 뽑은 중국시들은 바라건대, 주제에 있어서는 철학적이기도 하지만 가끔 낭만적이기도 하고, 감정에 있어서는 억제되기도 하지만 가끔 격정적이기도 하고, 언어상으로는 단순하고 직접적이기보다는 흔히 더욱 간결하고 복잡하다는 것을 보였을 것이다. 그리고 시형(詩型)에 있어서는 일반적으로 엄격한 음률(音律) 속에서 씌어진 것이지 앨런 허버트(Alan Herbert) 경이 가끔 편치

지(*Punch*誌)의 페이지들을 꾸미기 위하여 지은 것 같은 모방시
(模倣詩 : parodies)들에 빠지는 느슨한 무운시(無韻詩) 따위는
아니다.

서구 독자들은 또한 대부분의 중국시들이 수세기에 걸쳐서 씌
어진 것임에도 불구하고 중국 독자들에게는 동시대성을 가질 것
이라는 생각이 들 것이다. 이것은 중국의 문언(文言)이 지난 3천
여 년 동안 거의 변하지 않았다는 사실에 기인한다. 물론 단어의
발음은 변하고 그 사용법도 점차 복잡해졌으나 실제로 사용된 문
자는 변하지 않았다. 그래서 태반의 중국 시인들은 큰 어려움없
이 읽혀지고 감상되었으며 존속되었다. 물론 어려운 시도 있지만
그 어려움은 보통 고어(古語) 때문이 아니라 불명확한 인유와 개
인적 상징에 기인하는 것이다.

고전 혹은 중세 서구시보다 고대 중국어를 읽기 위해서는 그리
많은 언어학상 지식이 요구되지 않으며, 추측이지만 나는 영어
사용 독자들이 똑같은 목적을 위해서 『베이울프(*Beowulf*)』〔AD
7세기의 스칸디나비아 영웅서사시〕를 읽는 것보다는, 더 많은 한
문 독자들이 즐기기 위하여 『시경』(약 BC 12세기~AD 18세
기)을 읽고 있다고 말할 수 있다.

그러므로 서구 독자들은 중국시를 읽는 동안 그들의 역사적 안
목에 대한 감각을 재조정하여야 하며, 시가 지어진 연대만 보고
서 그 연대가 오래면 오랠수록 감정이나 표현면에서 거리가 있다
고 오해하지는 말아야 한다. 사실 대부분의 중국 독자들을 예를
들면 명대(14세기~17세기)의 시인들보다는 당대(7세기~10세
기)의 시인들을 훨씬 더 가깝게 느낀다.

나의 작업을 거의 끝마침에 있어서 나는 지금 중국시에 대한
몇 가지 일반적인 경향에 관하여 설명을 더해야만 하겠다. 대체
로 중국시들은 짧은 서정시와 사유시(思惟詩)에는 뛰어나지만,

서사시에는 비교적 약하다. 물론 서사시들도 있지만 그것들은 길이에 있어서 기껏 수백 행에 불과하다. 극시(劇詩)에 있어서도 그것들은 늘 산문과 함께 쓰이고 있다. 이래서 서구시에 있어서 두 개의 중요한 장르인 서사시와 비극(悲劇)은 중국에 있어서 실제로 빈약하다. 이 이유들은 생각해 볼 만하다.

서사시와 비극, 혹은 그 밖의 중국의 장시(長詩)가 빈약한 첫째 이유는, 내가 생각하기에 그 언어 자체의 성질 때문이다. 우리들이 살펴본 바와 같이 이 언어는 굴절된 음조(音調)와 똑똑 끊어지는(staccato) 리듬과 함께 그 자체가 긴 작문에 기울어질 수 없는 단음절어(單音節語)와 2음절(二音節) 복합어로 가득 차 있다.[111] 더욱이 동음(同音)이 많은 것 또한 모든 가능한 운(韻)이 곧 고갈되어 버리기 때문에 시를 길게 쓸 수 없게 만든다. 제1편 제3장에 제시한 여러 가지 시형(詩型)을 한번 훑어보면 그 중에 어느 것도 산문을 섞지 않은 서사시나 극시에 적합하지 않다는 것을 볼 것이다.

다음, 하나의 전체적 인생관을 각각 구체화하는 장편 서사시와 비극의 결핍은 또한 중국인들 마음의 활동성에 기인한다. 내가 보기로는 중국인의 마음은 교조적이라기보다는 오히려 실용적인 것같이 보이며, 지각과 이해가 빨라서 모든 경험을 그대로 나타낸 대로 융합하지 모든 경험에 선입관적 모형을 갖게 하려고 하지는 않는다. 공자나 맹자와 같은 중국 고대 철학자들도 모든 문제를 그것이 일어난 대로 다루려는 경향을 가졌지, 즉 예를 들면 아리스토텔레스 혹은 칸트가 그러했듯이, 그 속에 모든 인간의 지식과 경험이 적용될 수 있는 인식 체계를 공식화하려고 해 보지는 않았다.

---

111) p. 75를 보라.

　중국 시인들의 대부분은 위대한 철학자들이 아니었기 때문에 그들은 자연철학적, 종교적 견해를 갖기는 했지만, 유교와 도교와 불교의 가르침을 동시에 나타내고 그것들을 하나의 일관된 체계 속에 통합하려고 노력하지도 않았으며, 체계적이라기보다는 더욱 흔히 절충적이었다.

　중국 시인들은 단테나 밀턴이 그랬던 것처럼 그들의 시의 골격으로서 기성 종교와 철학의 체계를 사용하지도 않았으며, 블레이크가 그랬던 것처럼 그들 자신의 체계를 설명하지도 않았다. 두보의 현존시(現存詩)들은 그가 쓴 것의 일부에 불과하지만, 이 세상의 어느 다른 주요 시인들에게서도 찾아볼 수 없는 인생의 여러 면, 인생 경험의 다양함, 인간성의 깊은 이해를 나타내고 있다. 그러나 그는 하나의 단독 작품 속에서 모든 이러한 것을 단일 사고의 체계 속에 연관시키는 것이 필요하다고는 생각하지 않았다.

　우리가 살펴본 바와 같이 비평가들 또한 체계적이지는 않았다. 중국 현존 작가들이 체계화와 분석에 흐르려는 명백한 경향은 아마 젊은 나이에 서구 문화에 접한 데에 기인한 것이며, 어떤 경우에는 이미 서구인들이 이해할 수 있는 말로 서구 독자들에게 중국시를 번역하려 하고 있다는 사실에 의하여 고무되고 있다 하겠다.

　짧은 시를 좋아하는 중국 사람들 마음의 다른 일면은 그 세부보다는 한 사물이나 경험의 요지(要旨)에 정신을 쏟는 데 있다. 중국 시인들은 보통 잡다한 현상을 묘사하기보다는 한 장면, 한 기분, 한 세계의 정신을 포착하려고 한다. 앞 절(節)에서 내가 말한 것을 살펴보면, 중국인들의 머리는 다소 역설적인 면이 있다. 개인적 경험에 관련되는 한, 중국인의 마음은 현상보다는 정수(精髓)에 집중하려는 경향이 있다. 그래서 그들은 '본질주의자

(essentialist)'들이다. 그러나 인생을 하나로 보는 태도 속에는 플라톤적 생각이나 혹은 추상적 범주보다는 현실 생활의 경험에 훨씬 더 가까이 접하고 있기 때문에 '본질주의자'들이기보다는 '실존주의자(existentialist)'들이다.

서사시, 적어도 영웅적 서사시가 중국에서 부족한 원인의 또 한 가지는 중국 학자들에 의한 개인적인 용기의 숭배나 육체적 용맹의 배격 때문이다. 모리스 바우러[Maurice Bowra : 1898~ 1971, 영국의 문학자]는 '중국 문명에 그렇게 오래도록 큰 영향을 미쳤던 그 위대한 지성의 힘은 속박을 벗어난 개인주의와 자기 주장을 지닌 영웅 정신에 반대되는 것이었다.'[112] 고 지적하였다.

그렇지만 중국에 있어서 영웅적 전통이 완전히 결여되었던 것은 아니었다고 말할 수도 있다. 위대한 사마천(司馬遷)의 명작 『사기(史記)』에서 전국시대(戰國時代 : BC 5세기~BC 3세기)의 협객(俠客)들과 자객(刺客)들을 일반적으로 동정해서 쓴 열전(列傳)이 있는 것만 보아도, 그 당시에 그들이 얼마나 중요한 역할을 하였는지 알 수 있다.

후기의 영웅들, 특히 삼국(2세기~3세기)의 영웅들과 북송(北宋) 말기(12세기) 양산박(梁山泊)의 무뢰한(無賴漢)들은 대중 소설을 통하여 누구나 다 아는 이름이 되었다. 사실 양산박 무뢰한들에 관한 영웅적 고사(故事 : romance)의 모음인 수호(水滸)는 일반적으로 '소설(novel)'로 오해되고 있으나, 영웅사화(英雄史話 : epic) 혹은 무용담(武勇譚 : saga)과 매우 가까운 것이다. 그것은 역사적 사건에서 기원했으나 전설과 섞여 구전 속에서 수회(數回)의 이야기들을 형성하였다. 이러한 구화(口話)들은 그

---

112) *Heroic Poetry*, p. 14.

다음 문자로 적혀지고 여러 사람의 손을 통하여 계속적인 편찬·
확대·개정의 단계를 거친 뒤에 오늘날 우리가 아는 저작이 되었
다. 그래서 영웅적 전통은 평민들 사이에서 계속되었다. 이렇게
대중 문학 속에 반영된 것같이 보이나, 공공 이념으로는 통하지
못했으므로 상류 문학에서는 제외되었다.[113]

비극에 관하여는 중국시에서 그것이 결핍된 더 많은 이유들이
있는 듯하다. 내가 보기로는 비극의 요소는 우주 안에서 인간의
지위를 역설적인 것으로 생각하는 인생관에서 나온다. 즉, 일면으
로는 인간의 권위, 능력과 지성 따위를 생각하지만, 또 다른 면으
로는 인간의 한계, 나약함, 그리고 사멸(死滅) 따위를 생각한다.

내가 앞에서 지적한 바와 같이 생활과 인간 운명에 대한 이러
한 비극감은 중국시에서 흔히 나타나지만, 그래도 그것은 극 형
식의 성숙한 비극으로까지는 발전하지 못하였다.

그 이유는 아마 중국 시인들이 분쟁(紛爭)을 묘사하는 것을 싫
어하였기 때문일 것이다. 중국의 3대 사상은 모두 분쟁을 싫어하
였다. 즉, 유교는 만물 속에서 조화를 추구하였고, 도교는 무위
(無爲)와 자연으로의 귀순(歸順)을 주장하였으며, 불교는 모든
의식의 소멸 혹은 그 대중적 형식으로는 환생(還生)을 통한 보복
(報復)을 말했다. 모든 이러한 교리들은 분쟁이 바람직하지 못하
거나 불필요한 것으로 만들었으며, 분쟁이 없어서 아리스토텔레
스류의 비극은 나올 수가 없었다[74]. 이러한 아리스토텔레스류
의 비극 개념의 또 다른 요소, 과실(過失 : harmatia)을 가진 비
극적 영웅과 정화(淨化 : catharsis) 이론[75] 따위는 또한 중국
적 사고와는 상반된 것이다.

---

113) 拙稿, "The Knight Errant in Chinese Literature", *Journal of the
Hong Kong Branch of the Royal Society*, vol. I, 1961.

더구나 그리스 희곡과는 달리 중국 희곡은 민간에서 발생하였다. 그것은 자초지종(自初至終) 향락의 일종이었는데, 노래·춤·설화·익살·곡예에서 발전했다. 궁중의 지원을 받았건, 또는 평민 청중의 지원을 받았건 그것은 즐거운 시간과 시적 권선징악(勸善懲惡)의 현실을 기대하는 민중들의 비위를 맞추어야만 했으며, 이런 것이 없으면 그들의 도덕적 민감성을 저해하게 되었다. 이러한 분위기 속에서는 페리클레스 시대〔BC 459~BC 429, 민주적 치세의 최성기〕의 아테네에서보다도 더 심각한 테마를 다루고 비극적으로 극을 끝낸다는 것은 어려웠다.

물론 셰익스피어도 또한 잡다한 청중들을 즐겁게 해 주어야만 했다. 그러나 적어도 엘리자베스 시대의 극장은 중세의 기적과 신비에 영향을 받았기 때문에 중국에서와 같이 순수히 민간적 기원과 성격을 가진 극장보다는 이러한 극장에서 비극을 상영한다는 것이 더욱 쉬웠을 것이다.

그러나 서사시와 비극이 없음에도 불구하고 대체로 중국시는 서구시보다 범위에 있어서 더욱 제한된 것도 아니며, 사상이나 감정에 있어서 보다 덜 심각한 것도 아니었다. 비록 중국에서 『일리아드(Iliad)』·『신곡(神曲)』·『오이디프스(Oedipus)』·『햄릿(Hamlet)』과 같은 거작(巨作)을 찾기는 힘들다 하더라도 중국시의 총체(總體)는 어느 다른 시 못지않게 생의 기복을 풍부하게 나타낸다.

중국시가 개념의 크기와 정서의 강도(強度)에 있어서 서구시와 비교하기는 어렵지만 그것은 가끔 감지(感知)의 민감성, 감정의 정교함, 표현의 간결성 따위에 있어서는 후자를 능가한다. 인생의 탐색으로서 그것은 서구 독자들에게는 잘 알려지지 않았거나 혹은 친근해지지 못한 세계로 그들을 인도해 갈 수도 있고, 언어의 탐색으로서 그것은 서방인의 귀에는 기괴한 소리가 될지 모르나,

그것에 익숙한 사람들에게는 그것대로의 매력을 갖고 있는 독특한 음악을 수반하여 시적 재간(才幹)과 굴절성(屈折性)을 현란하게 나타내 주고 있다.

　중국에 있어서 시는 서구에 있어서보다 음악과 회화에 더 큰 영향을 주었다. 그것은 중국의 여러 노래와 그림들이 음악적이거나 회화적이라기보다는 오히려 개념에 있어서 시적이라는 점에서도 증명될 수 있다. 중국시는 중국 문화에 중대한 영광의 하나이며 중국인의 마음에서 최고의 정점의 하나라고 주장하는 것은 결코 과언은 아닐 것이다.

■ 附 錄

중국어 로마자 표기법에 관하여

중국어의 단어와 명칭은 Mathews의 *Chinese-English Dictionary*에 보이는 Wade식에 따라 로마자화하였다. 다만 이하에 명기하는 바와 같이 다소의 변경을 가하였다.

en과 eng의 e 위에 가하는 의미 없는 변장음부(變長音符 : ⌣ ∧)따위는 생략하였다. yuan·yueh·yun 등 불필요한 움라우트 부호는 생략하였다. 왜냐하면 이것과 혼란을 일으킬 만한 음절은 존재하지 않기 때문이다. 그러나 yü(兪)와 혼동을 피하기 위하여 yu(由)는 그대로 두었다.

Wade는 오히려 같은 음을 가진 음절에 uei를 쓰기도 하고, ui를 쓰기도 하여 다소 일관성을 잃고 있다(즉, 歸는 kuei로 적고 灰는 hui로 적었다). 나는 Wade가 때때로 ui로 적은 몇 곳을 uei로 일관하여 적었다. 따라서 나는 tsui·tui 등등 대신 tsuei·tuei 등등을 썼다. 어떤 때는 lien을 lian으로 바꾸어 썼는데, 이것은 이 음이 shan과 운이 된다는 것을 보이기 위해서이다(p.69).

각운을 다는 음절이 이미 현대음(現代音)으로서는 그렇게 나타나지 않는 경우, Karlgren이 재구성한 상고음(上古音) 혹은 중고음(中古音)의 적당한 것을 그의 *Grammata Serica Recensa*(Stockholm, 1957)에 있는 그대로 따라 붙여 보았다. 그러나 앞서 말한 것보다 더 미묘한 음운 부호가 있는 것은 생략하였다. 각운을 단 음절이 현대음으로도 그대로 운이 될 경우, 고대음(古代音)을 가할 필요는 없다고 생각한다.

나는 중국인의 이름을 로마자화할 경우, 인용한 작품 중에서는 그들의 자(字)나 관직 등으로 부른 것도 항상 그들의 본명(本名)으로 바꾸어 불렀다.

〔이 번역의 본문에는 중국인의 인명에 관한 한, 전부 한자로 바꾸어 썼기 때문에 로마자는 생략되었다. 단, 색인에는 원서 색인에 나오는 인명에 한하여 로마자를 그냥 두었음.〕

■ 日譯版 補註

著者 序文

〔1〕 중국시의 영역서(英譯書), 혹은 영문으로 쓰인 중국 시인의 전기(傳記)에 관해서 나는 지금까지 상세히 조사한 일이 없고, 또 이러한 조사가 되어 있는지도 모른다. 그러나 우연히 옆에 있는 Wai-lim Yip의 'Ezra Pound's *Cathay*'(Princeton University Press, Princeton, 1969)의 卷末,「참고문헌」가운데 *English Translations of Chinese Poetry*를 보면, 1761년부터 1967년에 이르는 중국시의 중요한 영역서가 연대순으로 리스트되어 있다. 총 88종의 단행본이 실려 있어 대개의 정황을 아는 데 참고가 된다.

그러나 그 중에는 특히 시와 관계가 없는 듯한 것, 혹은 영역 이외의 불역·독역 등도 다소 포함되어 있는 외에, 내가 아는 것으로도 이 리스트에 들어 있지 않는 중요한 역서(譯書)가 적지 않기 때문에 완전한 리스트라고는 말할 수 없다.

전기(傳記)에 관한 것으로는 상술한 리스트 중에도 Arthur Waley의 역작 *The Life and Times of Po Chü-i*(London, 1949. 日譯, 『白樂天』, 花房英樹譯, みすず書房, 1959)와 William Hung의 *Tu Fu*〔杜甫〕: *Chinas' Greatest Poet*(Cambridge, Mass., 1952) 등 여러 종류가 수록되어 있는 것 외, A. Waley의 *Yuan Mei*〔袁枚〕(London, 1956), F.W. Mote의 *The Poet Kao Ch'i*〔高啓〕(New Jersey, 1962. 書評, 入谷仙介, 『中國文學報』 第20冊, 1965) 등 이외에도 중요한 영문으로 된 평전(評傳) 몇 가지가 출판되었다. 그러나 영역 시집을 중심으로 하여 리스트를

만든 Wai-lim Yip의 의도 밖의 것이기 때문에 그 결락(缺落)을 탓할 이유는 없다.

대개 나의 인상(印象)으로는 초기의 앤솔러지적인 것으로부터, 개개 시인의 개별적 작품의 번역 작품을 통한 시인의 평전 순으로 중점이 옮겨지고, 최근에는 작품의 분석과 비평에 관한 책이 상당히 출판되기에 이른 것 같다.

아울러 Wai-lim Yip의 본서는 이미지즘(imagism)의 관념으로 한자에 특이한 관심을 보인 Pound의 중국시 번역을 상세히 논한 것이므로, 중국시의 표현 분석, 영역법(英譯法) 등을 고찰하는 데 는 극히 홍미 깊은 책이다.

〔역자(韓譯版 譯者)가 알기로는 다음과 같은 이 방면의 목록이 있다.〕

Martha Davidson, *A List of Published Translations from Chinese into English, French and German*(英・獨・佛譯 中國書公刊目錄). (Tentative editon : 暫定本) Washington D.C., American Council of Learned Societies. 제 1 부는 이외의 문학 작품(1952 년 出刊) ; 제 2 부는 시(1957년 出刊).

〔2〕imagery란 image의 집합 명사인 동시에, image의 용법도 가리키는 말이다.

〔3〕저자가 여기서 말한 '詩'란 광의(廣義)의 시이며 협의(狹義)의 시(詩)・사(詞)・곡(曲) 등을 포괄한 소위 '운문(韻文)' 전반을 가리킨다. 이하 이와 같은 뜻으로 쓴 '詩'란 말이 가끔 보인다.

본서에 인용된 작품은 『詩經』으로부터 원대(元代)의 극시(劇詩) 『元曲』에 이르기까지 광범위한데, 이 하한(下限)을 원말(元末)까지 잡은 것은 『元曲』 이후 중국의 고전 문학, 특히 운문사(韻文史)에 새로운 장르가 생겨나지 않았다는 생각에 말미암은 것 같다. 이것은 저자 자신이 본서 가운데 여러 차례에 걸쳐 공감을 나타낸 왕국유(王國維)의 말인 '무릇 한 시대에는 하나의 문학이 있다. 戰國 楚時代에서 楚辭, 漢代의 賦 六朝의 騈文, 唐代의 詩, 宋代의 詞, 元代의 曲은 다 말하자면 한 시대의 문학이다. 후세에는 이런 전통을 훌륭히 계승할 것이 없다(『宋元 戲曲考』序).'와 동일한 생각인 것 같다.

제 1 편 제 1 장

〔4〕육서(六書)의 정의와 순서에 관해서는 후한(後漢) 허신(許愼)의 『說文』序에 대체로 기초한 것이 보통이나, 이 설도 반드시 명확하지는 않고, 아울러 대개 동시기(同時期)의 『周禮』註에 보이는 정중(鄭衆)의 설(說), 『漢書』藝文志의 반고(班固)의 설(說)과도 이동(異同)이 있기 때문에 고래(古來)로 많은 학자들이 많은 의론(議論)을 내어놓았다. 후래 학자들에 의해서 제출된 신명칭도 결코 적지는 않다. 상세한 것은 중국 문자학 전문서에 미루지 않으면 안 될 것이지만, 간략히 육서를 설명하고, 특히 논의가 집중된 『轉注』에 관하여 중요한 제 설(說)을 소개한 것으로는 『漢文入門』(小川環樹·西田太一郎, 岩波書店, 1957)이 있고, 약간 전문적 개설을 가하고, 참고문헌을 든 것으로는 『中國語學新辭典』(中國語學硏究會, 1959, 光生館)의 『六書』項이 있다.

〔5〕육서의 '회의(會意)' 설명은 물론 저자가 말한 바와 같이 후자 쪽이 통설이라는 것은 옳다. 다만 중국어의 '회의'에는 '뜻에 들어맞다', '이해하여 깨닫는다'는 뜻도 있는데, 여기에서 한 말은 오해된 것이 아닌지?

〔6〕'해성(諧聲)' 또는 '형성(形聲)'이라고 한다. 하나의 자

(字)가 '形(意符)'과 '聲(音符)'으로 성립된 것을 나타내는 정의
이다. 상세한 것은 전주(前註)의 제서(諸書)를 참고하기 바란다.
이외에 '形聲文字'가 가진 의미와 종래의 제 설(說)을 소개·비판
한 것으로『漢字語源辭典』(藤堂明保, 學燈社, 1965) 序說 등이 있
다.

〔7〕 내가 본 바로도 중국에서 출판된 사서(辭書) 및 그것에 근
거하여 만든 일본의 중국어 사서에는 yao-t'iao(즉, ヨウチヨウ
라고 하는 한자음)만이 보이지는 않는다. 곁에 있는 Mathew의
*Chinese-English Dictionary*에는 yao(窈) 항에 확실히 miao라고
읽는 수도 있다고 하였다. 생각해 보니 요조(窈窕)에는 별도로
'깊이 감추는 모양'이란 뜻도 있는데, 이때에는 요가 묘(渺)·묘
(杳)와 통하기 때문에 miao라는 음이 되지 않는가 싶다.

〔8〕 산스크리트어, 무한한 빛을 가진 부처, 무한한 수명을 가
진 부처 등의 뜻이다.

제 1 편 제 2 장

〔9〕 그의 심리학적 분석 방법이 신비평(New Criticism)에 많
은 영향을 주었다.

〔10〕 Richards의 뒤를 받아 독자적으로 시의 비평 이론을 전
개했다.

〔11〕『뉴크리티시즘 사전』(小川和夫·橋口稔, 硏究社, 1961)에
의하면, Empson 자신이 다음과 같이 정의하였다. '曖昧〔역자는
多義性이란 말로, 본 韓國譯書에 옮겼음〕란, 보통의 경우 명백히
두 가지 이상의 의미를 갖는 것인데 예를 들면 기지(機智)에 기
만성(欺瞞性)이 풍부한 것을 의미할 수도 있다. 그러나 나는 이

말이 가진 넓은 의미로 사용하고자 한다. 즉, 한 말에 양자 택일
적 반응을 할 여지가 있는 듯한, 이러한 말의 뉘앙스는 아무리 미
소한 것이라 하더라도 이것을 애매(曖昧)라고 불러야 될 것이라
생각한다(*Seven Types of Ambiguity* second editon p.1)'라고 그
는 이 '애매함'의 개념을 언어 미학 가운데 중요한 특징을 가진
것이라고 하여, 다른 비평가들에게 큰 영향을 주었다. 상게한 사
전에는 Empson이 분류한 일곱 가지 형을 설명하고 실례도 들었
다.

또 「講座英米文學史 12」『批評·評論 I 』(大修館, 1971)에는
1930년 이후 영국 비평에 관한 항이 있는데, Empson의 *Seven*
Types of Ambiguity 등에 관한 평론이 있다(V 英國批評 5. 出淵
博). 川崎壽彦著, 『分折批評入門』(至文堂, 1970) 제 2 장에는 이
개념의 해설과, 이 개념의 일본 문학에의 응용이 이야기되어 있
다.

〔12〕원뜻은 궁정의 방 따위에 속한 사람이란 뜻이다. 여기서
는 시종(侍從,)·가령(家令)·마을의 수입원, 사원(寺院)의 회계계
(會計係) 등의 뜻으로 쓰인다.

〔13〕 head meaning——사전 최초에 나오는 필두의 의미라는
뜻이다.

〔14〕저자가 의거한 판본은 아마 비교적 서양 독자들에게도 보
기 쉬운 것을 고려하여 기본적 총서 가운데 들어 있는 것이 대부
분이다. 이 사정은 일본 독자의 경우에도 대개 비슷할 것으로 생
각되지만, 그 가운데 보족을 필요로 하는 곳도 없지는 않다. 나의
보주(補註) 중에는 중요한 이본(異本), 해석상의 이설(異說) 등
을 필요에 따라 보충하였다.

이 詩는 『四部叢刊』縮刷本에서 인용한 것인데 이하 『四部叢
刊』이라고 할 때는 모두 이 텍스트를 말한다.

〔15〕 말장난(地口)의 예로서 흔히 인용되는 것으로는 Thomas Hood의 *Faithless Sally Brown* 중의 구(句),

> They went and *told* the sexton,
> And the sexton *toll'd* the bell.

> 그들은 가서 일꾼에게 말했네,
> 그래서 일꾼은 종을 울렸네.

가 있다. 셰익스피어의 Macbeth(Ⅱ, ii)에도 다음과 같은 예가 있다.

> If he do bleed, I'll *gild* the faces of the grooms
> withal ; for it must seem their *guilt*.

> 만약 그가 피를 흘리면, 그 피로 종들의 얼굴에 황금 칠을 하지요, 일당들의 죄로 보임에 틀림없겠지요.

〔16〕 Shakespeare, Macbeth (Ⅱ, ii)
   "The multitudinous seas incarnadine"
   (큰 바다를 담홍색으로 물들이다.)

〔17〕 실례는 본서의 후문(後文), 제3편 제2장의 「章臺柳」라는 시에서도 볼 수 있지만(p. 197) 이외에도 중국시 중에는 사람의 성명에 쓰이는 문자를 분해하여 뜻을 붙이는 방법이 옛날부터 있었다. 특히 민요조의 노래에 이러한 예가 많이 보이는데, 세상의 괴상한 일을 읊은 정사(正史)의 『五行志』에 기재된 것이 많다.

예를 들면 다음에 든 예는 후한(後漢) 말, 한실(漢室)의 쇠퇴와 동탁(董卓)의 발흥을 우의(寓意)한 노래인데, 『後漢書』五行志에 볼 수 있는 것이다.

千里草 何靑靑　　千里草는 얼마나 푸른가
十日卜 不得生　　十日卜은 살아나지 못하리.

'千里草'는 '董'자를, '十日卜'은 '卓'자를 각각 분해한 것인데, 동탁은 청청하게 융성해 가는 데 반하여, 한(漢) 왕조의 운명은 다해 간다는 뜻을 실은 것이다. 또하나 말하면 작품 중에는 예가 없지만 중당기(中唐期)의 특이한 시인 이하(李賀)가 아버지 이름 진숙(晋肅)의 진(晋)이 進士의 '進'과 동음이기 때문에 진사 시험을 받지 못했다는 사건도 이러한 예에서 들 만하다.

제1편 제3장

〔18〕 assonance(類韻)는 말과 말 사이에 모음이 유사한 것을 말한다. 만약 모음 뒤에 자음이 올 경우에는 반드시 자음이 다르지 않으면 안 된다. 이것에 대하여 rime은 모음 뒤의 자음도 포함하여 동일한 음절이 되는 것이 요구된다.

〔19〕 나상배(羅常培), 『漢語音韻學導論』(中華書局, 1956. 香港太平書局 影印, 1965) 부록 「唐詩擬音擧例」에는 詩題別로 30수의 당시(唐詩)를 뽑아 전구(全句)의 중고음(中古音)을 달았다. 그 중에 「壹 五言古詩」 중에 이백의 이 작품이 실려 있다.

〔20〕 전자는 압운되는 것이 다 평성인 것에 대하여 '飮'은 측운상성(仄韻上聲)이고, 후자는 거꾸로 '歡'이 평성, 다른 것은 측

운거성(仄韻去聲)이다.

〔21〕여기서는 다만 음률면에서 '절구'의 성조 패턴이 '율시'의 4구와 같다고 말한 것뿐인데, '절구'가 '율시'에서 나왔다고 하는 것은 아니다. '절구'의 기원과 정의에 관해서는 예부터 설이 분분하여 아직 정설이 없다. 또 '율시'라고 부르는 것은 때때로 '고체(古體)'에 대한 '근체(近體)'를 뜻하는데, 조구상으로 평측(平仄)이 갖추어진 이른바 '入律(음률에 맞아든)' 시 전반을 가리키는 때도 있다. 이 경우에는 협의의 '율시'와 '절구'를 포괄한다.

이 문제에 관해서는 中國文化叢書 4 『文學概論』(1967, 大修館) 가운데 高木正一의 '近體詩' 항과, 일반 중국시 개설서, 작시법서 등을 참고하라.

조금 전문적인 것으로 왕력(王力)의 『漢語詩律學』(新知識出版社, 1958)에서는 절구를 4종류로 나누어 ① 율시의 수미 두 연을 취한 것, ② 율시의 후반을 취한 것, ③ 율시의 전반을 취한 것, ④ 율시의 중간 두 연을 취한 것 등 갖가지에 대하여 조사하였는데, ① 류가 가장 많이 보이고, 이어서 ②④ 류, ③ 류가 차례로 적다고 하였다. 상세한 것은 동서(同書)를 참조하기 바란다.

〔22〕마지막 2구에 대해서 청대의 장혜(張惠)는 이 작품을 당말(唐末) 황소(黃巢)의 난을 피해서 촉(蜀)에 갔을 때 지은 것으로 해석하고, 촉(蜀) 사람이 위장(韋莊)에게 고하여 위류(慰留)한 말이라고 하였다(『詞選』). 즉, 강남은 촉(蜀)을 가리키고, 중원(中原)이 전란에 휘말려 있기 때문에 '고향에 돌아간다면 꼭 슬퍼질 일이 생길 것이다.'라고 한 말이다. 본문은 제 1 편 제 5 장 「鄕愁」(p. 107)를 참조하라.

〔23〕이 작품은 또 「愁思」란 제목을 갖고 있다.

〔24〕Tu Fu Concordance(Harvard-Yenching Institute Sinological Index Series) No. 14. 이것은 2책으로 나누어졌는데, 제 2

책에는 「九家集註杜詩」가 수록되어 있다.

〔25〕영시 수사법의 double rime(이중 압운)은 feminine rime
(女性韻)이라고도 한다. 시의 격률(metre)과는 관계가 없고, 악
센트를 갖지 않는 음절이 구말(句末)에 나타나는 것을 feminine
ending(女性終止)라 하고, feminine ending이 압운되는 경우를
'이중 압운' 혹은 '여성운'이라 한다.

제 1 편 제 4 장

〔26〕'역사가와 시인의 차이는 운문과 산문의 차이에 있는 것
이 아니라, 한쪽은 실제로 있는 것을 묘사하고, 다른 한쪽은 있을
만한 것을 묘사하는 데 있다. 그렇기 때문에 시는 역사보다도 더
욱 철학적이고 더욱 장중하다. 왜냐하면 시는 오히려 보편성을
묘사하지만, 역사는 개성을 묘사하기 때문이다.'

松浦嘉一譯,『詩學』제 1 장 제 9 절(제 16 판), 岩波文庫, 1970.

제 1 편 제 5 장

〔27〕『李淸照集』(中華書局, 1962),『全宋詞』(唐圭璋編, 中華書
局, 1965) 등에 이청조(李淸照)의 작(作)이라 함은 틀렸다고 말
한다.

〔28〕예를 들면 청대(淸代)의 풍후(馮煦 : 字 夢華)가『四印齋
刻陽春集序』가운데 말한 것이 이러한 비평을 대표한다. 이 중에
서 그는 풍연사(馮延巳)의 작품에 뜻을 붙인 것이 많은데, 이
『蝶戀花』등도 어리석은 남당(南唐)의 군주가 호시탐탐 이 나라
를 넘겨다보는 이웃 나라의 음모에도 신경을 쓰지 않고 안한(安

閑)하게 나날을 보내고 있기 때문에, 재상인 풍연사는 재능을 갖고 있지만 나라를 구하기 어려움을 깨닫고 울적한 심정에 싸인 감정을 사(詞)에 표현했다고 말했다.

〔29〕 Allen Tate가 *Tension in Poetry*(1938)에서 역설한 시의 특징을 설명한 말이다. 논리학상 용어인 extension(外延)과 intension(內包)에서 각각 접두어 ex—와 in—을 떼고 외연·내포를 유기적으로 포괄하여 통일하는 것을 tension이라 하였다. 그는 훌륭한 시는 이 외연과 내포를 유기적으로 통일하는 어떠한 '긴장'이 있는 것이라고 생각하였다. 그 뒤 많은 비평가에 의하여 이 말이 쓰여져 각종 tension의 존재가 지적되었다.『뉴크리티시즘 사전』, 川崎壽彦,『分折批評入門』, 大修館版,「講座英米文學史 12」『批評·評論 I』등을 참조하기 바란다.

〔30〕 16~17세기에 걸쳐서 비유가 많고 지적인 시를 쓴 Donne, Cowley, Grashaw 등 영국 시인을 가리키는 말이다.

〔31〕 당(唐) 시인 원신(元愼)의 작 연애 소설『鶯鶯傳』(會眞記)을 근본으로 한 원곡(元曲)의 대표적 작품이다.

제 2 편 제 1 장

〔32〕『杜詩引得』, 前出,「奉贈韋左丞丈二十二韻」, p. 2. 이 시 가운데는 다음과 같은 하나의 연이 있다.

致君堯舜上, 再使風俗淳.
(임금을 堯舜 위에 놓고, 다시 風俗을 순박하게 하고저.)

〔33〕『李太白集』第 1 册, 前出,「古風」其一, p. 40 (古風連作 五十九首 中 第 1 首)에서, 그는『詩經』大雅와 같이 격조높은 시

풍(詩風)이 쇠한 것을 한탄하며, 자기를 제하고서는 이것을 재흥할 수 있는 자는 없다고 노래하고, 『詩經』을 편찬한 공자를 모방하여 자기도 훌륭한 시를 지어 후세에 이러한 전통을 전해 주고 싶다고 적었다.

大雅久不作,　　　大雅 오랫동안 나오지 않았으니,
五衰意誰陳?　　　나 죽으면 드디어 누가 지을까?
………　　　　……………
我志在刪述,　　　내 뜻은 刪述에 있어,
垂輝映千春.　　　빛을 드리워 千秋에 비추고자.
希聖如有立,　　　聖人을 본받아 세우는 바 있다면,
絶筆於獲麟.　　　나도 붓을 獲麟에서 끊겠네.

〔孔子가 春秋를 집필할 때 魯 哀公 14년에 哀公이 순행하다가 麒麟을 잡았는데, 공자는 獲麟의 記事에서 春秋를 마감하였음.〕

〔34〕『白氏長慶集』, 前出, p. 142. 저자는 여기서 「與元九書」의 부분 譯이 Arthur Waley의 *The Life and Times of Po Chü-i* pp. 107~108에 볼 수 있다고 주기하였다. 동서(同書)는 일본어 역도 있고 보주(補註 1), 또 우리들은 「與元九書」 全文을 보는 게 별로 어렵지는 않다. 백거이(白居易)의 작품 주석서·연구서 등을 참조하기 바란다.

〔35〕 이와 같은 취지는 『重訂唐詩別裁集』 序에도 보인다. 國學基本叢書, 『唐詩別裁』, p. 1.

〔36〕 「與元九書」에 나타난 백거이의 생각은 상고(上古)의 순박한 시풍은 주대(周代)에 들어와서 쇠퇴하기 시작하여, 진(秦)에서는 채시관(採詩官)이 폐지되고, 시의 '六義(風·雅·頌·賦·比·興)'가 없어지고, 그 뒤 '초사(楚辭)'와 5언시가 비록 나왔지만 시 본래의 기능을 충분히 나타내지 못하고, 진송(晋宋) 이래로

볼 만한 게 적고, 양진(梁陳)에 이르면 대개 다만 '風雪花草'를 읊조리는 것에 지나지 않는다고 말할 수 있다.

그에 의하면 『詩經』 중에도 '風雪花草'가 흔히 읊조려지고 있지만, 이것은 다 '풍자'의 의미를 붙인 것이다. 그렇지만 이 의미를 잃은 육조기(六朝期)의시는 여기에 이르러 '육의'가 남김없이 사라져 버렸다고 하지 않을 수 없다고 하였다.

제2편   제2장

〔37〕물론 『文心雕龍』 주석서는 상기서(上記書) 이외에도 적지 않다. 예를 들면 최근의 것으로서 范文蘭이 주하고 鈴木虎雄이 宋刊本 『太平御覽』의 校勘記를 붙인 『文心雕龍註』(中國古典文學理論批評叢刊, 北京人民文學出版社, 1958)가 있다.

〔『文心雕龍』에 관하여서는 한국에서도 차주환(車柱環) 교수의 논저 수편이 있고——「文心雕龍疏證」(한문), 東亞文化 6·7, 1966 ; 「劉勰과 그의 文學觀」, 亞細亞硏究 7−2, 1965 ; 劉勰, 「鍾嶸二家的詩觀」(中國語), 東亞文化 7·8輯, 1968——최신호(崔信浩) 교수의 飜譯版(玄岩社, 1974)도 있다. 이 책은 다음과 같은 영역판도 있다. *The Literary Mind and The Carving of Dragons*(文心雕龍) by Liu Hsieh (劉勰 著), Translated and Annotated by Vincent Yu-chung Shih(施友忠 譯), Published by Chung Hwa Book Company, Ltd. Taipei, Taiwan, Republic of China(臺灣 中華書局印行), 1970年, 11月, 改訂版.〕

〔38〕여기서 말한 송대(宋代)의 성리학자들이란 북송(北宋)의 정호(程顥)·정이(程頤), 남송(南宋)의 주희(朱憙)·육구연(陸九淵) 등 송대 학자들을 가리킨다. 그들은 '시란 志를 말하는 것이

다.'라는 말을 극히 중시하고, '志'의 내용을 엄격히 윤리적인 측
면에서 추구하였는데, 이것은 인간의 오륜오상(五倫五常)의 '道'
를 주장한 송학(宋學)의 이념과 물론 관계가 없는 것은 아니다.
곽소우(郭紹虞)의 『中國文學批評史』(新文藝出版社,　1955)에는
남북(南北) 양송(兩宋) 도학가의 시론을 이야기한 절(節)이 있
다.

　〔39〕이 『隨園三十六種』에 관해서는 상세한 것을 알 수가 없
다. 원매(袁枚)의 저작을 모은 것으로는 청(淸) 건륭(乾隆)·가경
(嘉慶) 연간 및 동치(同治) 5년(1866)에 간행된 『隨園三十種』,
光緒 18년(1892)에 배인간행(排印刊行)된 『隨園三十八種』이 있
고, 1918년에는 상해(上海) 문명서국(文明書局)에서 나온 石印
本『隨園全集』이 있다. 『三十六種』이라는 것은 내가 본 중에는
'書目類'에 없다. 그러나 『隨園詩話』에 관해서 저자가 표시한 엽
수(葉數)는 『三十八種本』에도 합치되는 것이기 때문에 그대로
두었다. 나는 1960년 北京人民文學出版社에서 나온 『隨園詩話』
상·하 二册本(中國古典文學理論批評專著選輯, 𣏾坎校點)을 참고하
였다. 동서(同書)는 1790·1792년 원매(袁枚)의 자각본(自刻本)
을 저본(底本)으로 하여 교점(校點)을 가하고 배인(排印)한 것이
다.

　〔40〕상기서(上記書)에 실린 沈匡來에게 보내는 서간(書簡)은
여기에 인용된 부분이 전부이다. 김(金)·심(沈) 양자간에 교환한
서간의 내용은 명확하지 않지만, 율시의 '中四句'란 원칙적으로 대
구를 이루지 않으면 안 되는 제2(頷)·제3(頸) 두 연을 가리키
는데, 가장 기교를 요구하는 허구적 수완을 필요로 하는 곳이다.
시인의 진지한 정감은 이와 같은 두 연에는 솔직하게 표현되지
않는다고 하는 인식에 기본을 둔 듯하다. 본서 율시 개설 항을 참
조하라.

제 2 편   제 3 장

〔41〕저자가 든 4파(派) 중 향산(香山)·창려(昌黎)라는 명칭
은 보통은 쓰이지 않는다. 각기 백거이(白居易)의 호인 향산거사
(香山居士), 한유(韓愈)의 자칭 본적인 창려(昌黎 : 현 遼寧省 凌
源縣)에 유래한 것인 듯하나, 송(宋) 시인들 가운데서 이러한 호
칭을 쓴 예를 나는 알지 못한다. 하여간 이 2파(派)를 포함하여
여기서 '派'라고는 하지만, 송대(宋代) 사람 자신이 각각의 파벌
명을 표방하여 의식적으로 결속한 일은 없고, 일종의 문학사적
명칭으로 쓴 것이다.

서곤파(西崑派)는 『西崑酬唱集』의 편자 양억(楊億 : 964~10
20)을 대표로 하고, 만당파(晚唐派)는 송초(宋初)의 희서(希書)
등 구승(九僧)이라고 하는 사람들, 임포(林逋) 및 북송(北宋) 말
의 강호파(江湖派), 남송(南宋)의 사령파(四靈派) 등을 가리킨다.
향산파(香山派)는 송(宋) 초의 왕우칭(王禹稱 : 954~1001), 창
려파(昌黎派)는 구양수(歐陽修 : 1007~1072)를 각각 대표로 하
는 듯하다. 예를 들면, 명(明) 호응린(胡應麟)은 그의 저서 『詩
藪』에서 송인의 당시(唐詩) 존숭 경향을 다음과 같이 말했다.

宋에서 陳子昂을 배운 자는 朱假. 杜甫를 배운 자는 王安石,
蘇舜欽, 黃庭堅, 陳師道, 陳與義, 楊萬里. 李白을 배운 자는 郭
祥正. 韓愈를 배운 자는 歐陽修. 劉禹錫을 배운 者는 蘇軾. 王
維를 배운 자는 梅堯臣. 白居易를 배운 자는 王禹稱, 陸游. 李
商隱을 배운 자는 楊億, 劉筠, 錢惟演, 晏殊. 李賀를 배운 자는
謝翱. 王建을 배운 자는 王珪. 晚唐을 배운 자는 九僧, 林逋,
趙師秀, 徐照, 翁卷, 戴復古, 劉克莊. (外編卷五. 宋)

〔42〕이 『中國文學批評史』는 1955년 개정판이 신문예출판사로부터 출판되었다. 나는 이 책을 참고하였다. 또 이동양(李東陽)의 『懷麓堂詩話』는 『續歷代詩話』(丁仲祜 編, 최근 臺灣에서 影印版이 나왔음)에도 수록되어 있기 때문에 쉽게 볼 수 있다.

〔上記 郭紹虞의 『中國文學批評史』도 臺灣商務印書館에서 影印本이 나와 있음.〕

〔43〕무운시(無韻詩)는 영시의 경우에는 약음절(弱音節) 다음에 강음절(强音節)이 오는 약강격(弱强格)을 가진 시로, 각운의 구속을 받지 않는다. 특히 약강격을 다섯 개 가진 iambic pentameter는 가장 중요한 격률로서 heroic verse라고도 불리며, 시극과 서사시에 가장 많이 쓰인다. 이 형식은 셰익스피어, 밀턴에 이르러 완성되었다고 하는 것으로, 셰익스피어의 경우는 feminine ending(補註 25 참조)의 검토가 시의 성립에 중요한 실마리를 제공하는 것으로 연구되어 왔다. 예를 들면 다음과 같은 저술이 있다.

E. Malone, *An Attempt to Ascertain the Order in which the plays of Shakespeare were Written*, 1778.

Charles Bathurst, *Remarks on Shakespeare's Versification*, 1857

James Mackinnon Roberton, *Shakespeare Canon*, 1922~1932.

〔44〕「懷麓堂集文稿」 八:鏡川先生集 序——『中國文學批評史』, p. 186.

〔45〕何良俊 『四友齋叢說』에 보인다. 저자는 『中國文學批評史』 p. 186에서 인용한 것은 『空同集』 卷 61, pp. 11b~12a에 보인다고 주장하였으나, 다음에 인용한 주가 있어야 마땅할 것인데, 본 인용 주가 탈락되어 있다. 내가 본 개정판에는 다음과 같

이 되어 있다. (p. 302)

하양준(何良俊)의 『四友齋叢說』에 顧東橋(璘)가 李空同이 말한 것을 인용하여 '시를 짓는 데는 반드시 두보를 배우지 않으면 안 된다……'고 하였다.

여기서는 개정판에 의거한다.

〔원서와 일역판에 모두 『中國文學批評史』 p. 187이라고 하였으나, 본 역자가 가진 臺灣 商務印書館 影印本에는 p. 186에 上揭 引用文이 있다. 원문은 다음과 같다.

'何良俊四友齋叢說, 引顧東橋(璘)述李空同語 : 作詩必須學杜…'〕

〔46〕 기리(肌理)는 보통 '살결·손의 감촉'의 뜻이 있으나, 옹방강(翁方綱)은 이 말을 무엇인가 시의 '실질적인 것'을 가리키기 위하여 사용한 듯하다. 이것은 '신운(神韻)'의 '허한 것'을 고치기 위한 것으로 생각된다. 그러나 이 말의 정의와 '신운'과의 관계에 관해서는 여러 가지 의논(議論)이 있다. 『淸代文學批評史』(靑木正兒, 岩波書店, 1950), 『中國文學批評史』(郭紹虞, 新文藝出版社, 1955) 등을 참조하기 바란다.

물론 '기리(肌理)'의 역어도 저자는 'texture'라는 말에 의지하였다. 이것은 '살결·손의 감촉'이라든가 '결구·조직' 등의 뜻을 가진 말로서 어의상으로도 가까울 뿐만 아니라, 시의 특질을 가리키는 비평 용어로서도 중요한 말이라고 하는 점에서 서로 비슷하다. 'texture'에 관해서는 『뉴크리티시즘 사전』(硏究社) 등을 참조하기 바란다(補註 72 참조).

제2편 제4장

〔47〕 『滄浪詩話』의 본문은 『歷代詩話』 및 여러 총서류에 수록

되어 있어 용이하게 볼 수 있다. 주석서에는 1961년 北京 人民文學 出版社에서 나온 郭紹虞 校釋 『滄浪詩話校釋』(中國古典文學理論批評專著選輯)이 상세한 주석을 한 책이다. 동서(同書)는 호감(胡鑑)의 『滄浪詩話注』, 호재보(胡才甫)의 『滄浪詩話箋注』의 설도 취사 채용하여 한결 완비하다.

〔근래 동서(同書)의 일역본(荒井健 譯)이 나왔다. 朝日新聞社 刊行 『文學論集』(中國文明選 13) 중에 「詩品」 번역과 함께 수록됨〕

〔49〕『薑齋詩話』 卷下. 왕부지(王夫之)의 시론은 『薑齋詩話』라는 이름으로 정리될 때 『王船山遺書』와 『重刊王船山遺書』에는 호칭이 달랐다. 『夕堂永日緖論』 및 다음의 『詩迷』라는 중간본(重刊本)의 명칭이다. 또 『淸詩話』(丁仲祐編)에는 『薑齋詩話』로 수록되어 있다. 저자의 원주(原註) 뒤에는 『淸詩話』보다 별명(別名)을 부기하였다.

〔50〕『薑齋詩話』 卷上.

〔51〕『薑齋詩話』 卷下.

〔52〕'白石'은 강기(姜夔)의 호 백석도인(白石道人)에 의한 것인데,「白石道人詩說」은 하문환(何文煥)의 『歷代詩話』에 수록되어 있다. 또 『漁洋詩話』는 전기(前記) 『淸詩話』 중에서 볼 수 있다.

〔53〕보주(補註) 51에서 계속되는 말이다.

〔54〕이 점은 송(宋) 심의부(沈義父)가 「歷府指述」에서 桃를 읊어서 홍우(紅雨), 유랑(劉郞) 등 문자를 쓰고, 柳를 노래하여 장대(章臺)·패안(灞岸) 등 문자를 써서 수식하지 않으면 안 된다고 말한 것을 취하여, 『四庫全書總目提要』 集部詞曲類二에 보이는 기윤(紀昀)의 설에 찬동한 것이다.

〔55〕예를 들면 맹호연(孟浩然)의 「贛石을 내려감 (下贛石)」

이란 시에서, '暝帆 어느 곳에 묵을 것인가, 멀리 가리키는 落星灣(暝帆何處泊. 遙指落星灣)'이라고 읊은 경우, 강서성(江西省) 남부(南部) 감현(贛縣)과 만안현(萬安縣) 사이에 있는 감석(贛石)이라고 하는 난처(難處)를 통해 가면서 아무리 순풍(順風)을 탄다고 하여도 하루에도 도달할 수 없는 멀리 북쪽에 있는 성자현(星子縣)의 낙성만(落星灣)에 배를 대려는 듯이 말한다는 것은 흥취의 묘함을 중시한 것이기는 하지만 현실적 거리는 염두에 없었다고 왕사진(王士禛)은 말하였다.

제 3 편 제 1 장

〔56〕 플라톤은 문예를 일종의 허상을 만드는 '모방 예술'로 생각하여 시인은 대중의 감각과 감정을 자극하여 저차원의 쾌감에 호소하기 쉬운 경향이 있다고 비난하였다. 시인은 인간의 모범이 되는 신들에게 인간적 행동을 받아들이게 하고, 영웅에게 과장된 수탄장(愁嘆場)을 연기케 한 것은 사람들의 이성적 행동을 물리친 결과가 된다고 우려하였다. 그의 『國家(Politeiä)』등에 이런 것을 볼 수 있다.

제 3 편 제 2 장

〔57〕 이른바 고주(古註)가 그런 것인데, 『十三經注疏』에는 '靜女는 時俗을 풍자한 것이다. 위(衛)나라의 임금은 무도하고 夫人은 덕이 없었다.'고 주하였다. 즉, 지금의 하남성 남부 기현(淇縣)을 중심으로 하고 존재했던 위(衛)나라의 군주와 후(后)는 도덕적 문란이 대단했기 때문에 이것을 경계하기 위하여 정숙한

여성의 미덕을 읊은 것이라고 말하였다. 『正義』에는 다시 명확하게 '靜女'의 미(美)를 진술하여, '지금 夫人(의 부도덕함)을 고치고자 한 것이다.'고 말하고 있다.

〔58〕주자(朱子)는 『詩集傳』에서 이 시에 대하여 '淫奔期會之詩也(음탕하게 도망가서 서로 만나는 시이다).'고 주했다(新註).

〔59〕위풍(衛風)의 「碩人」章에는 '손은 부드럽기 띠싹과 같고, 살은 매끄럽기 비누 같도다(手柔如荑, 膚凝如脂).'라고 한 표현이 있다.

〔60〕유개부(庾開府)──육조 시대(六朝時代) 양(梁)의 문인 유신(庾信 : 513~581)이다. 적국인 북주(北周)에 사신으로 갔다가 억류되어 開府儀同三司의 직위를 받았다.

포참군(鮑參軍)──육조 시대(六朝時代) 송(宋)의 시인 포조(鮑照 : 412?~466)이다. 임해왕(臨海王)의 전군참군(前軍參軍)을 지냈다.

위북(渭北)──위수는 장안 부근에 흐르는 황하의 한 지류

〔61〕저자의 해석과는 다르게 이 제 1구 '小山重疊金明滅'을 여성의 화장으로 해석하는 설이 있다. 이 경우 '小山'은 눈썹의 화장을 말하고, '金'은 꽃비녀(花鈿) 등의 머리 수식(修飾) 따위를 가리킨다. 中田勇次, 『詞選』 참조.

〔62〕원문은 다음과 같은 문맥 가운데 노래되고 있다. 구(句) 중의 '비부(蚍蜉)'는 왕개미란 뜻이다.

李杜文章在,　　李白 杜甫의 문장은 남아
光陷萬丈長.　　光陷 萬丈이나 길도다.
不知群兒愚,　　알지 못하겠네, 뭇 녀석들 어리석으면서,
那用故謗傷.　　무엇 때문에 억지로 비방하고 헐뜯는고?

蚍蜉撼大樹,　　　왕개미가 큰 나무를 흔들지라도,

可笑不自量.　　　스스로 힘 헤아리지 못함이 가소롭도다

　　　　　　　　　하략(下略).

　〔拙譯『韓愈詩選』, 서울, 民音社, 1975, pp. 78~79 譯文
인용.〕

〔63〕霜風侵梧桐,　　서릿바람 梧桐에 스치니,

　　　衆葉著樹乾.　　뭇 잎새 나무에 붙어 말랐네.

　　　空堦一片下,　　빈 계단 한쪽 밑에,

　　　錚若摧琅玕.　　쟁그랑 소리 마치 琅玕을 구르는 듯.

　　　謂是夜氣滅,　　이르노니 이는 밤 기운 끊어져서,

　　　望舒霣其團.　　望舒가 둥근 달을 떨어뜨린 것일세(下略).

　　　〔이 시는 다음과 같이 계속된다.〕

　　　靑冥無依倚,　　푸른 하늘 의지할 데 없고,

　　　飛轍危難安.　　나는 달 위험하여 안정하기 어렵네.

　　　驚起出戶視,　　놀라 깨어 문 나서 보고,

　　　倚楹久汍瀾.　　기둥에 기대어 오랫동안 눈물 흘렸네.

　　　憂愁費晷景,　　근심스럽고 슬퍼 시간을 흘러 보내니,

　　　日月如跳丸.　　해와 달 마치 구르는 공 같네.

　　　迷復不計遠,　　잘못된 길 벗어남이 멀지 않으니,

　　　爲君駐塵鞍.　　그대 위해 티끌 안장 머물게 할거나.

　　　　〔拙譯, 上同, pp. 56~57 譯文 인용〕

　〔64〕희곡의 경우는 매 곡이 독자의 운율(曲牌)로 각각의 시
가 적혀진다. 예를 들면 본시의 곡패는 「鬪鵪鶉」이다. 그런데 번
잡을 피하기 위하여 그것을 명기하는 것을 생략해 버리고, 그 대
신 희곡 전체를 지칭하는 제목만 영역해서 들어 두었다. 이하도
마찬가지이다.

〔65〕제 1 구 '碧雲天'의 뜻은 통상 청공(靑空)이란 뜻을 갖고 있다. '雲'이란 구체적인 이미지를 가진 말은 아니기 때문에 시문 가운데서는 결코 진기한 말이 못된다. 물론 '碧雲', '黃化'의 색채 상 대(對)가 여기서 의식되고 있음은 의심할 나위도 없다. 저자의 영역 'grey clouds'는 '雲'을 '花'와 같이 구체적 이미지로 취했고, 따라서 '碧'을 구름의 색으로 짙은 'grey'로 고친 것인 듯하다. 그러나 나의 일본어 역은(空靑く/地には黃ばみたち花花) 보통 해석에 따라 하였다.

〔66〕老冉冉其將至兮, 恐脩名之不立.——늙음이 차츰 가까워 옴이여, 아름다운 이름이 세워지지 않을까 두렵구나.

수명(脩名)은 훌륭한 행동을 닦았다는 평판이다.

제 3 편 제 3 장

〔67〕저자는 '강관(江關)'이라 한다. 어의를 양자강 곁의 산들이 양측으로 조여들어 관문과 같이 된 곳, 즉 협곡(峽谷)이란 뜻으로 풀었다. 확실히 이와 같이 쓰인 예도 있고, 특정한 장소를 가리키는 경우도 있다. 일설에는 강은 강남 지역을 가리키고 관은 관중을 가리키는 것으로서, '강관'이란 말은 중국 남북을 아울러 말하는 것이란 해석도 있다. 후자를 취한다면 유신(庾信)의 시부(詩賦)는 중국의 남과 북의 모든 사람들을 감동시켰다는 뜻이 된다.

〔68〕물론 이 시에 관하여 저자가 '무제(無題)'라고 말한 것은 '금슬(錦瑟)'이란 본 시의 모두(冒頭) 2자를 따서 임시로 붙인 제목이기 때문이다. 이상은(李商隱)의 시에는 이런 종류의 시가 매우 많다.

〔69〕 본래 감정을 갖지 않은 무생물이 마치 감정을 가진 것처럼 묘사되는 것을 말한다. 이것은 시인의 감정이 격앙될 때 외계(外界) 사물에 대한 인상(印象)에 일종의 허위가 생겨난다고 생각했기 때문에, 따라서 '오류(誤謬)'라는 용어를 썼다.

〔70〕 본 시의 제2구의 의미는 잘 알 수 없다. 나의 번역은 (白く圓い扇よ / おまえのなめた苦しを辛さは / みんなおまえの愛する人がごらんになったよ) 영역을 근거로 한 것인데, 왕운희(王運熙)의 『六朝樂府與民歌』(中華書局, 1961)에는 '五'가 '互'의 오자가 아닐까 하고 말하였다. 그렇다고 하더라도 알기 어려운 점은 변함이 없다.

〔71〕 곡절된 의미 내용을 갖고, 전통의 테두리로부터 삐져 나와 있는 것이다.〔원문은 oblique〕

〔72〕 '뉴크리티시즘'의 입장에서는 이 말을 다음과 같이 설명한다. '시에 있어서 논리적 의미와는 모순되고, 이질적이며 국부적인 듯한 것이다. 시가 가진 설명할 수 없는 특질로서 이것이야말로 시와 산문을 구별하는 핵이 된다.'『뉴크리티시즘 사전』역어(組織)도 동서(同書)에서 빌렸다.

제3편 제4장

〔73〕 저자의 방식을 빌려서 이 2구의 평측(平仄)을 표현하면 다음과 같이 된다.

結 語

〔74〕 예를 들면 다음과 같은 기술이 있다. '모든 비극에 있어
서 일부분은 갈등, 일부분은 해결이다. 희극의 외면에 나타난 일
과, 그래서 가끔 희극 안에 나타난 일이 갈등을, 그 나머지의 것
이 해결을 구성한다. 여기서 말하는 갈등이란 이야기의 처음부터
주인공의 운명이 변화하는데, 바로 여기까지의 모든 것을 의미하
며, 해결이란 그 변화의 출발점으로부터 최후까지를 의미한다.'
(松浦嘉一 역, 『詩學』16판 제 18 장, 岩波文庫, 1970, p. 97.)

〔75〕 과실(過失 : hamartia)을 가진 영웅, 카타르시스(정화작
용)설에 대해서는, 모두 전주(前註)의 『詩學』본문 및 해설과 주
석을 참조하기 바란다. 전자는 본문의 제 13 장 pp. 83∼84, 동장
(同章)의 해설 p. 123을 보고, 후자는 pp. 184∼186 등과 기타를
보라.

日譯版 譯者後記 · 解說

〔여기 부재(附載)하는 日譯本의 후기(後記) 내용과 본인의 한
국어 역본의 체재·용어·번역 방침 등은 꼭 일치하지는 않는다.
그러나 원저에 대한 해설, 원저자 소개 등이 매우 읽을 만하므로
여기 옮겨 싣는다.〕

본서(本書)는 James J. Y. Liu(劉若愚) 교수의 "The Art of
Chinese Poetry" 『中國詩學』의 전역(全譯)이다.
동서(同書)는 1962년에 시카고 대학 출판부(University of

Chicago Press)와 Routledge & Kegan Paul, London으로부터
제 1 판이 간행되고, 1966년에는 시카고 대학 출판부의 Phoenix
판으로 제 2 판이 나왔으며, 이어 1970년에는 제 3 판이 출판되었
다.

번역할 때, 나는 1962년판과 1970년판을 비교하면서 작업을
진행했는데, 이 양자 사이에는 내용상 차이가 조금도 보이지 않
았다. 다만 「序」와 「致謝」의 순서가 다른 것과,──1962년판에
는 「致謝」가 「序」 앞에 놓여 있다.──약간의 오자가 뒷판에서
개정된 것뿐이다. 이 점에서 본 역서는 1970년판의 체재를 따랐
다. 또 앞서 나는 '全譯'이라고 말했으나 실은 원서에는 권말(卷
末)에 「參考文獻」과 「中國固有名詞及書名索引」이 붙어 있다. 그
중 「參考文獻」에 관한 것은 본서의 「補註」 가운데 말한 바와 같
이, 조금을 제외하고서는──본문 가운데 주기한 것이 약간 있다
──모두 원서 그대로 「補註」에 기록하였다. 그런데 「中國固有
名詞及書名索引」에 관해서는 이것이 「參考文獻」 리스트에 보이
는 것 정도로 한정된 점과, 원저자의 의도가 로마자 표기 명사에
한자를 붙여 두는 데 있음이 명확하기 때문에, 모두 한자로 표기
된 본 역서에는 특히 필요가 없을 것으로 판단하여 생략해 버렸
다.

1

본서는 영어를 쓰는 서양의 일반 독자를 대상으로 삼아 중국의
고전시란 어떤 것인가, 시가 중국에서는 어떻게 이해되고 있는가,
또 이것을 우리들은 어떻게 향수할 것인가 하는 것에 대한 간절
한 개설서이다. 대상을 겨냥하고 이러한 독자들의 이해를 용이하

게 하기 위하여 저자는 영어와 비교해 가면서 중국어의 여러 가지 언어적 제상(諸相)을 말하고, 구미시(歐美詩)와 대비해 가면서 중국시의 특징을 기술했다. 영어 및 영미·유럽 문학에 해박한 지식을 가진 저자(後述 略歷 참조)로서만 비로소 가능할 것으로 생각되는 일이 이러한 언어·문학에 십분 지식이 없는 역자를 시종 괴롭게 하였고, 혹은 일본의 중국 독자들을 당혹하게 할지도 모른다.

그런데 또 이른바 '한시'의 해석을 기대하는 사람들에게 저자가 들고 있는 '시'가 '사(詞)'와 '곡(曲)'까지도 포함하는 광의의 시이고, 그래서 상당한 비중이 이러한 것의 분석에 해당되는 것에 약간의 소원감(疎遠感)을 품게 하고, 실망케 할지도 모른다.

그러나 본질적으로 다른 언어로써 이질(異質)의 언어와 개념을 설명하고 이질의 언어 예술을 비평한다는 일은 저자 자신도 자각한 바와 같이 필연적으로 번역이라고 하는 얄궂은 피막(皮膜)을 거치지 않으면 안 된다는 일정한 한계는 피할 수 없지만, 일면으로는 이러한 이질성과 특징을 절연히 부각시킬 수도 있다. 훌륭한 시의 번역론이 가끔 시의 본질과 관계를 갖는 것은 이러한 이유에 의한 것인데, 예를 들면 Wai—lim Yip의 *Ezra Pound's Cathay* (Princeton, Princeton University Press, 1969)와 Penguin Classics의 *Poem of the Late T'ang* 『晚唐詩選』, (A. C. Graham, 1965)에 붙은 역자의 *The Translation of Chinese Poetry*, 혹은 본서의 저자에 의한 다른 저서 *The Poetry of Li Shang—yin* 『李商隱詩研究』(University of Chicago Press, 1969)에 보이는 *Problem of Translation* 등에는 어느 것이나 영어·영시와 대비한 중국시의 특질이 서술되어 있다.

본서의 제 1 편에는 시적 표현과 관련된 중국어의 특질이 어떤 것인가와, 중국적 개념, 사고의 형태가 논해져 있다. 그런데 그

가운데 명확히 보이는 문자와 말의 엄격한 구별과 시구(詩句)의
문법적 측면의 고찰은 본래 영어권 독자들에게 흔히 볼 수 있는
편집적(偏執的) 한자 숭배와 같은 오해와 몰이해를 바로잡기 위
해서 씌어진 것이기는 하지만, 우리들에게도 또한 하여튼 등한히
하기 쉬운 문제에 주의를 기울이게 한다.

중국의 시어가 일본과는 전혀 다른 외국어라는 자명한 인식이
선다면, 지극히 당연히도 야기될 수 있는 이러한 점에서 한자에
대한 콤플렉스가 비교적 적고, 또 훈독(訓讀)이라는 독특한 독법
(讀法)을 가진 우리들은 무의식 중에 일본어와 중국어를 연결시
키고 이해한다고 짐작해 버리는 일이 많았다.

예를 들면 한자의 정독(精讀)은 기록되어 있는 문자를 모두 일
본어로 충실히 고친다고 하는 노력이기 때문에, 문자와 훈(訓 :
뜻)의 묶임이 고정되어 있는 중국인에게는 한 단어(말할 것도 없
이 하나의 複合語, 成語)로 의식되는 말도 오로지 끊어버리는 데
만 습관이 되어서, 낯익은 문자가 결합되어 된 말이 나오기만 하
면 의심하지도 않고 각 자(字)의 의미를 병치하여 생각한다든가,
혹은 수식과 피수식의 관계에 있는 복합어인 것처럼 생각할 가능
성도 있다.

전자의 예로서는 2자 이상으로 된 허사(虛辭)에 많은 실례를
들 수 있는데, '況復'='망연자실한 모습, 멍청하게'(況復不相識,
應是別多年 : 寒山·「昨夜夢還鄕」) '無復'='無(無와 똑같이는 생각
되지 않지만, 각각 한 말로 생각할 정도로 復字의 역할은 중요하
지 않다.)'(古人無復洛城東 : 劉希夷·「代悲白頭翁」) 등의 '復'는,
'또'로 풀이될 정도로 독립된 것은 아니다. 이러한 것을 이해하기
위해서는 장상(張相)의 『詩詞曲語辭匯釋』과 기타 허사(虛辭), 시
어의 참고서가 먼저 참조되지 않으면 안 될 것이다.

후자에 관하여 말한다면 '煙花三月下揚州'(李白·「黃鶴樓送孟浩

然之廣陵」)의 '煙花'를 '연기 낀 꽃'으로 해석한다면 정확하지 않다고 할 수 있다. '煙花는 다만 연기이다. 花는 飾字로서 진짜 꽃이 아니다. 용처(用處)에 의해 결합해서 人煙繁華의 모습같이도 되고 또 유적한 멋같이도 된다. 云云'(六如上人, 『葛原詩話後編』 卷 2)이라고 한 설명도 있다. 말할 것도 없이 말이란 시대와 함께 생겨 그 의미 내용도 저절로 바뀌고 변하는 것이기 때문에 앞에서는 '雲(구름)'의 원의(原義)를 그대로 남기고 있던 '碧雲(짙푸른 구름)'이란 말이 어느 사이에 송대(宋代)의 사(詞)에 적지 않게 나타난 이후는 전부 '靑空'·'碧空'을 형용하는 말로 변해 버렸다.

또 같은 시대의 동일한 말이라도 시인에 따라 미묘한 의미상의 차이를 보일 수 있고, 같은 시인이라 하더라도 상황에 의하여 용법이 틀리는 등의 경우가 있으며, 오늘날 우리들의 신변에도 그런 일이 많다. 이와 같이 생각해 보면 하나의 문자와 말의 의미를 파악하는 일에 신중과 습관이 되지 않으면 공포까지 느끼게 된다. 『漢和辭典』이 어느 정도 이러한 요구를 만족시켜 준다면, 중국 고전 문학의 독해가 상당히 즐거운 일이 될 것이지만 이러한 사전은 아직껏 없다.

중국어의 '함축'·'연상'·'청각적 효과' 등 음미를 통해서 저자가 우리들의 주의를 촉진시키는 것은 이질적 언어로서의 중국어에 대한 인식이며 표현과 개념의 독자성을 보고 지나치지는 말아야 한다는 경계이다.

2

제 2 편에는 중국의 시평(詩評)이 이야기되었다. 원래 香港大學

의 『紀要(*Journal of Oriental Studies*)』에 발표된 것과(1956), 1957년 뮌헨의 국제 동양학자 회의에 보고되어 동 대회 보고서에 게재된 것을 기초로 한 것이다. 저자는 원서를 간행한 후에도 이 부분의 논술에 만족하지 않고, 『香港大學五十周年記念論文集』 (1964) 가운데 「淸代詩說論要」라고 제하고 다시 논술을 보충하였다.

나는 저자로부터 이 별쇄(別刷)를 일부 얻어 본편 전체를 여기와 차이가 있는가 살펴보려 하였으나, 중국어 독자를 대상으로 삼아 모국어로 쓴 「淸代詩說論要」와 본서의 "Some Traditional Chinese Views on Poetry"와는 전혀 기술한 논조가 다르기 때문에 그 생각을 단념하였다. 중국어를 이해하는 독자에게는 아마이 「香港大學五十周年記念論文集」의 글의 논점이 더욱 정리·보충되어 흥미가 깊을 것으로 생각한다.

『淸代詩說論要』에 '도학주의(道學主義)', '개인주의(個人主義)', '기교주의(技巧主義)', '묘오주의(妙悟主義)'로 된 항목은 각각 본서 각 절의 항목과 대응되는데, 나는 최후의 '妙悟'만을 '直觀'으로 고쳤다. '妙悟'라고 하는 말이 일본어에서는 익숙하지 않기 때문이다. 저자가 여기에 든 시설(詩說)에서 도학주의가 '격조설(格調說)', 개인주의가 '성령설(性靈說)', 기교주의가 '성조설(聲調說)'과 '기리설(肌理說)', 직관주의가 '신운설(神韻說)'로 통상 운위되는 제 설(說)을 중심으로 하였는데, 곽소우(郭紹虞)의 『中國文學批評史』가 주된 참고 자료로 쓰인 듯한 인상을 나는 갖고 있다.

물론 4파로 나누어 각각의 시설을 정리하려는 기본적 목적 의식은 저자 독자의 것이지만, 중국인의 시론을 알기 위해서는 상기 곽소우의 책, 中國文學史, 詩史類가 참고되고, 일본 鈴木虎雄의 『支那詩論史』(弘文堂, 1925)가 상세하다. 특히 동서(同書)의

제 3 편 「格調·神韻·性靈の 三詩說を論ず」는 본 장과 겹치기 때문에 아울러 읽는다면 홍미가 깊다. 단, 鈴木虎雄의 책은 청대(淸代)의 시설을 총괄적으로 논한 최초의 책이기 때문에 문제가 없을 수는 없고, 그 뒤에 비판 의견이 나와 그것이 오늘날의 정설이 되었기 때문에 읽을 때 주의를 요한다.

예를 들면 鈴木虎雄이 원매(袁枚)의 '성령설'의 기원을 멀리 송대(宋代)의 양만리(楊萬里)에 구하는 것에 대해서, 오늘날은 명말(明末) 공안파(公安派)에 두는 것을 취하는 게 보통이다. 본서의 저자 유(劉) 교수도 가끔 인용한 심계무(沈啓无)의 『近代散文抄』(北京 人文書店, 1982 初版. 香港天虹出版社, 1957 再刊)는 실은 이 점에 대한 비판을 위해서 편찬된 책이라고 한다(周作人 序).

3

홍미가 없으면 읽지 않아도 좋다고 저자는 제 1 편, 제 2 편에 관하여 낮추는 식으로 말했지만, 실은 제 3 편의 구체적 비평과 밀접되어 불가분한 관계가 있고, 비평의 전정(前程)이 된다는 것은 말할 필요도 없다. 저자가 의도한 표현 분석(verbal analysis)을 위해서는 표현의 매개가 되는 언어의 내용과 시 형식에 관한 음미가 불가결한데, 분석 비평(analytical criticism)을 위해서는 비평의 기준과 비평에 의해서 획득되는 것에 대한 검토가 필요불가결한 것이기 때문이다.

표현 분석 또는 분석 비평이라고 불리어지는 비평 방법은 1930년대 후반부터 1940년대 전반에 걸쳐서 영미 문학계 융성을 본 '뉴크리티시즘(新批評)'에 기반을 둔 것인데, 이것은 또 1920년대의 영국의 T. S. 엘리엇과 I. A. 리처즈 등의 문학 이론에 바

탕을 두고, 다시 금세기 초두(初頭)의 영국의 T. E. 흄, 미국의
E. 파운드 등의 시론에서 단서가 나온 것이라는 사실은 오늘날
잘 알려져 있다. 비평 운동, 문학 운동으로서 뉴크리티시즘 운동
이라는 것은 1950년대에 이르러 일단 종식을 보았다고 말할 수
있다. 이미 과거의 역사물로서 그 공죄(功罪)가 비평사 연구의
입장에서 가지가지로 평가되게 되었다.

영미 문학에 전혀 문외한인 나에게는 비평의 대상이 되는 실제
의 작품에의 이해가 부족하기 때문에 구체적인 면에서의 그 상세
함은 십분 이해할 수 없는 점도 있지만, 우리 나라 영미 문학 연
구자에 의하여 지금까지 적지않은 연구와 참고 서류 및 약간의
뉴크리티시즘 저서의 번역이 공간되었기 때문에, 우리는 뉴크리
티시즘의 대개(大槪)를 비교적 용이하게 알 수가 있다. 이러한
데 참고할 문헌에 관해서는 나 자신『中國舊詩와 分析批評(上)』
(大修館『英文敎室』89, 1968, 12) 가운데 중요한 것을 소개했지
만, 더욱 상세한 것은 영문 문헌도 포괄하여 간단한 해제(解題)
를 기술한 川崎壽彦의『分析批評入門』(至文堂, 1970) 권말의 참
고문헌 리스트 등을 참조하기 바란다.

뉴크리티시즘이 제창된 역사적 배경과 개개 비평 이론의 독자
성과 보편성을 말하는 것은 이미 변명한 바와 같이 나의 임무는
아니다. 이 파(派)의 비평가들은 사상과 방법에 가지가지 다양성
을 보이기는 했지만, 통틀어 본다면 하나의 중요한 공통 사항을
갖고 있는 것은 의심할 나위 없다.

이것은 작품을 절대시하는 것으로서, 작품 이것을 작가의 사상
과 정치관에서 따로 떼어 하나의 완결한 예술적 세계로서의 독립
성을 인정해야 한다는 것이다. 그래서 작품이 전부라고 하는 기
본 관념에서 우리들은 그것을 읽고 비평하기 위해서는 작품——
그것은 주로 운문이다——을 만든 언어의 의미·이미지·표현 형

식 등의 분석이 작품 이해를 위해서 필요한 십분의 조건이라고 생각하는 것이다.

그들은 결국 두 개의 기본적 경향을 보인다. 첫째, 그들은 상징파의 미학 관점에서 출발하여 작품을 독립된 객관적 상징물로 보아 외계(外界)의 일체 사물과 결연된 자족적 유기체로서 본다. 이것을 '有機形式主義'라 한다. 둘째, 그들은 문학은 본질적으로 일종의 특수한 언어 형식에 있고, 비평의 임무는 작품의 문자 표현 범위 내에서 문자의 분석을 행하며, 각각 부분의 상호 작용과 숨은 관계를 탐구하는 것이라고 생각한다. 이것을 '字義 分析'이라 한다(袁可嘉,「新批詞派 述評」,『文學評論』, 1962·제 2 기 所收).

이것은 확실히 작가의 전기 연구와 판본고정(版本考訂) 등이 문학 연구의 주류가 된 종래의 19세기적 학문 경향에 대한 비판인 것은 틀림이 없고, 내재적 비판을 엄격히 준수함에 의하여 이른바 문학의 '순결'을 지키는 것이 되었다. 그래서 이 파(派) 비평가들의 또하나의 공통점은 제 산업과 과학이 진전해 가는 사회에서 문명이 멸망해 가지 않는가 하는 포기 의식을 품어 사상적으로는 보수주의자가 되어 반동적, 반과학적이 될지도 모른다는 것이다.

이 신비평가들의 사상 및 그 판단에 관해서는 『講座英美文學史』 12,「批評·評論 Ⅰ」(大修館, 1971) 所收 Ⅶ『아메리카의 批評 2』(川崎壽彦)에 상세히 이야기되어 있고, 앞에 인용한 袁可嘉의 논문은 문학의 사상성, 인민성(人民性)을 존중하는 입장에서 뉴크리티시즘을 비판한 것이다. 그는 '新批評派'의 '資産階級'적 사상을 부패 타락한 반동적인 것으로 비판하여, 그들의 '唯語言論' 및 '本末顚倒의 形式主義'라는 형식을 들고 사상 내용을 소멸하려 한다고 규탄한다.

어찌되었든 문학은 언어 표현 이외의 것일 수는 없다고 하는 기본 태도로부터 그들은 읽어내려 간다기보다는 생각한다고 할 정도로 어디까지나 작품의 분석 독해에 집착한다. 이 점이야말로 그들이 뒤에 남긴 가장 큰 유산이라고 말하지 않으면 안 될 것이다.

뉴크리티시즘의 비평이 아무리 호좁고 이지적인 것에 지나지 않는다 하더라도 개개의 문학 작품이 지닌 사회적 의식——예를 들면 교훈적 성격이라고 하는——을 완고히 부정한다든가, 혹은 현실 작품의 독해를 절대시하여 작자의 시도를 경시하는 것은 비평가의 횡포가 아닌가 등 가지가지의 비판을 받았지만, 문학 운동으로서 이 파(派)의 존재가 사라져 없어지게 된 뒤에도 그들이 열어 둔 의미 분석, 이미지 분석 등의 비평 방법은 이후의 비평가에게 헤아릴 수 없을 정도의 큰 영향을 미쳐, 비평의 기초적 방법으로서 계승되었다.

이것은 이 파(派)의 비평가들이 지금까지 숨겨져 있던 작품의 깊은 의미를 차츰차츰 발굴해 보인 경탄할 만한 사실이 그들의 분석적 방법의 눈부신 효과를 증명한 것이며, 문학이란 언어 표현 그것이라고까지는 말하지 않더라도, 적어도 하나의 형식이라고 하는 것은 의심할 여지도 없다는 사실이 다시 한번 사람들에게 확인된 것이다.

4

오늘날 일반에게 분석 비평이라고 불리는 비평 방법은 상술한 사실을 거쳐 작품을 조성하는 언어 표현의 분석을 먼저 비평의 근저(根底)에 놓는 것이 되었다. 다만 이 방법을 통해서 비평을 실천하는 비평가의 입장과 문학관은 앞의 뉴크리티시즘파가 윤곽

이 반드시 명확치는 않으나 하나의 유파(流派)로서 어떤 공통된 사상성과 문학 이념을 가진 것에 대해서 이쪽 편은 더욱 윤곽이 불명확하며, 비평가의 사상상의 공통성도 현저하지 않으며 반드시 공통되지 않으면 안 될 필연성도 없다고 나에게는 생각된다.

예를 들면 프랑스류(流)의 엑스쁘리까시용 드 떽스뜨(떽스뜨 解明) 등도 그 가운데 포함될 정도로 가장 범위가 넓은 일종의 비평 경향을 가리키는 것으로 풀어도 좋을 것인가? 그렇지만 적어도 엄연히 공통되는 것은 문학 연구는 먼저 현실 작품에 집중되어 행해질 수 있기 때문에 표현 모체로서의 언어의 기능을 명확히 하는 것이 문학 연구의 기초적 작업이라고 함을 인식한 듯하다는 것이다.

그런데 현재 구미의 문학 연구자들은 분석 비평의 방법을 구사하여 연구와 교육에 상당한 효과를 얻고 있다고 말하지만, 그것은 분석 비평파라고 하는 특수한 유파를 형성하는 것은 아니다. 도리어 어떤 면에서는 정밀히 개발된 분석 방법이 각각 다른 비평적 입장과 문학 이념을 말하기 위한 유효한 수단으로서 진중되어야 한다는 것이다.

말을 바꾸면 언어 표현의 분석은 비평의 기술적 방법의 레벨로 취해질 면이 확실히 있다고 나는 생각한다. 문학 작품이 언어 그것만은 아니고, 또 분석 비평이 설사 단순한 방법에 떨어진다 하더라도, 더욱 우리들은 표현 분석이 비평의 전부는 아니라는 것을 결코 잊지 말아야 한다. 그래서 비평 자체도 비평으로서의 비평에 그치지 않고 본서 저자도 「序」 가운데 명백히 쓴 것같이 문학적 평가를 최종의 목적으로 삼고, 각자의 문학적 입장을 검증하는 것이 되지 않으면 안 될 것이다.

본서 제 3 편 모두(冒頭)에서 저자가 자기의 비평가적 입장과 비평의 기준을 밝혔지만, 그것은 제 2 편 최후에 논한 왕부지(王

夫之)·왕사정(王士禎)·왕국유(王國維) 등 '直觀主義者(중국어로
는 妙悟主義者)'들의 내적 정서와 외적 경물을 융합한 것이 시이
며, 시인의 정서적 표현과 외계(外界)의 사물에 대한 반응의 양
자를 합해서 중시한다고 하는 시관(詩觀)에 연관되는 것이다. 저
자는 이의 시관을 다시 발전시켜 '시란 세계와 언어의 탐색'이라
고 하는 제재를 제출하였다. 이 저자의 시관은 전게(前揭) 『李商
隱詩硏究 (The Poetry of Li Shang-yin)』 제3장 「批評的 硏究」,
제1절 《中國詩論을 목표로》 가운데 다시 부연하여 세설(細說)
하고 있다.
　저자는 시의 '세계'와 '언어'가 종래의 '내용'과 '형식'이라고 하
는 이원론적인 것이 아니라는 점을 반복해서 다음과 같이 말하고
있다.

　　　　내가 시의 '세계'라고 부르는 것은 때로는 '내용'이라고
　　불리어지는 것과 같은 것은 아니다. 실제의 시로부터 추출해
　　낼 수 있는 것은 앞으로 예상될 것도 주어진 것도 아니고,
　　시의 언어 구조 가운데서 배어 나오는 생생한 특수한 양태
　　(樣態)인 것이다.
　　　　또 '세계'는 시의 '주제'와 같은 것을 의미하지는 않는다.
　　시의 주제는 단순히 그것이 무엇에 관한 것인가고 하는 것에
　　지나지 않지, 이것은 무엇인가 하는 것은 아니다. 詩의 세계
　　는 이따금 그 주제를 초월하며, 하나의 단순한 공식으로 변
　　형되어 버리는 것이 불가능하다. 또 시의 주제는 시에 대한
　　우리의 이해와 반응에 직접 관련이 있지만, 평가의 기초는
　　되지 못한다.
　　　　……한편 시가 독자(獨自)의 수미 일관된 세계를 구체적
　　으로 표현하는가 어떤가, 또 그것은 어떤 종류의 세계인가

하는 것은 시의 가치에 관한 문제이기 때문에 비평적 가치 판단에 있어서는 피할 수 없는 것이다. (pp. 200~201)

시의 '세계'란 시의 모든 의미라고 저자는 말하고 있으나, 그것과 동시에 시의 '언어'도 단순한 기교적 공부의 총체는 아니며, 시인이 언어에 의하여 행하는 표현의 모든 양식으로서, 음성·의미·심상 등 언어의 제 요소와 총체된 것이라고 규정하여 시의 세계란 언어로부터 스스로 배어나온 것이며, 언어는 세계를 구체적으로 표현하는 것이 된다. 이것은 동일한 일의 두 가지 국면일 뿐, 별개의 실재는 아니다.

여기서 보이는 저자의 시관은 전술한 뉴크리티스즘파의 입장과 깊이 관련을 가진 것이지만, 본질적으로는 다른 것이다. 사실 저자는 한번도 뉴크리티시즘이라고 하는 말을 쓴 일이 없는데, 이것은 후자가 어디까지나 시의 표현 그것의 해명을 고집하며, 그 일선(一線)을 내디디는 자리인 것에 대해서, 전자는 그것이 시의 본질인 것은 인정하지만 시를 더욱 넓은 장소로 파악하고자 하는 것이다. 시가 시인의 경험을 통해서 현실 세계와의 관계를 맺는 것을 인정하며, 시인의 개성, 개개 작품의 특질 등이 총체를 이루어 하나의 시적 세계를 구성한다고 하는 생각은 본질은 아니라고 말할 수 있어도, 도덕적 교훈, 정치적 선전, 사회 판단, 개인적 풍자 등의 시적 효용을 결코 부정하지는 않는다. 이러한 시관이 현재의 구미 비평계에 있어서 어떠한 지위를 차지하는가를 애석하게도 나는 자세히 알지 못한다.

그러나 졸견(拙見)으로는 R. Wellek, A. Warren의 *Theory of Literature*와 극히 가까운 내용을 갖고 있다. 이상 저자의 입장을 확인하는 외에, 또 한번 제 1 편, 제 2 편의 논술을 되돌아보면, 저자의 용의(用意) 고찰의 용의 주도함이 다시 한번 엿보인다.

5

　제3편 제2장 이하, 분석의 구체적 방법이 이야기되고 있다. 기술은 매우 구체적이기에 또 한번 여기에 정리하지 않아도 갖가지의 용어의 정의, 실제의 분석 방법의 운용 등은 명확할 것이다. 원래 본서(本書)의 목적은 저자가 모두(冒頭)에서 미리 알려 둔 바와 같이 표현 분석의 방법을 중국시에 적용하는 데 있기 때문에 이러한 분석을 통해서 중국시의 갖가지 특질을 이야기하는 동시에 가지가지 타입의 시를 소재로 삼아 구체적이고 독자적 방법 (이미지의 분류 정의 등 저자의 創見이 보임)을 정시함에 주안 (主眼)이 두어져 있다. 이 점 또한 비평의 방법론에 관심이 있는 독자(나도 그 한 사람이지만)에게는 흥미깊게 읽혀질 것으로 생각된다. 중국시 연구 분야에는 처음 있는 계통적 분석 비평서임은 의심의 여지조차 없다.

　지금까지 중국시의 연구와 주석을 회고해 보면, 작품의 용어와 이미지, 시인의 표현상 특징 등에 주의한 분석적 비평의 논문과 저자가 결코 없었다고 할 수는 없다. 도리어 의외로 많았다고까지 할 수 있다. 생각해 보면 시와 시인을 논평할 경우, 쓰여진 작품의 독해는 말하자면 무엇보다도 먼저 행해지지 않으면 안 된다는 필수적 이유가 있기 때문에, 시어의 음미는 당연하다고 한다면 지극히 당연한 것이다.

　우리가 하나의 작품을 앞에 놓고 그것을 읽고 이해하고자 할 때, 시구(詩句)를 구성하는 말이 어떠한 사실을 우리들에게 전해 주는가, 어떠한 감정과 뉘앙스를 함축하고 있는가, 이 말이 여기까지 어떻게 쓰여 왔는가 등등을 의식적이든 무의식적이든, 혹은 또 정도의 차이는 있지만, 반드시 한 번은 확인해 가면서 읽을 것이다. 특히 그 말이 난해하다든가, 한 구 혹은 한 수 전체의 관건으로 생각되는 중요한 의미를 가진 경우에는 그것의 음미가 의식적으로 신중하게 된다. 실은 전통적 중국인들에 의한 시의 '주(註)' ——중국에 있어서 시의 주석 전통은 간단히 '전통적인' 것에만 머무르지 않을 정도로 복잡하고 긴 역사를 갖는다.

　주석이란 본래 비평과 일체의 관계가 있는 것으로 비평적 입장에 의하여 당연히 변하고, 또 학술의 진전에 기인하여 시대에 의하여 사람에 따라 주석을 베푸는 데도 당연히 다양하게 된다. 그렇지만 굳이 개괄적으로 말한다면 당대(唐代) 초기의 『文選』의 이선(李善) 주(註) 이전엔 대개 단순한 문자를 바꾸어 놓는 자의(字義) 설명과 사실(史實)과 전거(典據)의 지적에 중점이 두어졌다.

　한편 그 후 시대가 내려옴에 따라서 주석은 대단히 상세해져서, 수사와 음성면에까지도 중시하게 되어 청조(淸朝)에 이르렀다. 청조는 중국 각 분야에 있어서 전통적 학문을 집대성하였지만, 주석학 또한 그 하나로 정세 방대한 주석이 대량으로 나왔다. 내가 전통적 주(註)라고 하는 것은 이런 청인(淸人)의 성과를 머리에 두고 말하는 것인데, 예를 들면 구조오(仇兆鰲)의 『杜少陵集詳註(杜詩詳注)』(1963)와, 조전성(趙殿成)의 『王右丞集箋注』(1936), 풍호(馮浩)의 『玉谿生詩箋註』, 풍집오(馮集梧)의 『樊川詩集注』, 명(明) 증익(曾益)이 주하고 고여함(顧予咸)과 고사립(顧嗣立)이 보한 『溫飛卿集箋註』 등 그 어느 것을 보더라도 여기서 달린 주(註)는 단순한 자의(字義) 해석에 그치지 않고 어구의 내원(來源), 선인의 용례, 때로는 시구에 대한 평어(評語) 등을 기록하고 있다.

　여기에는 중국인 주석자의 말에 대한 강한 관심을 발견할 수 있다. 다만 기록된 주(註)는 흔히 인용구 형식(무엇을 어떻게 인용하느냐에 註者의 의견이 달려 있음)을 취해 해석은 주를 읽는 독자의 학식에 맡기는 수가 많아, 주석자 자신의 말로 이야기되는 일은 비교적 적었다. 그렇기 때문에 주를 읽는다는 것은 결코 용이하지 않고, 우리들은 이것을 또 한번 우리 자신의 언어로 음미하고 정리하지 않으면 안 되지만, 단순한 어석(語釋)에 머무르지 않는 이러한 주는 읽는 방법에 따라 우리들의 시에 관한 이해를 매우 넓게 깊게 해 준다.

중국시를 읽는 방법은 어떻든지 작품의 해석과 인상을 정리하여 전달하는 사이에 어떤 객관적 근거가 있으면, 전달하는 측도 전달받는 측도 오해 없이 원만하게 의지의 소통이 행해질 것은 당연할 것이다. 주석과 비평은 적는 마당에도 무엇인가 공통된 기준이라고 할 만한 정도와 방법이 있으면, 전면적이라고까지는 말할 수 없어도 어느 정도까지는 공통의 이해가 용이할 것은 틀림없다. 심상이라든가 상징이라고 하는 수사론적(修辭論的) 방법은 이 비평의 객관성을 수립하고자 하는 목적도 가진 것이다. 뉴크리티시즘 이래, 분석 비평의 수립이 실제 교육하는 마당에 널리 실천되고 큰 성과를 얻게 된 것도 작품의 감상이 이러한 기준을 근거로 하여 나갈 경우, 어느 정도까지는 누구라도 작품의 내부에 파고 들어가 그것을 남에게 전달하는 것이 가능하기 때문이다.

말할 것도 없이 이러한 기준은 화학의 시약(試藥)과 같이 어떠한 경우에도 일정 불변한 효과가 얻어지는 것이 아니라, 각인(各人)의 문학적 소양에 의한 방법도 다양하여 여기에서 획득되는 것도 다른 것이 많이 있다. 결국 분석 비평도 문학적 훈련을 제외하고, 다만 방법론적으로 이해를 하려면 그것은 그것대로의 것이 되어, 실제의 비평에는 어떠한 역할도 하지 못하는 것이 될지도 모른다.

이미 말한 바와 같이 중국의 시는 우리들에게 있어서는 본래 외국어 시이다. 그런데 외국어로서의 중국어(漢語)의 검토 위에서 그 표현의 분석이 행해지지 않으면 안 된다는 것은 말할 필요도 없지만, 실제 작품을 읽을 경우, 본서(本書)에서 보여 준 구체적 방법은 극히 시사(示唆)가 많은 것이라고 말할 수 있을 것이다. 생각해 보면 중국시에 대해서는 서양인이나 우리 일본인이나 크게 다를 것은 없다. 오히려 일본인이기 때문에 생각지도 않은 오해가 생길 위험성조차 있다. 이것은 주로 훈독(訓讀)이라고 하는 독특한 방법으로 한자가 바로 일본어의 음훈(音訓)으로 바꾸어지는 데서 생기는 것이 있는데, 자각적 분석 검토가 이 폐단을 구할 것으로 생각한다.

여기서 본서를 읽으며 내가 느끼는 불만을 하나만 적고자 한다. 그것은 본서가 분석을 통하여 이야기한 중국시의 가지가지 특성이 각각 납득할 만한 올바른 지적이라고 나는 생각하지만, 아무래도 무엇인가 중요한 것이 결락(缺落)되지 않았는가 하는 의혹을 누를 수 없는 듯하다.

이상은(李商隱)의 시를 분석한 책을 읽어 보아도 정말 똑같은 생각이 드는데, 확실히 저자의 분석에 의해서 이상은 시의 곡절회삽(曲折晦澁)한 표현이 가지가지로 풀리고 각각 관련이 밝혀져 흥미깊은 반면, 왜 이상은 시에 이와 같이 회삽함이 들어가게 되었는가, 또 들어간 것이 —— 아마도 시인의 사회적 존재의 어떤 태도, 정치 사상, 혹은 시의 사회성과 관련하여—— 라고 하는 점의 검토가 상대적으로 충분치 않게 느껴진다. 저자는 다분히 이러한 것은 시의 목적이지, 시의 본질과는 아무 관계도 없다고 말할 것이 틀림없다.

그러나 중국의 경우에 시와 시인의 존재는 다분히 정치적이지는 않았지만, 이것이 시의 본질을 강하게 규제한 것이 아닌가 하고 나는 생각하고 있다. 그것을 명백히 '정치적'이라고는 말할 수 없더라도, 저자류(著者流)로 말한다면, '시가 독자(獨自)의 수미 일관된 세계를 구체적으로 표현하는가 어떤가(whether)', '무슨 (what) 종류의 세계가 있는가'에 부가해서, '왜(why) 이러한 세계를 구체적으로 표현하는가'라고 하는 문제를 무시해서는 안 되는 것이 아닐까. 저자가 심미주의자나 예술지상주의자가 아닌 것을 십분 인정하지만, 결과로서 지나치게 표현의 미적 세계와 인간의 정감이 보편적인 모습으로 이야기되는 일이 많은 까닭에 대한 의문이 있다.

6

저자인 유약우(劉若愚) 교수에 관하여 간단히 소개하고자 한다. 실은 내가 앞서 본서(本書)의 소개와 겸하여 중국시의 해석과 분석 비평을 둘러싼 짧은 글을 발표한 것이 있다(大修館 『漢文敎室』 89·90·92, 1968·12, 1969·3:6 『中國舊詩와 分析批評』 上·中·· 下). 그때는 저자의 일을 다 알 수 없었다. 그 뒤 홍콩에서 온 우인(友人)들로부터 단편적 지식을 얻은 바 있지만, 그래도 확실치 않아, 이번에 직접 저자에게 물어서 대강 아래와 같은 것을 알게 되었다.

유약우 교수는 자(字)를 군지(君智)라 부르며, 1926년 북경 (北京)에서 태어났다. 1948년 輔仁大學의 西洋語科를 졸업한 후에 淸華大學 大學院에 들어갔다. 1949년 영국문화협회(British Coun-cil)의 스칼라십을 얻어 도영(度英)하여, 브리스틀 대학에서 영문학을 연구하였다. 1952년에 석사 학위를 얻었는데, 그때 석사 논문은 「The Nature and Function of Imagery in Plays of Christopher Marlow」였다.

　이로 보아 저자의 영시에 대한 조예(造詣)가 보통이 아님을 알
수 있다. 석사 학위를 취득한 뒤, 옥스포드 大學의 워담 칼리지에
서 일 년간 연구에 몰두했다.

　1951년부터 1956년까지 런던 대학의 동양 아프리카 학부에서
중국 문학 강사로 근무, 그 후 1956년부터 1961년까지 香港大學
및 香港中文大學 新亞學院에서 교편을 잡았다. 1961년부터 1964
년 사이에는 하와이 대학의 중국 문학 조교수, 1964년부터 1965
년에는 피츠버그 대학 중문과 부교수(Visiting Associate Profes-
sor), 1965년부터 1967년에 이르기까지는 시카고 대학 중문과
부교수, 1967년 이래 현재까지는 스탠포드 대학 중문학 교수 및
아시아 어문과의 주임직을 맡고 있다.

　교수는 본서와, 지금까지 가끔 언급한『李商隱詩硏究』외에도
The Chinese Knight Errant『中國文史中之俠』(University of Chi-
cago Press, 1967)이 있는데 모두 영문 저서이다. 이외 영문, 중
국어로 쓴 논문·시·역시·서평 등이 다수 있는데, 저자 자신이 시
를 짓고 발표한다는 사실이 흥미깊다. 교수가 현재 영미(英美)에
있어 중국 문학 연구의 지도자의 한 사람이라는 것은 Graham의
Poems of the Late T'ang (前述)의 서(序) 등에서도 밝혀져 있
다.

×　　　　×　　　　×

　본서 원문 중의 술어(術語)는 적당한 역어(譯語)를 찾는 데 시
종 고심했는데, 주로『文學要語辭典』(福原麟太郎編, 硏究社)과
『뉴크리티시즘 사전』(小川和夫·橋口稔共編, 硏究社)에 의거하였
다. 이외에도 많은 영문학 관계의 책을 참고 이용하였다.

또 역문(譯文) 중의 로마자 표기에 관해서 말한다면, 중국음을 필요로 하는 곳 이외에는 한자 표기로 바꾸었으나, 중국음을 필요로 하는 곳, 특히 시의 음성적 특징을 검토하는 곳에서 나는 원서의 표기를 그대로 답습할 것인가, 그것보다 현재 중국에서 쓰여지는 병음방식(拼音方式 : 音標文字로 된 로마자를 써서 발음을 표기하는 방법)을 취할 것인가 조금 망설였다.

중국어의 발음 표기에는 종래 많은 시스템이 행해졌으나, 그 중에는 저자가 준거한 웨이드식(1971년 영국의 청국 주재 대사 Thomas Francis Wade가 고안한 것)이 영어의 국제성과 맞추어 가장 보편적인 것이 되었다.

한편 중국의 병음방식은 1956년에 「漢語拼音方案」이 발표되어 다음해 1957년에 공포된 극히 새로운 방식이다. 그렇기 때문에 현재 중국의 간행물은 물론 외국인의 저술 중에도 이 새 방식에 의한 것이 늘어나고 있으며, 특히 일본의 중국어 교육도 완전히 이 병음방식에 의하여 행해지고 있는 실정이다. 최근에 사서, 참고서류에도 이 병음방식 외의 발음 표기를 취하는 것을 보지 못했다. 그렇기 때문에 병음방식 쪽이 최근 학생 제군에게는 편리할 것이 틀림없다.

그렇지만 나는 결국 저자의 표기를 그대로 남겨두고 말았다. 그 이유는 본서의 독자가 반드시 다 병음방식을 배운 사람들뿐이라고 생각되지 않으며, 또 중국어를 전혀 모르는 사람에게 있어서는 웨이드식 쪽이 영어로 유추하기가 용이하다고 판단했기 때문이다. 병음방식을 배운 사람에게는 이것과 웨이드식의 발음의 대응이 그리 힘들지 않을 듯하다. 예를 들면 『中國語學新辭典』(中國語學硏究會編, 光生館, 1969)의 「附表 1, 各種表音對照表」 등이 참고가 된다.

마지막으로 나는 國學院大學 外國語 硏究室의 동료·선배 여러

분께 충심으로 감사를 드린다. 본문 중에 인용된 영·미·불 시문
은 오로지 그분들의 도움을 빌려 원전(原典)을 찾고, 역문(譯文)
을 검토하는 것이 가능할 수 있었다. 만약 내가 외국어 연구실의
일원이 아니었더라면, 나는 본서의 번역을 도중에 단념하였을지
도 모른다. 인용 시문뿐만 아니라, 본서의 도처에 그분들의 은혜
를 입었다. (下略)

1972. 2. 13.

飜譯 後記

역서(譯序)에서 미처 자세히 밝히지 못한 몇 마디를 덧붙여 적고자 한다.

역자가 이 책의 이름을 처음 들은 것이 벌써 12년 전의 일이다. 그때 막 미국에 교환 교수로 가 있다가 돌아온 어떤 중국어 교수가 구미에서 이 책이 퍽 호평을 받고 있다고 하였다. 그 뒤 고대 김종길(金宗吉) 교수를 만났더니, 이 저자와 지면(知面)이 있다고 하며, 이 책 이야기를 가끔 하였다. 저자의 본명이 유약우(劉若愚)라는 것도 김 선생님이 처음 가르쳐 주었다.

5년 전에 공재석(孔在錫)형이 중심이 되어『漢學硏究』라는 프린트 동인지를 몇 달에 한 번씩 내었는데, 원고를 매차(每次) 대는 것이 힘겨워 생각해 낸 것이 바로 이 책의 번역이었다. 처음에는 영어에도 도무지 자신이 없고, 용어도 뭐라고 옮겨야 할지 생각이 잘 나지 않았다. 당시 한 학교에 근무하던 조승국(趙承國) 교수가『漢學硏究』에 몇 차례 실은 졸역(拙譯)을 (本書의 제 1편 1장, 2장, 4장) 원서와 대조하여 친절하게 고쳐 주시고, 또 재미있게 읽었다는 격려까지 해 주셨다. 이『漢學硏究』에는 제 3집부터 제 9집까지 여섯 차례에 걸쳐 본서의 제 1편, 제 2편을 연재하였다. 그 뒤(1974년, 4월) 단국대학교 중문과에서『中國文學報』제 1집을 창간할 때, 앞서 고친 내용을 다시 그 부록으로 넣어 활자화시켜 보았다. 그때 생각은 이렇게 두 번 연재하여 그 지형(紙型)을 모아 단행본을 만들까 함이었다. 그러나 그러지는 못했다.

이『中國文學報』제 1집을 내놓고 원저자에게 양해를 구하는 편지와 함께 모르는 내용 몇 가지를 문의해 보았다.

그 뒤(1975년 초)에 다시 한번 문의 서간을 보냈더니, 해답과 함께 본서 일역판이 나왔음을 교시해 주었다. 곧 일역판을 구해서 보았더니 매우 상세한 역주(譯註)와 보주(補註), 아주 친절한 해설까지 붙어 있었다. 다만 역자의 한역보다 체제상 조금 다른 것은, 원저의 영역시를 모두 보주로 돌리고, 제1편 인용문에 한문의 원문이 없으며, 원저 말미에 있는 중국인명·서명·색인이 생략되어 있었다는 점이다.

역자가 번역을 처음 시작할 때부터 체제상 가장 망설인 것은 이 영역시를 뒤로 돌릴까 어쩔까 한 것이었다. 그러나 영문의 원시와 영역을 나란히 놓고 대조해 보는 것이 독자에게는 아무래도 편리할 듯하여 그냥 남겨 두었다.

그 사이 단국대학교 영문과의 여러 선생님들에게 수시로 많이 물어 보았고, 이병한(李炳漢), 이석호(李錫浩), 이동향(李東鄉) 선생에게도 원전(原典)을 찾는 데 도움을 받았다. 앞서 『現代詩學』에 1년간 본서를 전재(轉載)할 기회를 만들어 주신 전광진(全光珍), 전봉건(全鳳健) 선생님께 감사를 드린다. 무엇보다 책으로 내게 하여 주신 중국학회(中國學會) 임원 여러분에게 사의(謝意)를 표한다.

1976년 8월 17일
一石紀念館 연구실에서, 역자

ㄴ

ㅂ

ㅅ

346

352

ㅊ

ㅋ

ㅌ

362

中國詩學 중국시학

초판 1쇄 발행 1994년 1월 3일
초판 2쇄 발행 2019년 8월 20일

저   자 | 劉若愚
역   자 | 李章佑
발행자 | 김동구
발행처 | 명문당(1923. 10. 1 창립)
주   소 | 서울시 종로구 윤보선길 61(안국동)
           우체국 010579-01-000682
전   화 | 02)733-3039, 734-4798(영), 733-4748(편)
팩   스 | 02)734-9209
Homepage | www.myungmundang.net
E-mail | mmdbook1@hanmail.net
등   록 | 1977. 11. 19. 제1~148호

ISBN 979-11-90155-20-5 (93140)
20,000원